Ok! Click 시리즈 ㉗

한글 2014로 문서 꾸미기

ok click

Ok Click 한글 2014로 문서 꾸미기

2016년 2월 12일 초판 1쇄 인쇄
2016년 2월 22일 초판 1쇄 발행

저 자	김수진
기 획	정보산업부
디자인	정보산업부
펴낸이	양진오
펴낸곳	(주)교학사
주 소	(공장)서울특별시 금천구 가산디지털1로 42 (가산동)
	(사무소)서울특별시 마포구 마포대로14길 4 (공덕동)
전 화	02-707-5314(문의), 02-707-5147(영업)
팩 스	02-707-5316(문의), 02-839-2728(영업)
등 록	1962년 6월 26일 〈18-7〉
홈페이지	http://www.kyohak.co.kr

잘못된 책은 바꾸어 드립니다.

PREFACE

Ok! Click 시리즈는 컴퓨터의 OA 기반을 다질 수 있도록 야심차게 준비한 교재입니다.

인터넷이 일반화되고 컴퓨터가 기본이 되버린 현실에서 컴퓨터를 보다 쉽고 재미있게 배울 수 있도록 어렵지 않은 예문과 큰 글자체, 큰 화면 그림으로 여러 독자층이 누구나 부담없이 책을 펼쳐 배울 수 있도록 만들었습니다.

내용면에서는 초보자가 컴퓨터를 이해하고, 쉽게 활용할 수 있도록 쉬운 예제와 타이핑이 빠르지 않은 독자를 위해 많은 분량의 타이핑 예문은 배제하였습니다.

편집면에서는 깔끔하고 시원스러운 편집으로 눈에 부담을 줄이도록 구성하였습니다.

교재는 다음과 같이 구성되었습니다.

1 | [배울 내용 미리보기]를 통해 학습할 내용이 무엇인지 이해시키고 학습동기를 유발하도록 구성하였습니다.

2 | 교재 전체 구성은 전체 24강으로 구성하고 한 강안에 소제목을 두어 수업의 지루함을 없애고, 단계별로 수업 및 공부할 수 있도록 구성하였습니다.

3 | [Tip]을 이용하여 교재의 따라하기 설명이외에 보충 설명하여 고급 기능 및 유사 기능을 학습할 수 있도록 구성하였습니다.

4 | [혼자 풀어 보세요]는 한 강을 학습한 후 혼자 예제를 풀어보면서 학습 내용을 얼마나 이해했는지 알아볼 수 있도록 2문제에서 4문제로 구성하였습니다.

5 | [힌트]를 통해 좀 더 쉽게 예문을 풀 수 있도록 구성하였습니다.

6 | [혼자 풀어 보세요]의 예문에 대한 문의는 교학사 홈페이지(www.kyohak.co.kr)의 게시판에 남겨주시면 답변해 드립니다.

이 교재를 사용하는 독자분들이 컴퓨터를 쉽게 접하고 배워 컴퓨터와 친구가 되고 컴퓨터가 생활의 일부가 되어 더 높은 컴퓨터 기술을 습득할수 있는 발판이 되었으면 합니다.

편집진 일동

PREVIEW

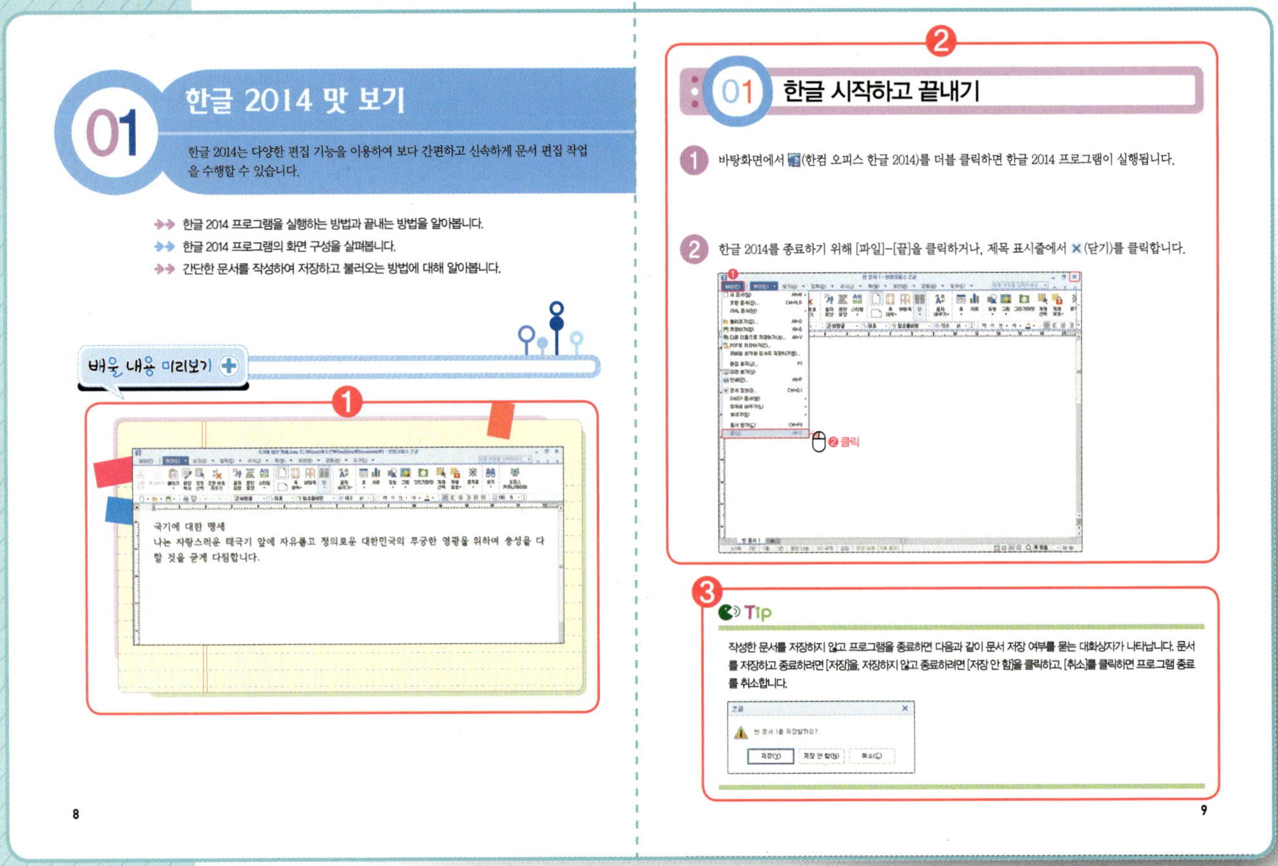

 ① 배울 내용 미리보기

[배울 내용 미리보기]를 통해 학습할 내용이 무엇인지 이해시키고 학습동기를 유발하도록 구성하였습니다.

② 본문

교재는 전체 24강으로 구성하고 한 강 안에 소제목을 두어 수업의 지루함을 없애고, 단계별로 수업 및 공부할 수 있도록 구성하였습니다.

 ③ Tip

[Tip]을 이용하여 교재의 따라하기 설명 이외의 기능은 보충 설명하여 고급 기능 및 유사 기능을 학습할 수 있도록 구성하였습니다.

PREVIEW

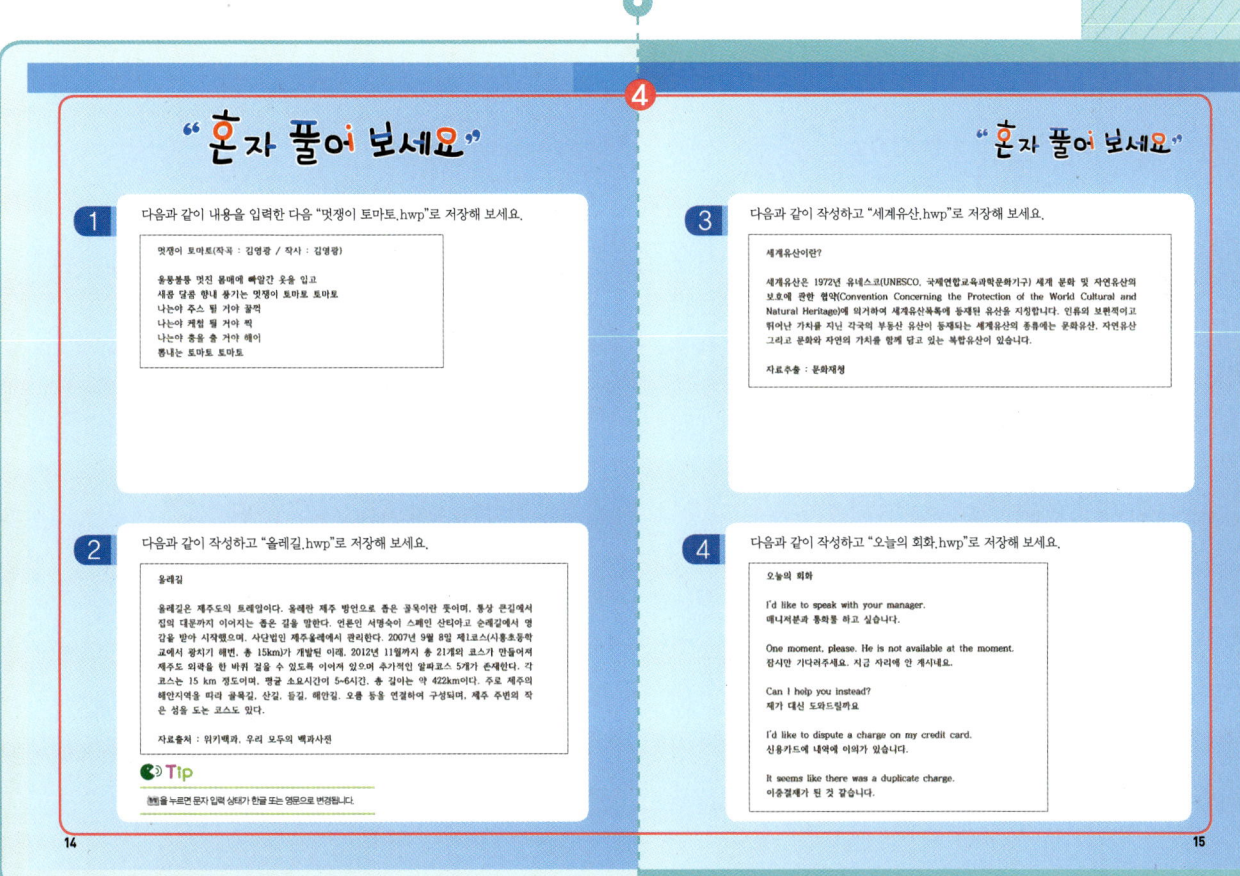

❹ 혼자 풀어 보세요

[혼자 풀어 보세요]는 한 강을 학습한 후 혼자 예제를 풀어보면서 학습 내용을 얼마나 이해했는지 알아볼 수 있도록 2문제에서 4문제로 구성하였습니다.

예제파일

[혼자 풀어 보세요] 및 실습에 사용된 예제는 교학사 홈페이지(도서자료)에서 제공합니다.

➤ **URL : http://www.kyohak.co.kr/** [IT/기술 수험서] - [도서 자료] - [클릭 한글 2014]

➤ 예제파일에 사용된 글꼴은 독자의 컴퓨터에 설치되어 있는 임의의 글꼴로 사용하셔도 무방합니다.

CONTENTS

제 1 강 • 한글 2014 맛 보기	8
01 한글 시작하고 끝내기	9
02 한글 2014 화면 구성 살펴보기	10
03 간단한 문서 작성하여 저장하기	11
04 저장한 문서 불러오기	12
05 문서 암호 설정하여 저장하기	13
혼자풀어보세요	14

제 2 강 • 다양한 문자 입력하기	16
01 특수 문자 입력하기	17
02 글자 겹치기	18
03 한자로 변환하기	19
혼자풀어보세요	20

제 3 강 • 복사와 이동하기	22
01 블록 설정하기	23
02 복사하기	24
03 이동하기	25
혼자풀어보세요	26

제 4 강 • 글자 모양 꾸미기	28
01 글자 모양 꾸미기	29
02 모양 복사하기	31
혼자풀어보세요	32

제 5 강 • 문단 모양 꾸미기	34
01 문단 서식 설정하기	35
02 문단 첫 글자 장식하기	37
혼자풀어보세요	38

제 6 강 • 스타일 설정하기	40
01 스타일 설정하기	41
02 스타일 적용하기	45
혼자풀어보세요	46

제 7 강 • 문서마당과 인쇄하기	48
01 문서마당으로 가훈 만들기	49
02 문서 인쇄하기	51
혼자풀어보세요	52

제 8 강 • 상용구와 덧말 넣기	54
01 상용구 설정하기	55
02 덧말 넣기	57
혼자풀어보세요	58

제 9 강 • 문서 검토하기	60
01 맞춤법 검사하기	61
02 찾아 바꾸기	63
혼자풀어보세요	64

제 10 강 • 그리기 마당 활용하기	66
01 그리기 개체 삽입하기	67
02 개체 속성 변경하기	69
혼자풀어보세요	72

제 11 강 • 글맵시로 문서 꾸미기	74
01 글맵시 삽입하기	75

02 글맵시 속성 바꾸기	76
혼자풀어보세요	78

제 12 강 ● 그림 삽입하기　　80
- 01 그림 삽입하기　　81
- 02 그림 속성 설정하기　　83
- 혼자풀어보세요　　84

제 13 강 ● 도형으로 카드 만들기　　86
- 01 직사각형과 원 그리기　　87
- 02 곡선 그리기　　92
- 혼자풀어보세요　　96

제 14 강 ● 표로 문서 정리하기　　98
- 01 표 삽입하기　　99
- 02 표 서식 설정하기　　102
- 혼자풀어보세요　　104

제 15 강 ● 차트로 데이터 한눈에 보기　　106
- 01 차트 삽입하기　　107
- 02 차트 서식 설정하기　　110
- 혼자풀어보세요　　112

제 16 강 ● 다단과 수식 입력하기　　114
- 01 다단 설정하기　　115
- 02 수식 입력하기　　116
- 혼자풀어보세요　　118

제 17 강 ● 편지지 디자인하기　　120
- 01 쪽 테두리 / 배경 설정하기　　121
- 02 바탕쪽 설정하기　　122
- 03 문단 테두리로 줄 표시하기　　124
- 혼자풀어보세요　　125

제 18 강 ● 동의보감 보고서 만들기　　128
- 01 머리말과 꼬리말 넣기　　129
- 02 각주 삽입하기　　131
- 03 쪽 번호 삽입하기　　132
- 혼자풀어보세요　　134

제 19 강 ● 책갈피와 하이퍼링크　　136
- 01 책갈피 설정하기　　137
- 02 하이퍼링크 설정하기　　140
- 혼자풀어보세요　　144

제 20 강 ● 문단 번호와 차례 만들기　　146
- 01 문단 번호 설정하기　　147
- 02 차례 만들기　　151
- 혼자풀어보세요　　154

제 21 강 ● 라벨을 이용하여 명함 만들기　　156
- 01 명함 만들기　　157
- 02 자동 채우기　　159
- 혼자풀어보세요　　162

제 22 강 ● 메일 머지를 이용하여 초대장 만들기　　164
- 01 메일 머지 표시 달기　　165
- 02 데이터 파일 만들기　　166
- 03 메일 머지 완성하기　　167
- 혼자풀어보세요　　169

제 23 강 ● 스크립트 매크로 활용하기　　170
- 01 스크립트 매크로 정의하기　　171
- 02 스크립트 매크로 실행하기　　173
- 혼자풀어보세요　　176

제 24 강 ● 보고서 발표하기　　178
- 01 프레젠테이션 설정하기　　179
- 02 프레젠테이션 실행하기　　181
- 혼자풀어보세요　　183

한글 2014 맛 보기

한글 2014는 다양한 편집 기능을 이용하여 보다 간편하고 신속하게 문서 편집 작업을 수행할 수 있습니다.

▶▶ 한글 2014 프로그램을 실행하는 방법과 끝내는 방법을 알아봅니다.
▶▶ 한글 2014 프로그램의 화면 구성을 살펴봅니다.
▶▶ 간단한 문서를 작성하여 저장하고 불러오는 방법에 대해 알아봅니다.

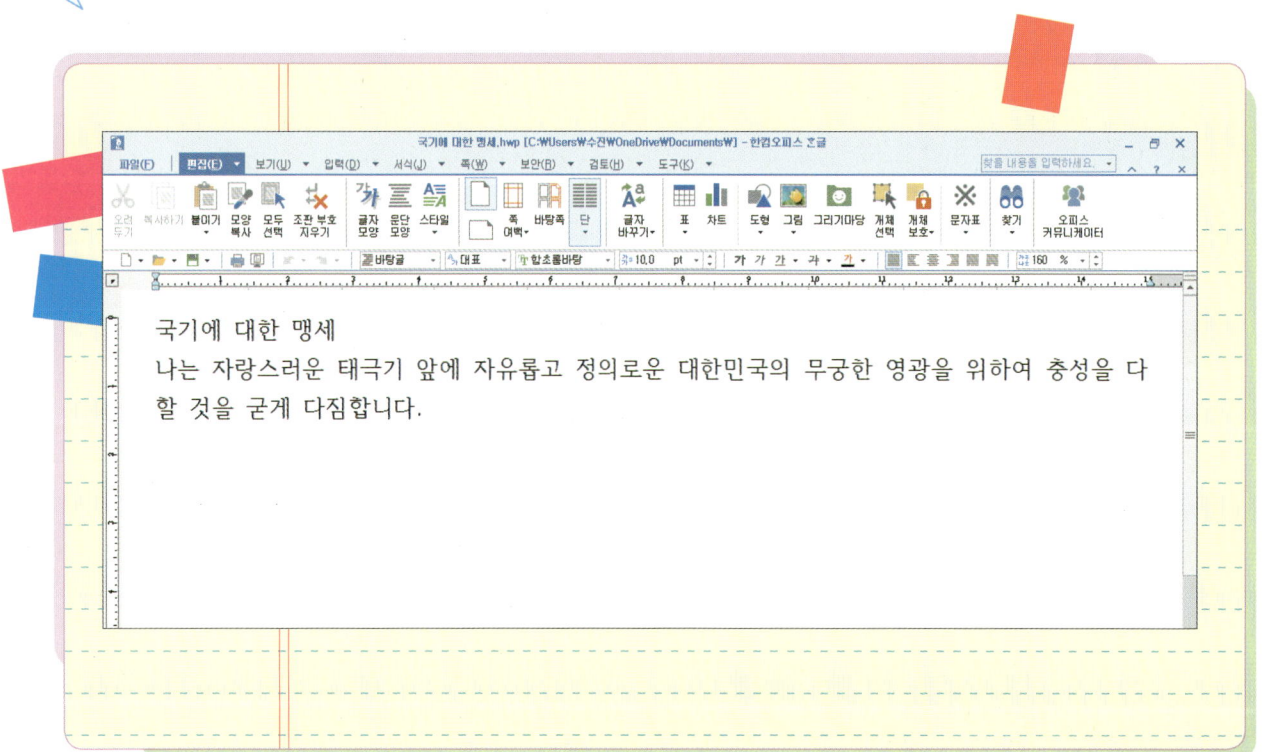

01 한글 시작하고 끝내기

1 바탕화면에서 ![icon](한컴 오피스 한글 2014)를 더블 클릭하면 한글 2014 프로그램이 실행됩니다.

2 한글 2014를 종료하기 위해 [파일]-[끝]을 클릭하거나, 제목 표시줄에서 ✕(닫기)를 클릭합니다.

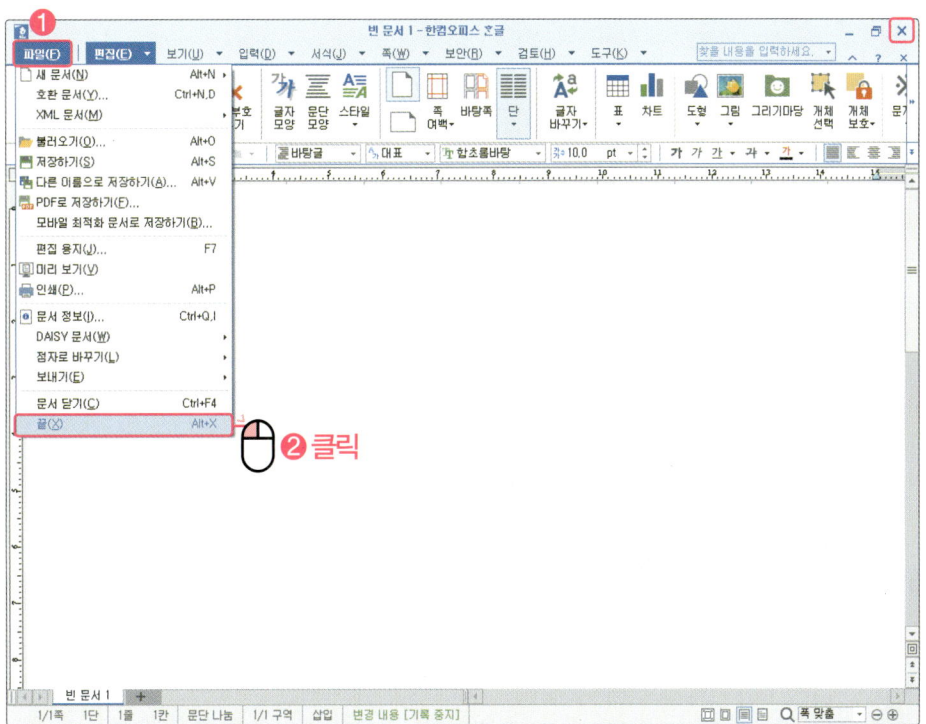

🎧 Tip

작성한 문서를 저장하지 않고 프로그램을 종료하면 다음과 같이 문서 저장 여부를 묻는 대화상자가 나타납니다. 문서를 저장하고 종료하려면 [저장]을, 저장하지 않고 종료하려면 [저장 안 함]을 클릭하고, [취소]를 클릭하면 프로그램 종료를 취소합니다.

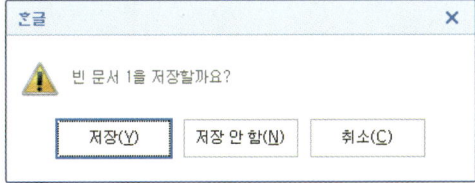

02 한글 2014 화면 구성 살펴보기

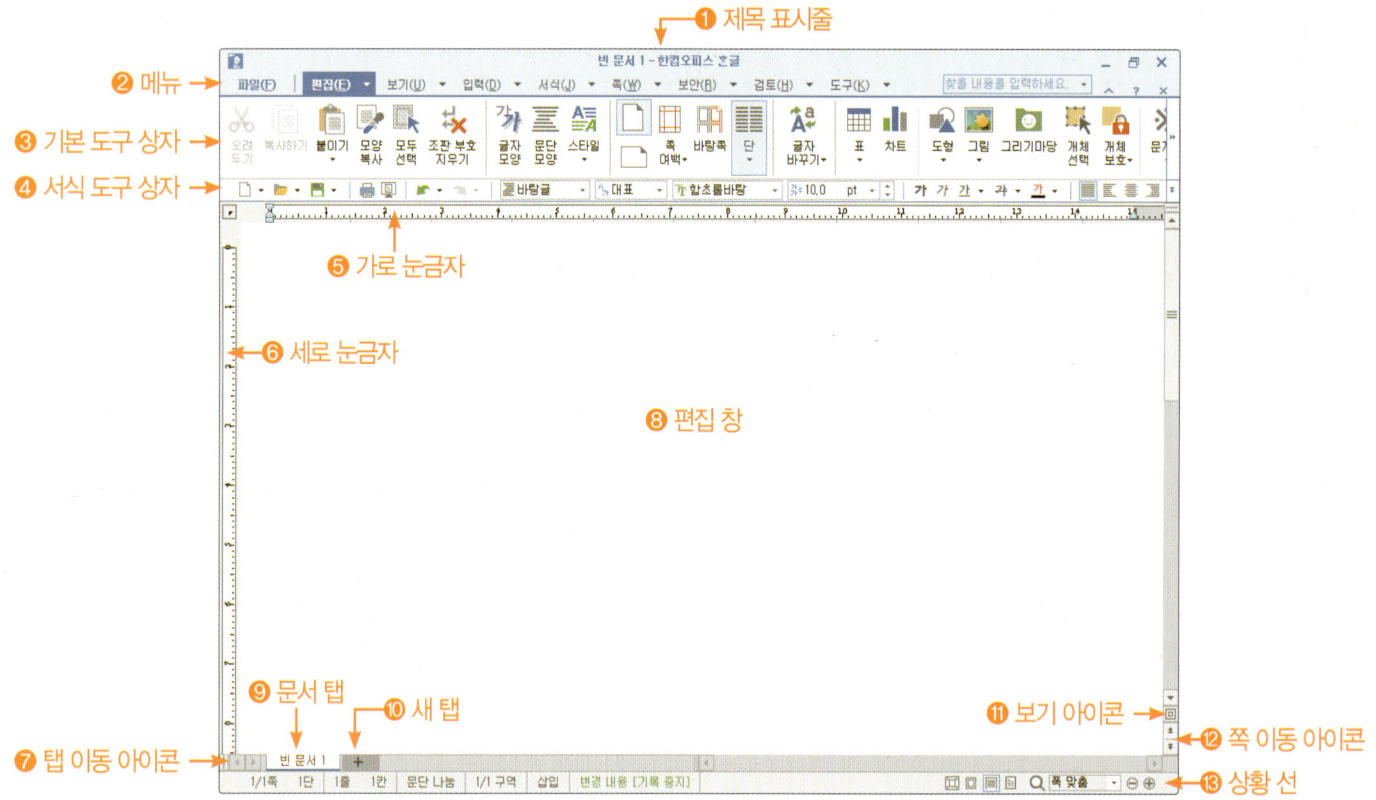

❶ **제목 표시줄** : 저장한 문서 파일의 이름과 창 조절 단추 (최소화, 최대화, 닫기)가 있습니다.

❷ **메뉴** : 프로그램에서 사용하는 기능을 비슷한 기능별로 묶어 놓은 곳으로 메뉴를 클릭하면 하위 메뉴가 나타납니다.

❸ **기본 도구 상자** : 메뉴 별로 자주 사용하는 기능을 그룹으로 묶어서 메뉴 탭 형식으로 표시해 놓은 곳입니다.

❹ **서식 도구 상자** : 자주 사용하는 기능을 모아 아이콘으로 표시해 놓은 곳입니다.

❺ **가로 눈금자** : 개체의 가로 위치나 너비를 파악하기 위해 사용합니다.

❻ **세로 눈금자** : 개체의 세로 위치나 높이를 파악하기 위해 사용합니다.

❼ **탭 이동 아이콘** : 여러 개의 문서 탭이 열려 있을 때 이전 탭/다음 탭으로 이동합니다.

❽ **편집 창** : 글자나 그림과 같은 내용을 넣고 꾸미는 작업 공간입니다.

❾ **문서 탭** : 작성 중인 문서의 파일명을 표시합니다. 저장하지 않은 문서의 파일명은 빨간색으로, 자동 저장된 파일명은 파란색으로, 저장이 완료된 파일명은 검은색으로 표시됩니다.

❿ **새 탭** : 문서에 새로운 탭을 추가합니다.

⓫ **보기 아이콘** : 쪽 윤곽, 문단 부호 보이기/숨기기 등과 같이 보기 관련 기능을 선택할 수 있습니다.

⓬ **쪽 이동 아이콘** : 작성 중인 문서가 여러 장일 때 쪽 단위로 이동할 수 있습니다.

⓭ **상황 선** : 현재 마우스 포인터의 위치와 문서 입력 상태에 대한 정보를 표시합니다.

 # 간단한 문서 작성하여 저장하기

1 한글 2014를 실행시킨 후 다음과 같이 내용을 입력한 다음 서식 도구 상자에서 💾(저장하기)를 클릭합니다.

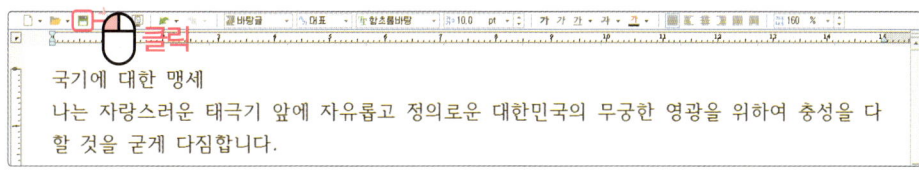

2 [다른 이름으로 저장하기] 대화상자에서 저장 위치와 파일명을 입력하고 [저장]을 클릭합니다.

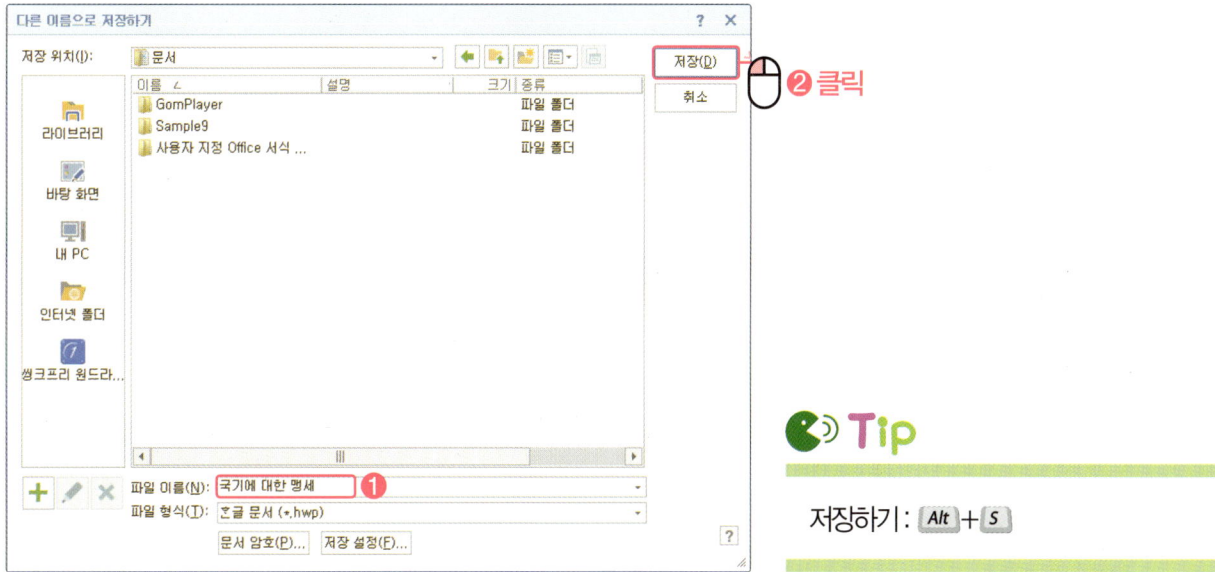

> **Tip**
> 저장하기 : `Alt` + `S`

3 제목 표시줄에 문서가 저장된 경로와 파일 이름이 표시된 것을 확인할 수 있습니다. 작성한 문서를 닫기 위해 [파일]-[문서 닫기]를 클릭합니다.

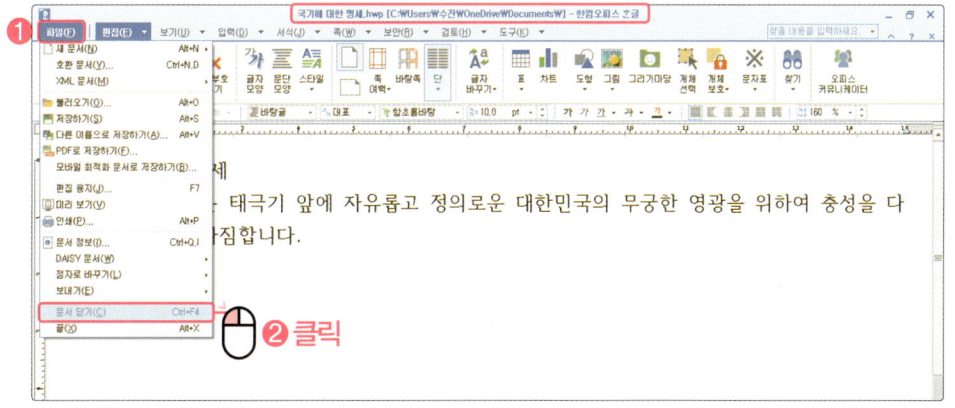

> **Tip**
> 문서 닫기 : `Ctrl` + `F4`

저장한 문서 불러오기

1 서식 도구 상자에서 📂(불러오기)를 클릭합니다.

> **Tip**
> 불러오기 : Alt + O

2 [불러오기] 대화상자에서 불러올 파일을 선택한 다음 [열기]를 클릭합니다.

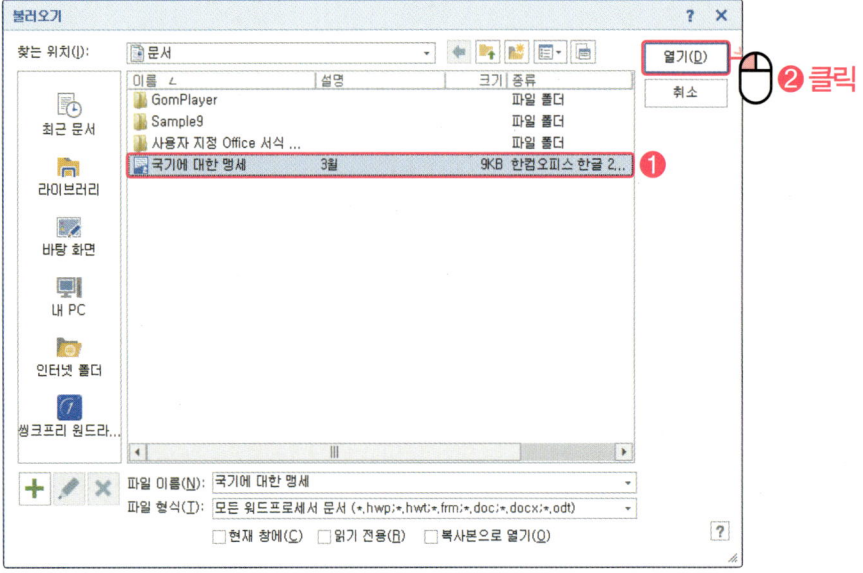

> **Tip**
>
> ### 최근에 작업한 문서 빨리 불러오기
>
> [파일] 메뉴를 클릭하거나 서식 도구 상자에서 📂(불러오기)의 목록 단추를 클릭하면 최근에 작업한 문서 목록이 표시됩니다. 표시된 목록에서 불러올 파일을 클릭하면 문서를 빠르게 불러올 수 있습니다.

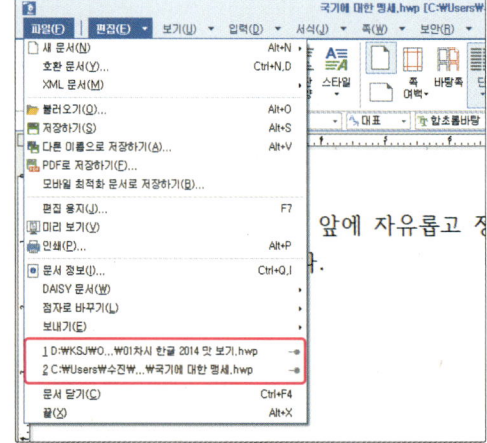

05 문서 암호 설정하여 저장하기

1. 서식 도구 상자에서 (새 문서)를 클릭한 후 다음과 같이 내용을 작성합니다.

   모두에게 예의 바르고 다수에게 붙임성 있고 소수에게 친밀하고 한 명에게 친구가 되고 아무에게도 적이 되지 말라. (벤저민 프랭클린 / Benjamin Franklin)

2. 서식 도구 상자에서 (저장하기)를 클릭한 다음 [다른 이름으로 저장하기] 대화상자에서 파일 이름을 입력한 후 [문서 암호]를 클릭합니다.

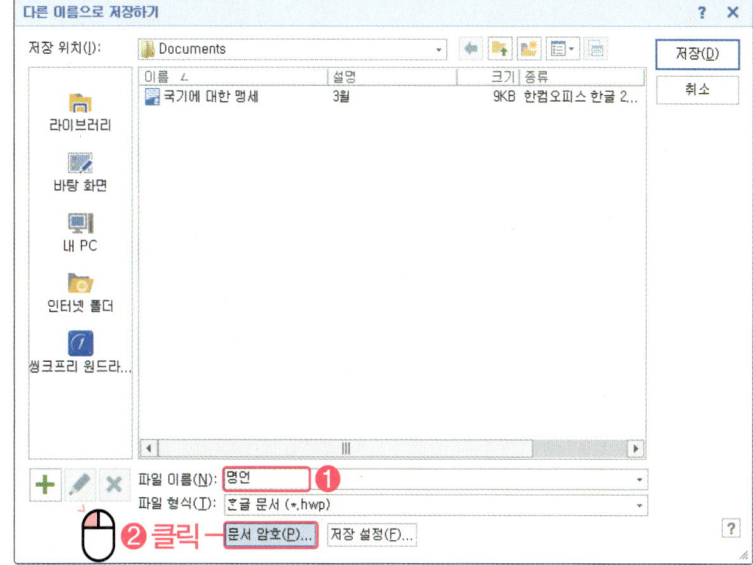

3. [문서 암호 설정] 대화상자에서 문서 암호를 입력하고, 다시 한번 같은 암호 확인란에 같은 암호를 입력한 후 [설정]을 클릭합니다.

4. [다른 이름으로 저장하기] 대화상자에서 [저장]을 클릭합니다.

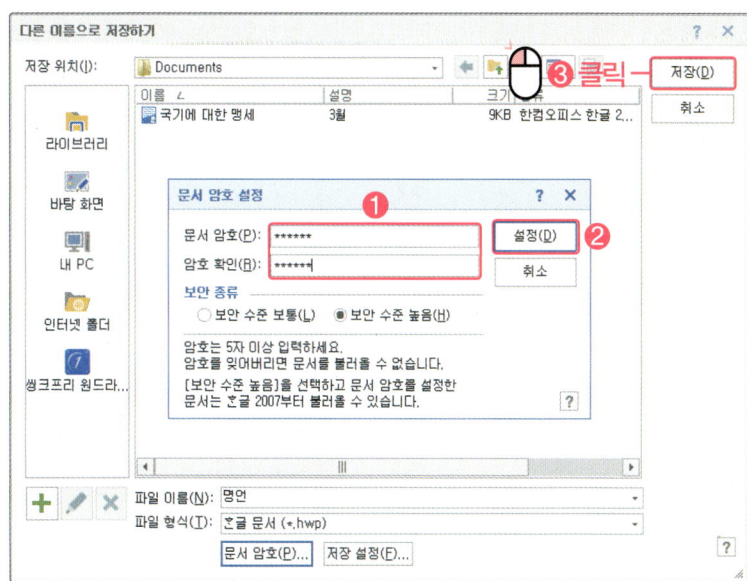

"혼자 풀어 보세요"

1 다음과 같이 내용을 입력한 다음 "멋쟁이 토마토.hwp"로 저장해 보세요.

> 멋쟁이 토마토(작곡 : 김영광 / 작사 : 김영광)
>
> 울퉁불퉁 멋진 몸매에 빠알간 옷을 입고
> 새콤 달콤 향내 풍기는 멋쟁이 토마토 토마토
> 나는야 주스 될 거야 꿀꺽
> 나는야 케첩 될 거야 찍
> 나는야 춤을 출 거야 헤이
> 뽐내는 토마토 토마토

2 다음과 같이 작성하고 "올레길.hwp"로 저장해 보세요.

> 올레길
>
> 올레길은 제주도의 트레일이다. 올레란 제주 방언으로 좁은 골목이란 뜻이며, 통상 큰길에서 집의 대문까지 이어지는 좁은 길을 말한다. 언론인 서명숙이 스페인 산티아고 순례길에서 영감을 받아 시작했으며, 사단법인 제주올레에서 관리한다. 2007년 9월 8일 제1코스(시흥초등학교에서 광치기 해변, 총 15km)가 개발된 이래, 2012년 11월까지 총 21개의 코스가 만들어져 제주도 외곽을 한 바퀴 걸을 수 있도록 이어져 있으며 추가적인 알파코스 5개가 존재한다. 각 코스는 15 km 정도이며, 평균 소요시간이 5~6시간, 총 길이는 약 422km이다. 주로 제주의 해안지역을 따라 골목길, 산길, 들길, 해안길, 오름 등을 연결하여 구성되며, 제주 주변의 작은 섬을 도는 코스도 있다.
>
> 자료출처 : 위키백과, 우리 모두의 백과사전

Tip

을 누르면 문자 입력 상태가 한글 또는 영문으로 변경됩니다.

"혼자 풀어 보세요"

3 다음과 같이 작성하고 "세계유산.hwp"로 저장해 보세요.

> 세계유산이란?
>
> 세계유산은 1972년 유네스코(UNESCO, 국제연합교육과학문화기구) 세계 문화 및 자연유산의 보호에 관한 협약(Convention Concerning the Protection of the World Cultural and Natural Heritage)에 의거하여 세계유산목록에 등재된 유산을 지칭합니다. 인류의 보편적이고 뛰어난 가치를 지닌 각국의 부동산 유산이 등재되는 세계유산의 종류에는 문화유산, 자연유산 그리고 문화와 자연의 가치를 함께 담고 있는 복합유산이 있습니다.
>
> 자료추출 : 문화재청

4 다음과 같이 작성하고 "오늘의 회화.hwp"로 저장해 보세요.

> 오늘의 회화
>
> I'd like to speak with your manager.
> 매니저분과 통화를 하고 싶습니다.
>
> One moment, please. He is not available at the moment.
> 잠시만 기다려주세요. 지금 자리에 안 계시네요.
>
> Can I help you instead?
> 제가 대신 도와드릴까요
>
> I'd like to dispute a charge on my credit card.
> 신용카드에 내역에 이의가 있습니다.
>
> It seems like there was a duplicate charge.
> 이중결제가 된 것 같습니다.

다양한 문자 입력하기

문자표 기능을 이용하여 키보드에 없는 특수 문자를 입력해보고, 새로운 문자를 만드는 방법에 대해 알아봅니다. 또한 한글을 한자로 변환하는 방법을 알 수 있습니다.

▶▶ 문자표 기능을 활용하는 방법에 대해 알아봅니다.
▶▶ 글자 겹치기 기능으로 새로운 문자를 만들 수 있습니다.
▶▶ 한글을 한자로 변환하는 방법에 대해 알 수 있습니다.

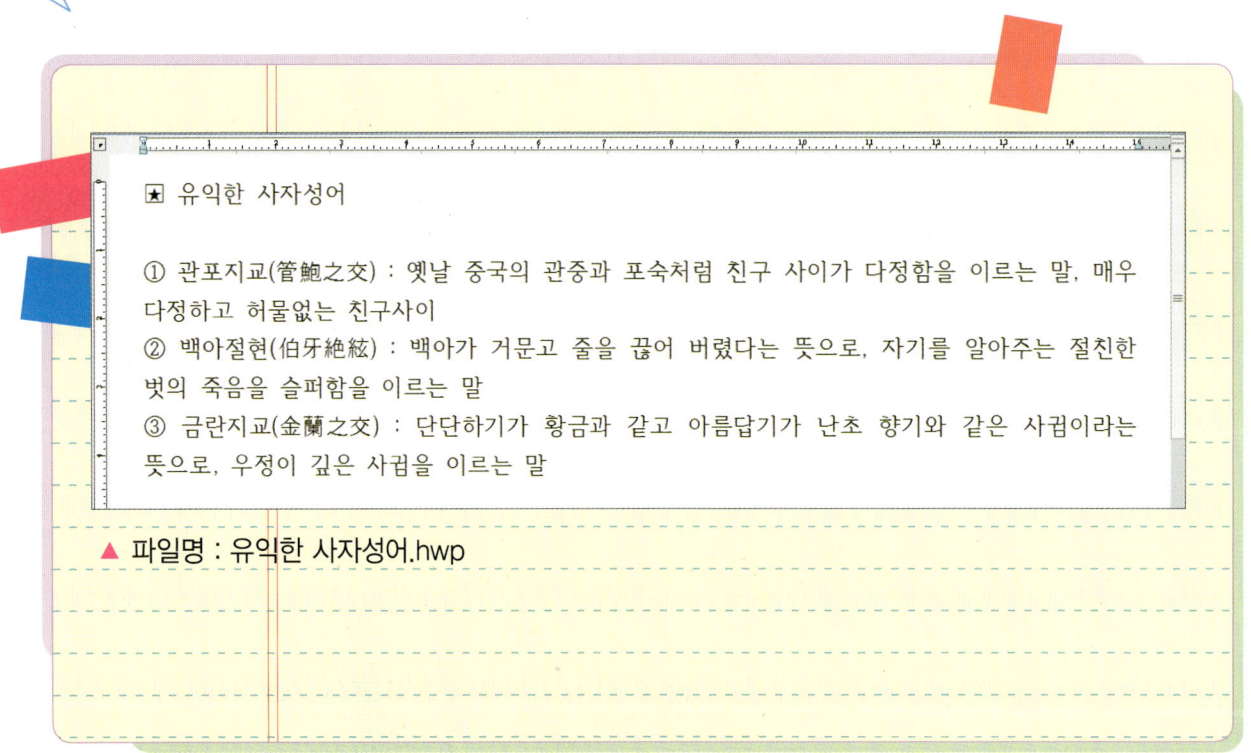

★ 유익한 사자성어

① 관포지교(管鮑之交) : 옛날 중국의 관중과 포숙처럼 친구 사이가 다정함을 이르는 말. 매우 다정하고 허물없는 친구사이
② 백아절현(伯牙絶絃) : 백아가 거문고 줄을 끊어 버렸다는 뜻으로, 자기를 알아주는 절친한 벗의 죽음을 슬퍼함을 이르는 말
③ 금란지교(金蘭之交) : 단단하기가 황금과 같고 아름답기가 난초 향기와 같은 사귐이라는 뜻으로, 우정이 깊은 사귐을 이르는 말

▲ 파일명 : 유익한 사자성어.hwp

01 특수 문자 입력하기

1 다음과 같이 내용을 입력한 다음 원문자를 입력할 곳에 커서를 놓고 [입력]-[문자표]를 클릭합니다.

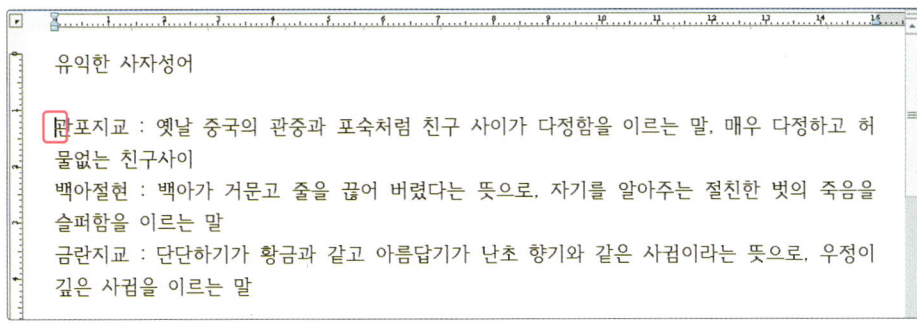

2 [문자표 입력] 대화상자에서 [훈글 문자표] 탭을 선택한 다음 문자 영역을 '전각 기호(원)'을 선택합니다. 원문자 "①"을 선택하고 [넣기]를 클릭합니다.

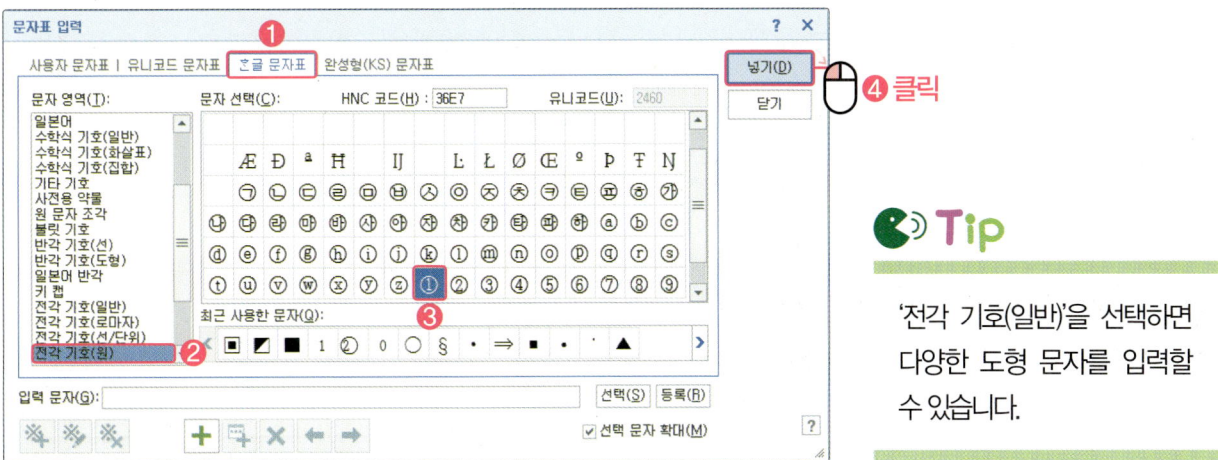

Tip
'전각 기호(일반)'을 선택하면 다양한 도형 문자를 입력할 수 있습니다.

3 같은 방법으로 다음과 같이 원문자를 입력합니다.

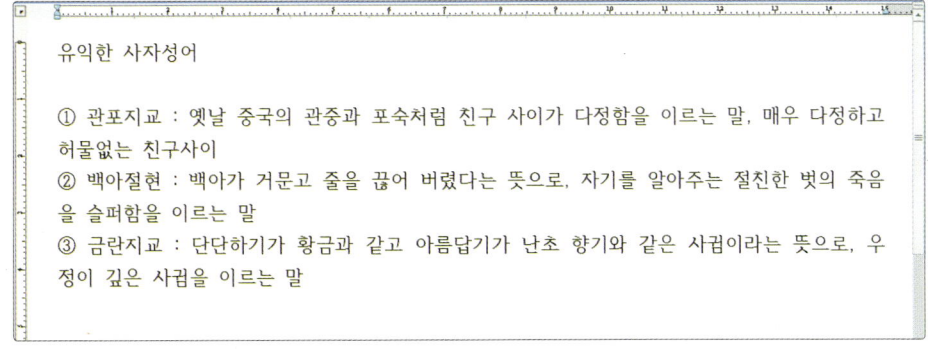

17

02 글자 겹치기

1 특수문자를 입력할 곳에 커서를 놓고 [입력]-[글자 겹치기]를 클릭한 후 [글자 겹치기] 대화상자에서 겹치기 종류를 '모양과 겹치기'를 선택하고 '사각형 문자'를 선택합니다. 겹쳐 쓸 글자란에서 마우스 오른쪽 단추를 클릭하여 [문자표]를 클릭합니다.

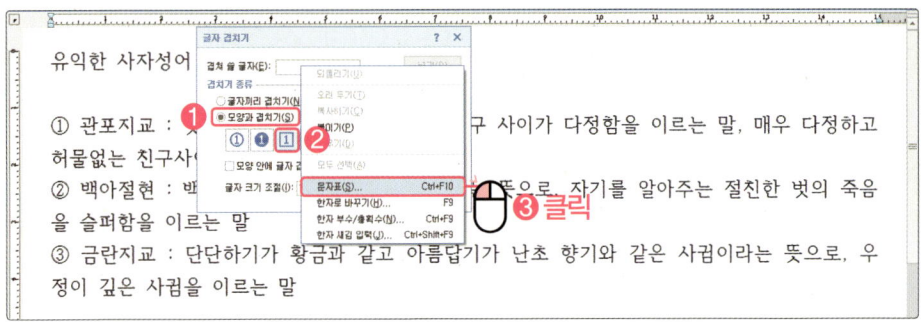

2 [문자표 입력] 대화상자의 [흔글 문자표] 탭에서 문자 영역을 '전각 기호(일반)'으로 선택하고, '★' 문자를 클릭한 다음 [넣기]를 클릭합니다.

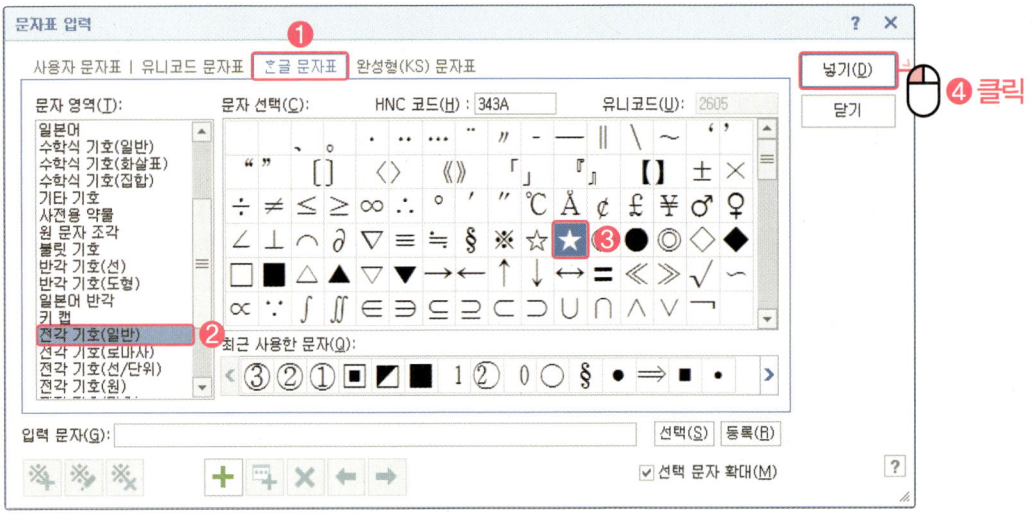

3 [글자 겹치기] 대화상자에서 [넣기]를 클릭합니다.

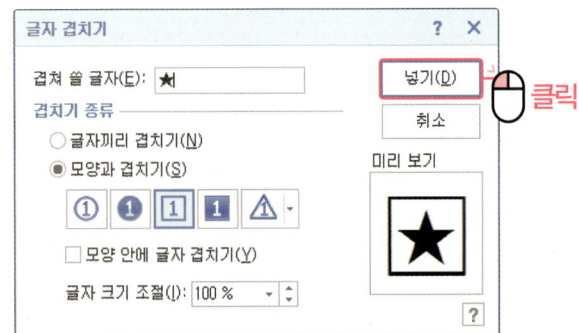

03 한자로 변환하기

1 '관포지교' 뒤에 커서를 놓고 [입력]-[한자 입력]-[한자로 바꾸기]를 클릭하거나 [한자]를 누릅니다.

2 [한자로 바꾸기] 대화상자에서 맞는 한자를 선택하고 입력 형식을 '한글(漢字)'로 선택한 다음 [바꾸기]를 클릭합니다.

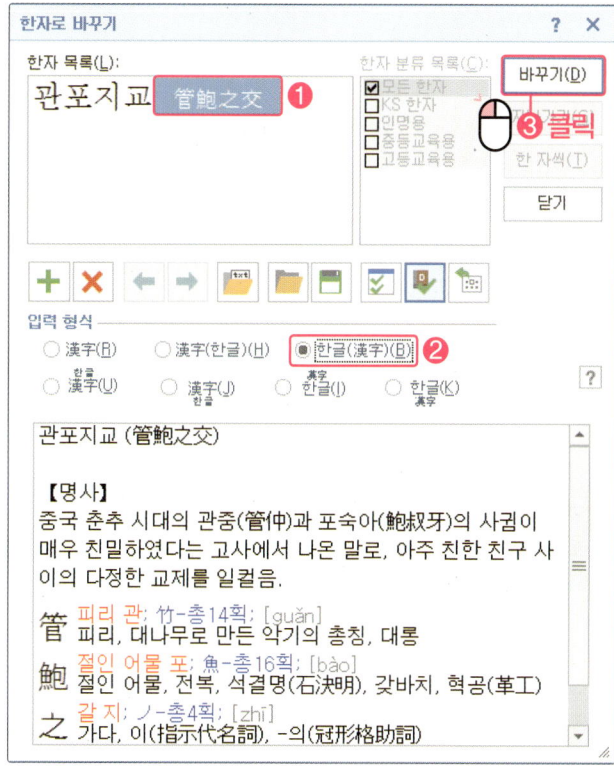

3 같은 방법으로 다음과 같이 한글을 한자로 변환합니다.

★ 유익한 사자성어

① 관포지교(管鮑之交) : 옛날 중국의 관중과 포숙처럼 친구 사이가 다정함을 이르는 말. 매우 다정하고 허물없는 친구사이
② 백아절현(伯牙絶絃) : 백아가 거문고 줄을 끊어 버렸다는 뜻으로, 자기를 알아주는 절친한 벗의 죽음을 슬퍼함을 이르는 말
③ 금란지교(金蘭之交) : 단단하기가 황금과 같고 아름답기가 난초 향기와 같은 사귐이라는 뜻으로, 우정이 깊은 사귐을 이르는 말

Tip

한자를 한글로 변환하려면 한자 뒤에 커서를 놓고 [한자]를 누릅니다.

"혼자 풀어 보세요"

1 문자표 기능을 이용하여 다음과 같이 문서를 작성하고 "사이버범죄.hwp"로 저장해 보세요.

> ◈ 사이버범죄가 뭐예요? ◈
>
> Ⅰ. 사이버 범죄에는 어떤 것들이 있나요?
> ☞ 해킹, 바이러스 유포, 전자상거래 사기, 사이버게임 사기, 프로그램 불법복제, 불법사이트 운영, 명예훼손, 개인정보침해, 사이버 스토킹, 사이버 성폭력, 협박, 공갈 등과 같이 사이버 공간에서 일어나는 범죄를 통틀어 말한답니다.
>
> Ⅱ. 컴퓨터 보안을 위해 어떻게 해야하죠?
> ☞ 인터넷에 연결되면 악성프로그램에 감염될 가능성이 있으니 백신프로그램을 컴퓨터에 설치하여 수시로 점검하세요.
> ☞ 불법소프트웨어를 깔거나 복사해선 안되고, 정품 소프트웨어를 사용해야 해요.
>
> 자료추출 : 사이버경찰청

2 다음과 같이 기호를 이용하여 문서를 작성하고 "식초 레시피.hwp"로 저장해 보세요.

> ■ 바나나 식초 레시피 ■
>
> ▶ 재료 : 바나나 1송이(7~8개), 흑설탕 3컵, 식초 3컵, 유리병
> ▶ 만드는 법
>   1. 유리병은 끓는 물에 잘 소독해서 행주로 닦지말고 그대로 말려준다.
>   2. 식초에 설탕을 충분히 섞어준다.
>   3. 바나나는 1cm 두께로 잘라 병에 담고 2의 식초를 부어 뚜껑을 닫는다.
>   4. 햇빛이 안드는 서늘한 곳에서 2주정도 숙성 후 걸러준다.
>
> ※ 바나나 식초는 그대로 마시거나 물에 타서 마시고, 바나나찌꺼기는 으깨서 요구르트에 섞어 드레싱이나 빵에 찍어먹는다.

"혼자 풀어 보세요"

3 글자 겹치기를 이용하여 다음과 같이 문서를 작성하고 "오늘의 명언.hwp"로 저장해 보세요.

> ❃ 오늘의 명언 ❃
>
> ① Hope is a waking dream. → 희망은 백일몽이다. / 아리스토텔레스
> ② While there's life, there's hope. → 삶이 있는 한 희망은 있다. / 키케로
> ③ Great hopes make great men. → 큰 희망이 큰 사람을 만든다. / 토마스 풀러
> ④ Success is never final. → 성공이 끝은 아니다. / 윈스턴 처칠
> ⑤ Nothing fails like success. → 성공만큼 큰 실패는 없다. / 제럴드 내크먼

4 다음과 같이 내용을 입력하여 문서를 작성하고 "사자성어 풀이.hwp"로 저장해 보세요.

> ■ 대기만성[大器晩成]
> ☞ 큰 사람이 되기 위해서는 많은 노력과 시간이 필요함을 나타내는 말.
> 大 : 큰 대 / 器 : 그릇 기 / 晩 : 늦을 만 / 成 : 이룰 성
>
> ■ 순망치한[脣亡齒寒]
> ☞ 입술이 없으면 이가 시리다는 말로 서로 떨어질 수 없는 밀접한 관계라는 뜻.
> 脣 : 입술 순 / 亡 : 잃을 망 / 齒 : 이 치 / 寒 : 찰 한
>
> ■ 삼성오신[三省吾身]
> ☞ 하루에 세 번 자기가 한 행위나 생각을 반성하는 것을 이르는 말.
> 三 : 석 삼 / 省 : 살필 성 / 吾 : 나 오 / 身 : 몸 신

03 복사와 이동하기

작성한 문서에서 반복되는 내용을 복사하여 반복해서 입력하는 방법과 특정 부분의 내용을 다른 곳으로 이동시키는 방법에 대해 알아 봅니다.

▶▶ 블록 설정하는 방법에 대해 알 수 있습니다.
▶▶ 반복되는 내용을 간단하게 복사하는 방법에 대해 알 수 있습니다.
▶▶ 입력한 내용의 위치를 다른 곳으로 이동시킬 수 있습니다.

애국가[愛國歌] 작곡 : 안익태(安益泰)

애국가의 작사자는 미상이며, 11930년대 후반 안익태(安益泰)가 독일 빈에서 유학 중 작곡한 것을 1948년 8월 15일 대한민국 정부수립과 함께 국가로 제정하였다.

1절 : 동해물과 백두산이 마르고 닳도록 하느님이 보우하사 우리나라 만세.
(후렴) 무궁화 삼천리 화려강산 대한 사람, 대한으로 길이 보전하세.
2절 : 남산 위에 저 소나무, 철갑을 두른 듯 바람서리 불변함은 우리 기상일세.
(후렴) 무궁화 삼천리 화려강산 대한 사람, 대한으로 길이 보전하세.
3절 : 가을 하늘 공활한데 높고 구름 없이 밝은 달은 우리 가슴 일편단심일세.
(후렴) 무궁화 삼천리 화려강산 대한 사람, 대한으로 길이 보전하세.
4절 : 이 기상과 이 맘으로 충성을 다하여 괴로우나 즐거우나 나라 사랑하세.
(후렴) 무궁화 삼천리 화려강산 대한 사람, 대한으로 길이 보전하세.

▲ 파일명 : 애국가.hwp

01 블록 설정하기

1 다음과 같이 애국가에 대한 내용을 입력합니다.

```
애국가[愛國歌]
작곡 : 안익태(安益泰)
애국가의 작사자는 미상이며, 11930년대 후반 안익태(安益泰)가 독일 빈에서 유학 중 작곡한
것을 1948년 8월 15일 대한민국 정부수립과 함께 국가로 제정하였다.

1절 : 동해물과 백두산이 마르고 닳도록 하느님이 보우하사 우리나라 만세.

2절 : 남산 위에 저 소나무, 철갑을 두른 듯 바람서리 불변함은 우리 기상일세.

3절 : 가을 하늘 공활한데 높고 구름 없이 밝은 달은 우리 가슴 일편단심일세.

4절 : 이 기상과 이 맘으로 충성을 다하여 괴로우나 즐거우나 나라 사랑하세.
(후렴) 무궁화 삼천리 화려강산 대한 사람, 대한으로 길이 보전하세.
```

2 문서의 일부분을 블록 설정하기 위해 블록 시작 위치에 커서를 놓고 블록이 끝나는 위치에서 Shift 를 누른 상태로 클릭하거나, 블록 시작 위치에서부터 블록이 끝나는 위치까지 드래그합니다.

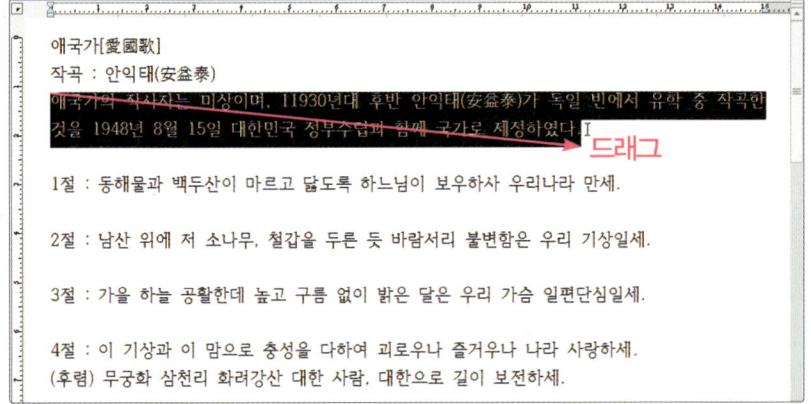

3 Esc 를 누르면 블록이 해제됩니다. 문서 전체를 블록 설정하기 위해 [편집]-[모두 선택]을 클릭하거나 Ctrl + A 를 누릅니다.

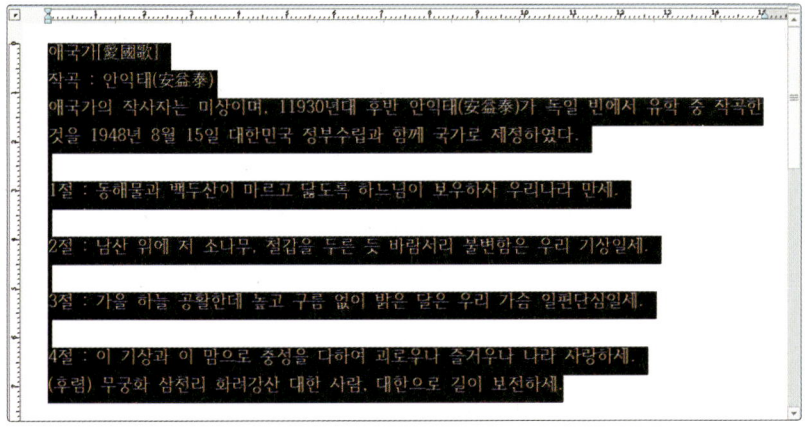

02 복사하기

1 후렴 부분을 블록 설정한 다음 [편집]-[복사하기] 또는 Ctrl + C 를 누릅니다.

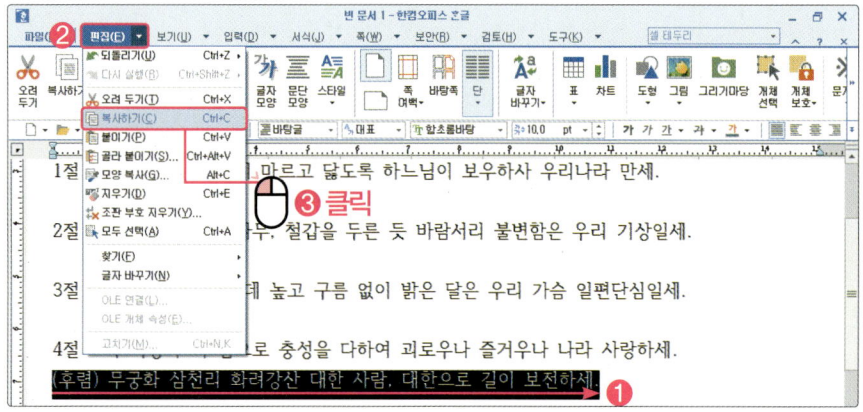

2 1절 아래 커서를 위치 시킨 다음 [편집]-[붙이기] 또는 Ctrl + V 를 누릅니다.

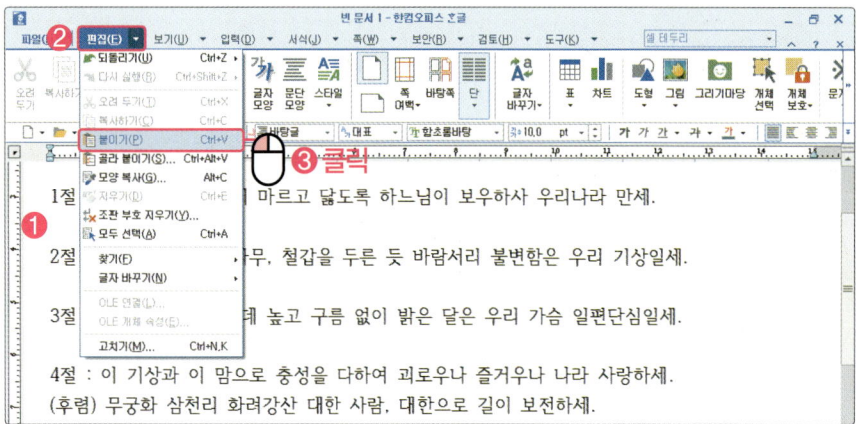

3 같은 방법으로 다음과 같이 [편집]-[붙이기] 또는 Ctrl + V 를 눌러 문서를 완성합니다.

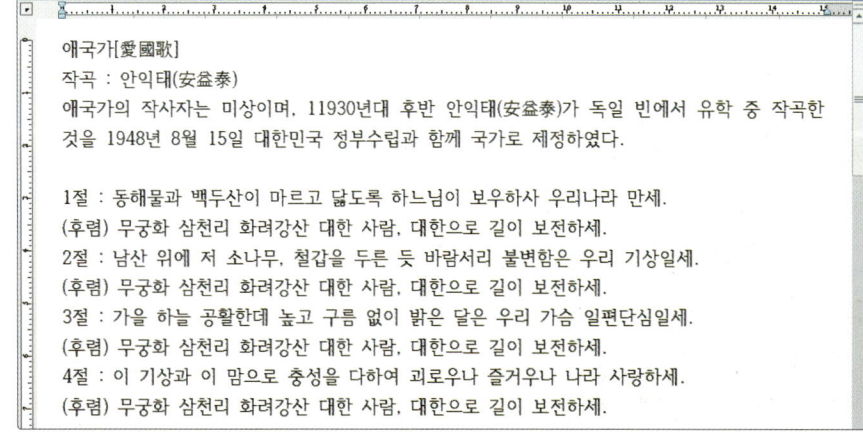

03 이동하기

1. 다음과 같이 '작곡 : 안익태(安益泰)' 부분을 블록 설정한 다음 [편집]-[오려 두기] 또는 Ctrl + X 를 누릅니다.

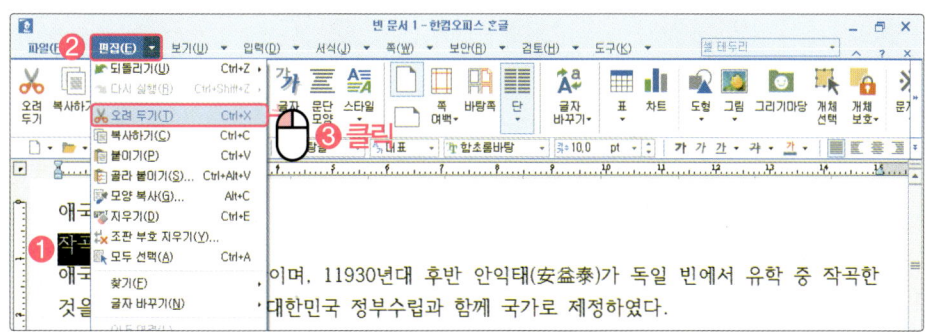

2. '애국가[愛國歌]' 뒤에 커서를 위치 시킨 다음 [편집]-[붙이기] 또는 Ctrl + V 를 누릅니다.

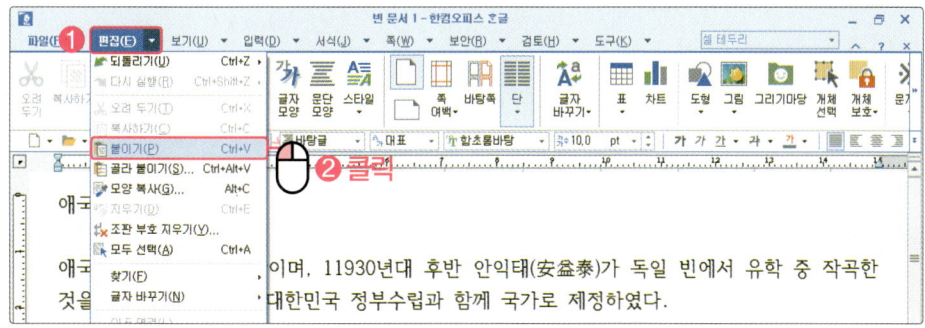

3. 다음과 같이 내용의 위치가 이동된 것을 확인할 수 있습니다.

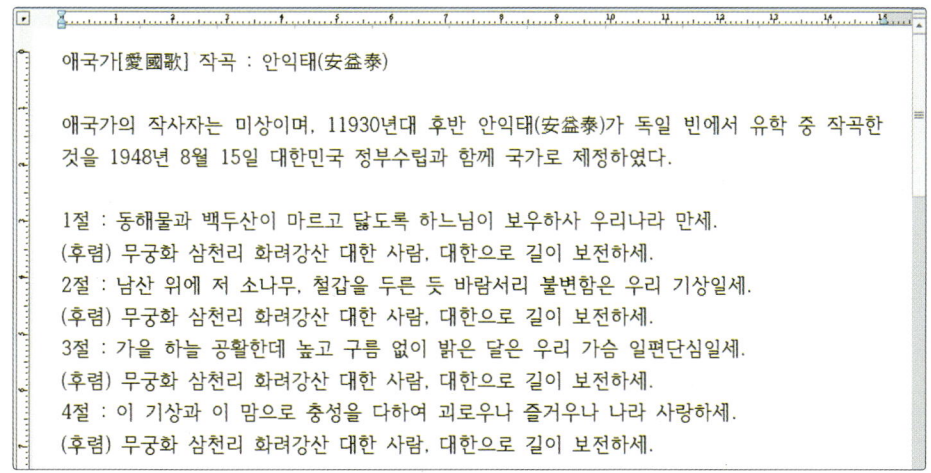

"혼자 풀어 보세요"

1 복사 기능을 이용하여 다음과 같이 문서를 작성하고 "아빠 힘내세요.hwp"로 저장해 보세요.

```
아빠 힘내세요
작곡 : 한수성   작사 : 권연순

딩동댕 초인종 소리에 얼른 문을 열었더니
그토록 기다리던 아빠가 문앞에 서계셨죠
너무나 반가워 웃으며 아빠하고 물렀는데
어쩐지 오늘 아빠의 얼굴이 우울해 보이네요

무슨 일이 생겼나요 무슨 걱정 있나요
마음대로 안되는 일 오늘 있었나요
아빠 힘내세요 우리가 있잖아요
아빠 힘내세요 우리가 있어요
```

2 복사 기능을 이용하여 다음과 같이 문서를 작성하고 "엄마야누나야.hwp"로 저 저장해 보세요.

```
            김소월(金素月)
             엄마야 누나야
        ★☆★☆★☆★☆★☆★☆★
        ☆  엄마야 누나야 강변 살자  ☆
        ★  뜰에는 반짝이는 금모래빛  ★
        ☆  뒷문 밖에는 갈잎의 노래   ☆
        ★  엄마야 누나야 강변 살자  ★
        ★☆★☆★☆★☆★☆★☆★
```

"혼자 풀어 보세요"

3 복사 기능을 이용하여 다음과 같이 문서를 작성하고 "사자성어.hwp"로 저장해 보세요.

▶◁▶◁▶◁▶◁▶◁▶◁ 사자성어 알아보기 ▶◁▶◁▶◁▶◁▶◁▶◁

☞ 九曲肝腸(구곡간장) : 굽이굽이 서린 창자라는 뜻으로, 깊은 마음속 또는 시름이 쌓인 마음 속을 비유적으로 이르는 말
☞ 輾轉反側(전전반측) : 이리 뒤척 저리 뒤척 한다는 뜻으로, 원래는 미인을 사모(思慕)하여 잠을 이루지 못함을 이르는 표현
☞ 伯牙絶絃 (백아절현) : 백아가 거문고 줄을 끊어 버렸다는 뜻으로, 자기를 알아주는 절친한 벗의 죽음을 슬퍼함을 이르는 말
☞ 比翼鳥(비익조) : 짝을 짓지 않으면 날지 못한다는 새로, 남녀사이 혹은 부부애가 두터움을 이르는 말
☞ 落花流水(낙화유수) : 떨어지는 꽃과 흐르는 물이라는 뜻으로, 남녀 간 서로 그리워하는 애틋한 정을 이르는 말

4 오려두기 기능을 이용하여 문서 내용의 위치를 다음과 같이 바꾸고 "사자성어_완성.hwp"로 저장해 보세요.

▶◁▶◁▶◁▶◁▶◁▶◁ 사자성어 알아보기 ▶◁▶◁▶◁▶◁▶◁▶◁

☞ 伯牙絶絃 (백아절현) : 백아가 거문고 줄을 끊어 버렸다는 뜻으로, 자기를 알아주는 절친한 벗의 죽음을 슬퍼함을 이르는 말
☞ 比翼鳥(비익조) : 짝을 짓지 않으면 날지 못한다는 새로, 남녀사이 혹은 부부애가 두터움을 이르는 말
☞ 落花流水(낙화유수) : 떨어지는 꽃과 흐르는 물이라는 뜻으로, 남녀 간 서로 그리워하는 애틋한 정을 이르는 말
☞ 九曲肝腸(구곡간장) : 굽이굽이 서린 창자라는 뜻으로, 깊은 마음속 또는 시름이 쌓인 마음 속을 비유적으로 이르는 말
☞ 輾轉反側(전전반측) : 이리 뒤척 저리 뒤척 한다는 뜻으로, 원래는 미인을 사모(思慕)하여 잠을 이루지 못함을 이르는 표현

글자 모양 꾸미기

글자의 모양과 크기 등을 설정하여 문서를 보다 이쁘게 꾸미는 방법과 모양 복사 기능으로 글자 모양을 빠르게 설정할 수 있습니다.

➤➤ 글자 모양을 다양하게 변경할 수 있습니다.
➤➤ 글자 모양을 복사하여 다른 곳에 반복하여 설정할 수 있습니다.

배울 내용 미리보기

우리 몸에 좋은 파프리카

① 구입요령 : 고유의 색상이 선명하고, 너무 휘거나 변형되지 않은 약간 통통하면서 반듯한 모양인지 살펴보고, 꼭지 부분이 마르지 않고 겉에 흠집이 없고 윤기가 나며 골 사이에 변색이 없는 것으로 고른다.
② 보관온도 : 1~5℃
③ 보 관 일 : 5일
④ 보 관 법 : 물기가 있으면 상하기 쉬우므로 물기를 건조한 후 비닐팩에 담아 냉장고에 보관한다.
⑤ 소 질 법 : 먹기 직전에 깨끗한 물에 세척하여 꼭지를 절단 후 조리에 이용한다.

자료 추출 : 네이버 지식백과

▲ 파일명 : 파프리카.hwp

01 글자 모양 꾸미기

1 다음과 같이 내용을 입력한 다음 제목을 블록 설정합니다.

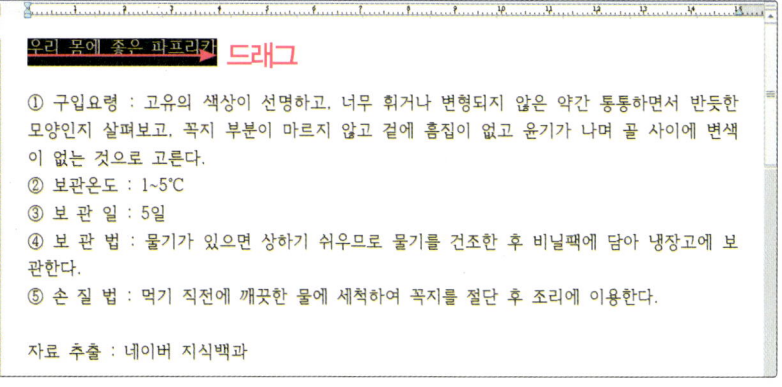

2 [서식] 탭에서 글꼴 목록 단추를 클릭하여 '휴먼엑스포'를 클릭합니다.

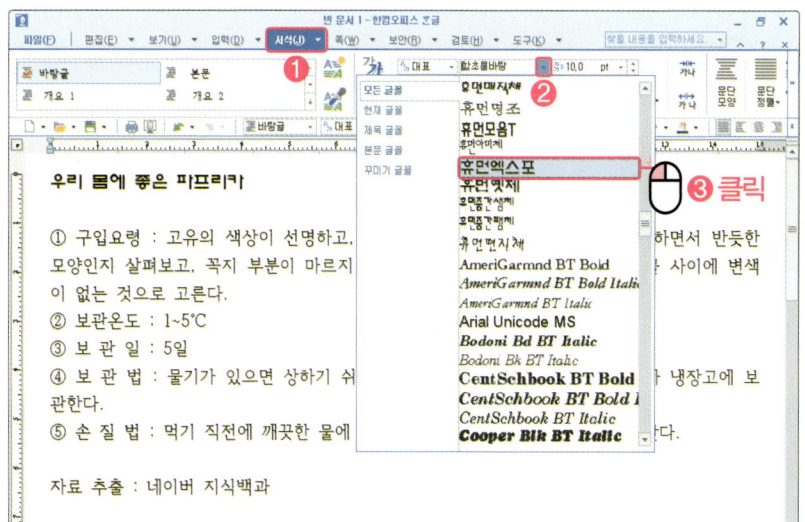

> **Tip**
> 글꼴 서식은 서식 도구 상자에서 해도 됩니다.

3 글자 크기를 "15pt"로 설정한 다음  (글자 색)을 클릭하여 원하는 글자 색을 선택합니다.

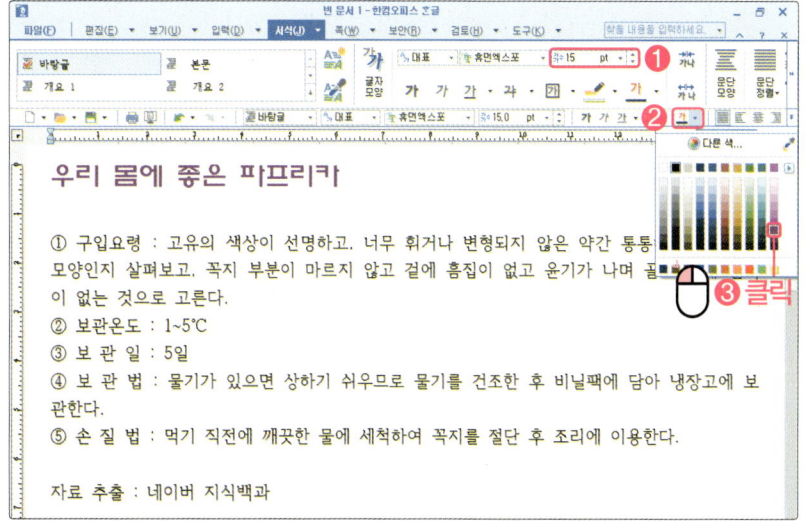

④ 다음과 같이 '구입요령'만 블록 설정한 다음 [서식]-[글자 모양]을 클릭합니다.

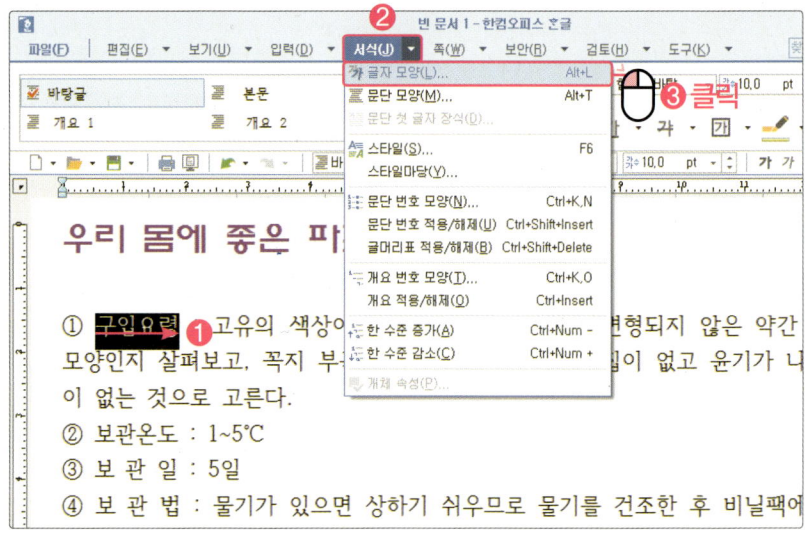

⑤ [글자 모양] 대화상자에서 기준 크기를 "12pt"로 지정하고 글자 색은 '흰색', 음영 색은 진한 루비색 계열을 선택한 후 [설정]을 클릭합니다.

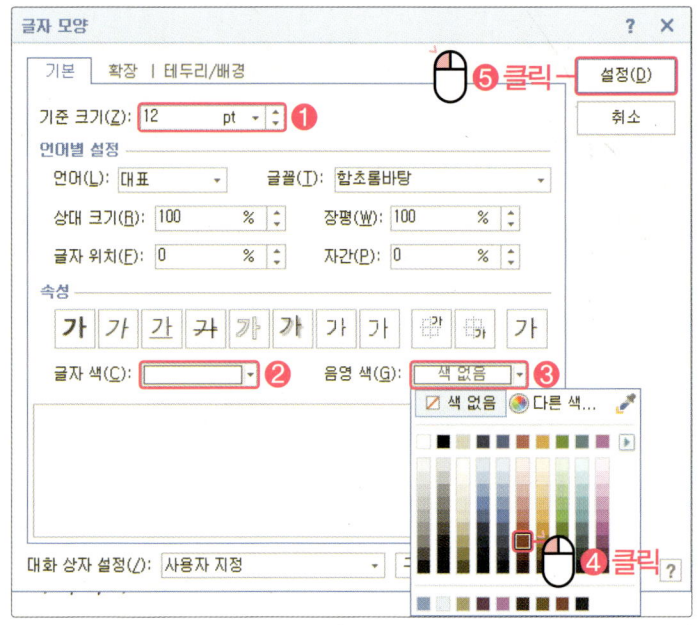

⑥ 다음과 같이 블록으로 설정된 부분에 음영이 설정된 것을 확인할 수 있습니다.

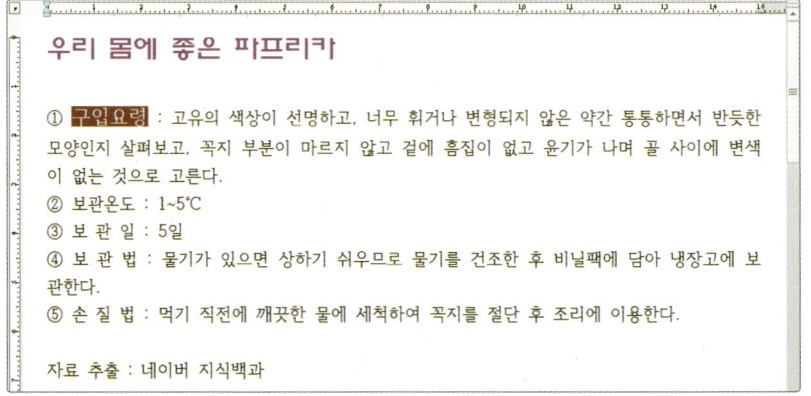

02 모양 복사하기

1 음영을 설정한 곳에 커서를 위치시키고 [편집] 탭의 📋(모양 복사)를 클릭합니다. [모양 복사] 대화상자에서 '글자 모양'을 선택하고 [복사]를 클릭합니다.

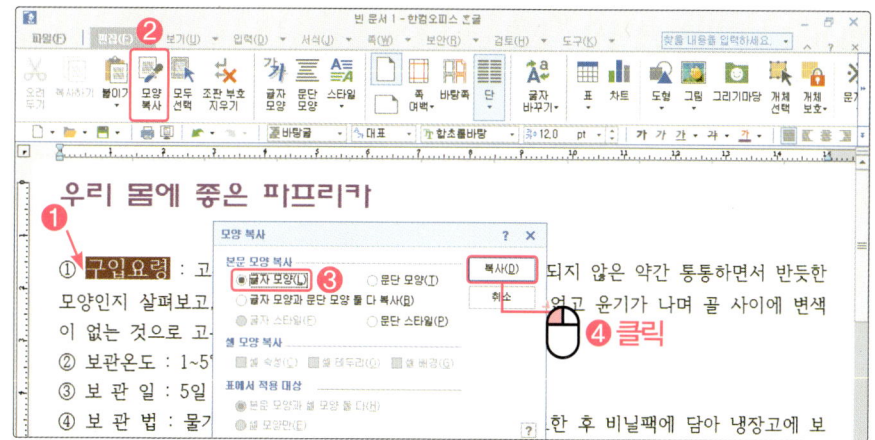

> **Tip**
>
> 모양 복사 : Alt + C

2 '보관온도'를 블록 설정한 다음 [편집] 탭의 📋(모양 복사)를 클릭합니다.

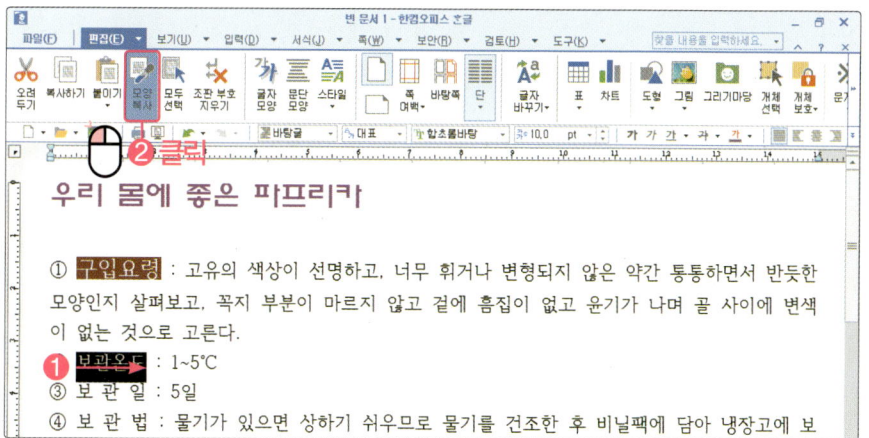

3 같은 방법으로 다음과 같이 글자 모양을 바꾼 다음 모양 복사 기능을 이용하여 완성합니다.

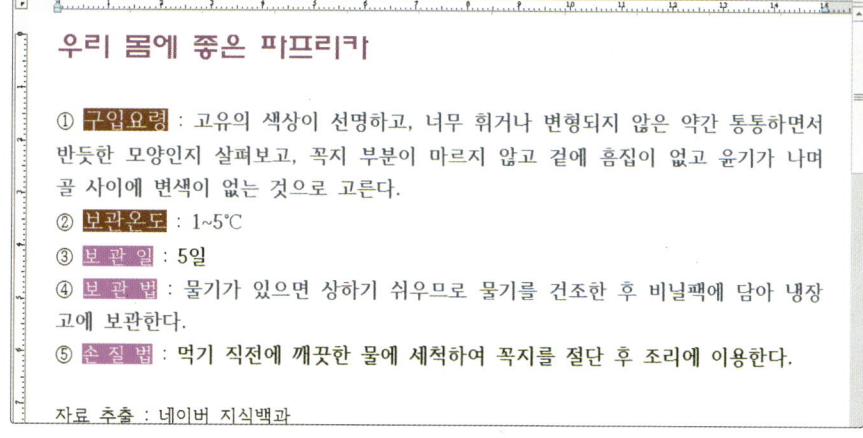

"혼자 풀어 보세요"

1 다음과 같이 내용을 입력한 다음 원하는 글꼴과 색으로 문서를 작성하고 "방방곡곡 재미난 길.hwp"로 저장해 보세요.

♬♬방방곡곡 재미난 길♬♬

■ 미남길 : 경북 안동시 와룡면의 미남길은 주변 산세와 남쪽의 낙동강이 아름다워 美男(미남)이런 이름이 되었답니다.

■ 야동길 : 전북 고창군 흥덕면의 야동길은 넓은 들판을 뜻하는 '야전'에서 비롯된 野洞(야동) 마을 앞길이에요!

■ 구라길 : 옛날 옛적 이마을 라씨 집안의 아홉 아들이 모두 과거에 급제했답니다. 그래서 아홉 명의 라씨가 살던 마을이라 해서 九羅(구라)라고 불여졌답니다.

자료추출 : 국립국어원

 조건
- 특수문자 : 전각 기호(일반)

2 동요를 입력한 다음 원하는 글꼴과 글자 색으로 문서를 작성하고 "멋쟁이 토마토.hwp"로 저장해 보세요.

멋쟁이 토마토 작곡 : 김영광 | 작사 : 김영광

울퉁불퉁 멋진 몸매에 빨간 옷을 입고,
새콤달콤 향내 풍기는 멋쟁이 토마토, 토마토!
나는야, 쥬스 될 거야. 꿀꺽!
나는야, 케첩 될 거야. 찌익!
나는야, 춤을 출 거야. 헤이!
뽐내는 토마토, 토마토!

"혼자 풀어 보세요"

3 모양 복사 기능을 이용하여 다음과 같이 문서를 작성하고 "진달래꽃.hwp"로 저장해 보세요.

> **진달래꽃** 김소월
>
> 나 보기가 역겨워
> 가실 때에는
> 말없이 고이 보내드리오리다
> 영변에 약산
> 진달래꽃,
> 아름 따다 가실 길에 뿌리오리다
> 가시는 걸음걸음
> 놓인 그 꽃을
> 사뿐히 즈려 밟고 가시옵소서
> 나 보기가 역겨워
> 가실 때에는
> 죽어도 아니 눈물 흘리오리다

4 다음과 같이 문서를 작성하여 글꼴 서식을 설정하고 "세계 3대 커피 원두.hwp"로 저장해 보세요.

> ▨▨ **세계 3대 커피 원두** ▨▨
>
> 커피의 3대 원두종류라면 흔히 <u>아라비카(Arabicas)</u>, <u>로부스타(Robustas)</u>, <u>리베리카(Libericas)</u>를 말한다. 그 중에 리베리카종은 병에는 강하나 가뭄에 약해 현재는 거의 생산되지 않고 있다.
>
> **아라비카종**은 가장 많이 재배되며 우수한 맛을 내는 고급 품종이기는 하나, 주로 해발 1,000~2,000m의 고산지대에서 생산되며, 기후나 토양등에 민감하기에 재배하기 까다로운 커피다. 이러한 이유로 다른 커피보다 가격이 비싸지만 커피의 풍부한 맛을 즐기려는 애호가들은 모두 아라비카종의 원두만을 이용한다.
>
> **로브스타종**은 강한 생명력을 가진 품종이어서 주변환경에 구애받지 않고 잘 자라기는 하나, 맛이 떨어지기 때문에 인스턴트 커피용으로 많이 쓰인다.
>
> 자료추출 : [네이버 지식백과-세계의 3대 커피원두 (시사상식사전, 박문각)]

05 문단 모양 꾸미기

문단을 왼쪽, 오른쪽, 가운데를 기준으로 보기 좋게 정렬하고, 줄 간격을 조절하여 가독성을 높일 수 있으며, 문단의 첫 글자의 글꼴이나 색을 설정하여 강조할 수 있습니다.

➡➡ 문단 모양을 설정하는 방법에 대해 알 수 있습니다.
➡➡ 문단의 첫 글자를 강조하는 방법에 대해 알 수 있습니다.

배울 내용 미리보기

건강백과

귤나무(Citrus unshiu Markovich)

 국·일본·중남미·흑해 등지에 분포하는 상록성 소교목이다. 높이는 3-5m이고 가지가 퍼지며 가시가 없다. 잎은 어긋나고 타원형으로 가장자리가 밋밋하며 잎자루의 날개는 뚜렷하지 않다. 귤나무의 열매인 귤(橘)은 편구형(扁球形)이고 지름은 5-8㎝이며 황적색으로 성숙한다.

또한 과실 껍질이 잘 떨어지고 열매는 생식한다. 대한민국에서는 남해안 기후대에서 재배되며 조생종·중생종·만생종 등 10여 종류가 있다.

[네이버 지식백과] 귤나무 (한약재감별도감 - 외부형태, 2014.2.28., 아카데미서적)

▲ 파일명 : 건강백과.hwp

01 문단 서식 설정하기

1 다음과 같이 내용을 입력한 다음 제목을 블록 설정합니다. 서식 도구 상자에서 글꼴은 'HY울릉도M', 크기는 "15pt"로 설정한 다음 ≡(가운데 정렬)을 클릭합니다.

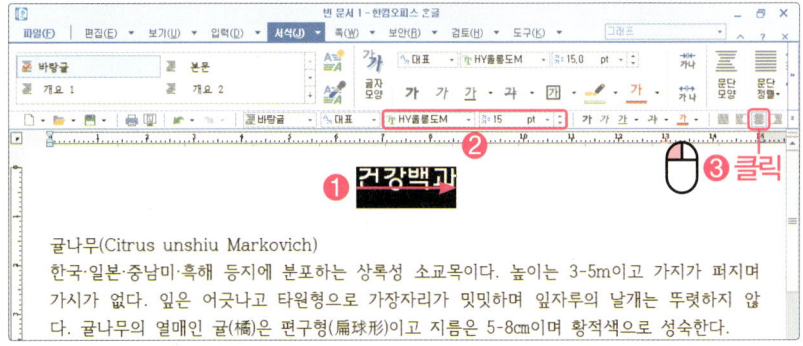

2 본문의 첫 번째 줄을 블록 설정한 다음 서식 도구 상자에서 글자 크기는 "12pt", 속성은 '진하게'로 지정하고 글자 색은 원하는 색으로 선택합니다.

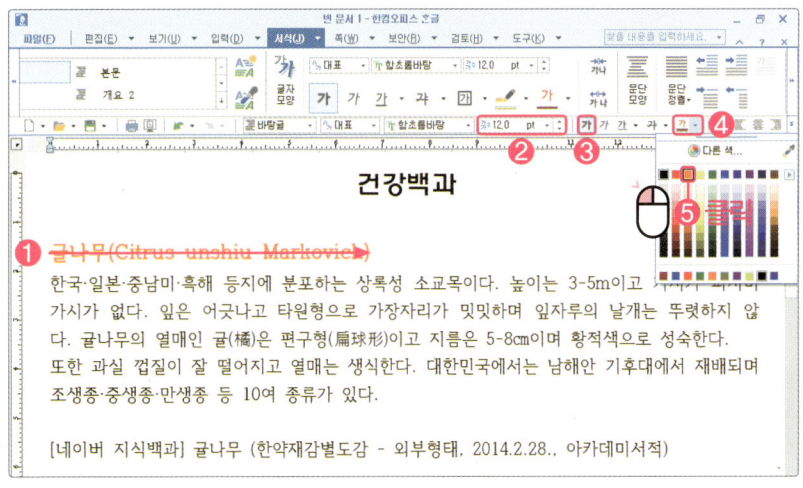

3 다음과 같이 내용을 블록 설정한 다음 [서식]-[문단 모양]을 클릭합니다.

> **Tip**
>
> 문단 모양 : Alt + T

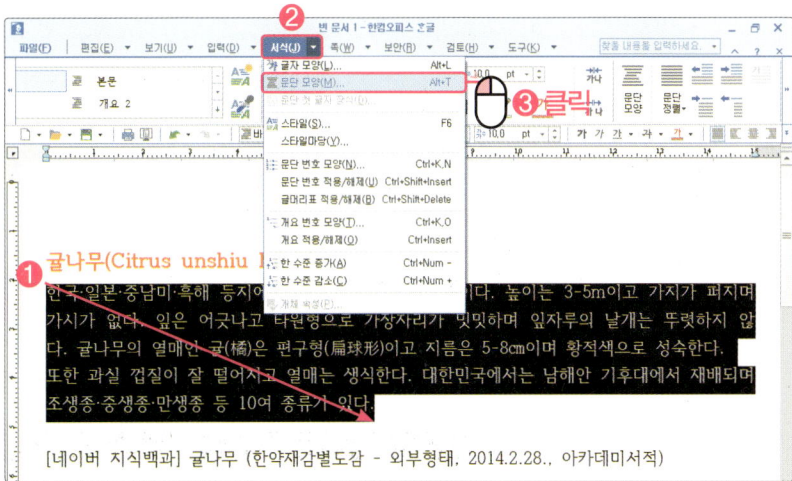

④ [문단 모양] 대화상자에서 줄 간격은 '180%', 문단 위 간격은 '10pt'로 지정하고 [설정]을 클릭합니다.

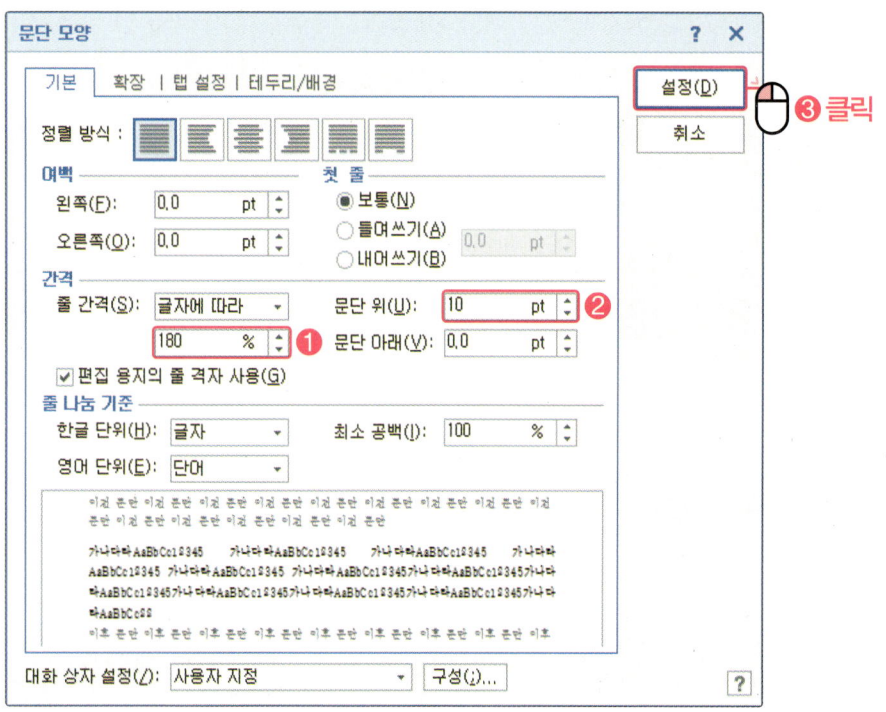

⑤ 마지막 줄을 블록 설정한 다음 서식 도구 상자에서 글자 크기는 '9pt'로 설정한 다음 ▤(오른쪽 정렬)을 클릭합니다.

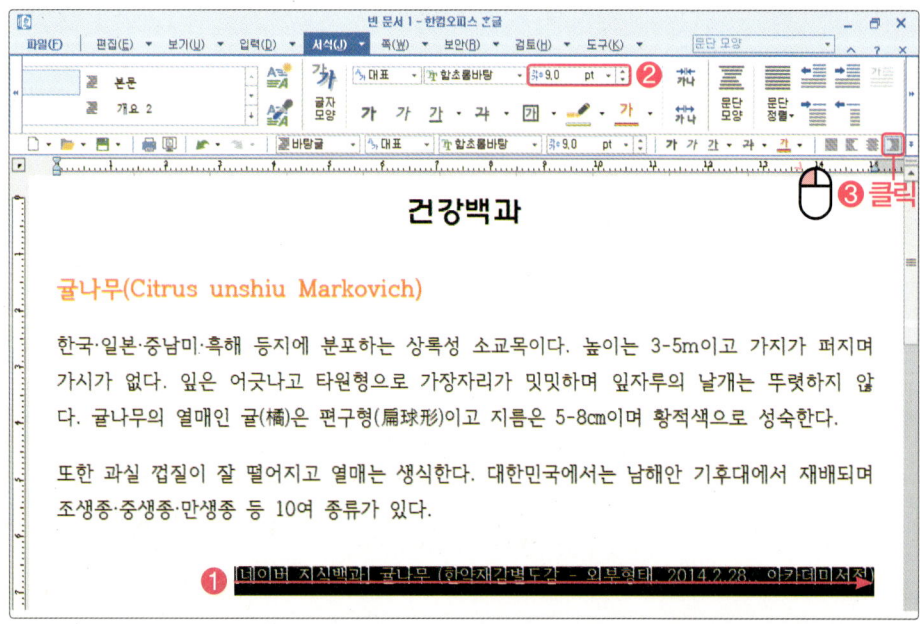

02 문단 첫 글자 장식하기

1 문단 첫 글자 장식을 설정하기 위해 '한' 뒤에 커서를 위치 시킨 다음 [서식]-[문단 첫 글자 장식]을 클릭합니다.

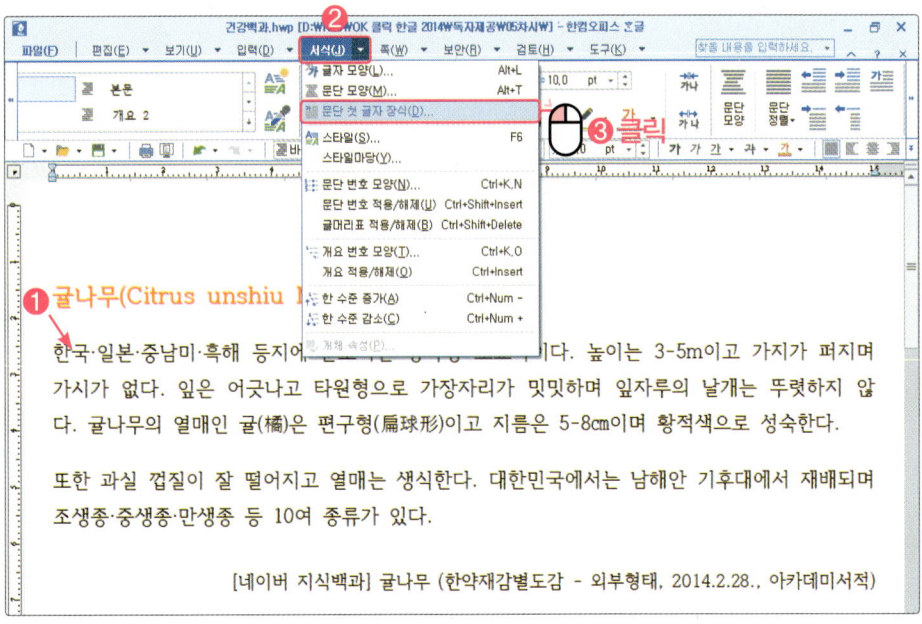

2 [문단 첫 글자 장식] 대화상자에서 모양은 '2줄', 글꼴은 '궁서', 면 색은 원하는 색을 지정하고 [설정]을 클릭합니다.

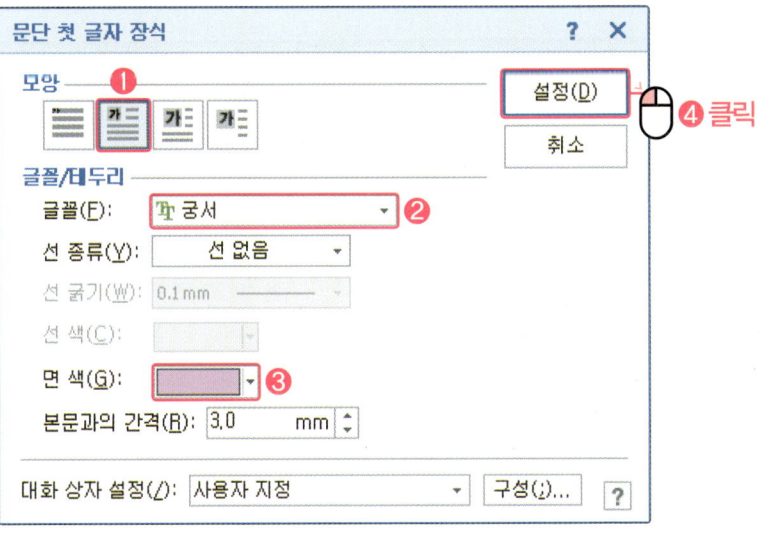

"혼자 풀어 보세요"

1 다음과 같이 내용을 입력한 후 글꼴과 문단 서식을 설정하고 "태안 튤립 축제.hwp"로 저장해 보세요.

태안 튤립 축제

① 행사소개 : 봄날의 화창함을 더해주는 튤립을 보며 각박한 도시생활에서 벗어나 여유를 만끽하고 태안의 아름다운 바다와 맛있는 먹거리들로 즐거운 여행이 될 수 있다.
② 행사기간 : 2015년 04월 17일 ~ 2015년 05월 10일
③ 위   치 : 충청남도 태안군 남면 마검포길 200
④ 행사장소 : 충남 태안군 남면 신온리 네이처월드

 **조건**
- 줄간격 : 180%
- 문단 아래 : 5pt
- 첫 줄 내어쓰기 : 64.7pt

2 다음과 같이 내용을 입력한 후 문단 첫 글자 장식을 설정하고 "신사임당.hwp"로 저장해 보세요.

신사임당

신사임당(申師任堂, 1504년 12월 5일(음력 10월 29일) ~ 1551년 6월 20일(음력 5월 17일)) 또는 사임당 신씨(師任堂申氏)는 조선 시대 중기의 문인이자 유학자, 화가, 작가, 시인이었다. 조선시대 중기의 성리학자 겸 정치인 율곡 이이, 화가 이매창의 어머니다. 강원도 강릉 출신으로 본관은 평산(平山)이다. 본명은 인선(仁善)으로 사임당은 그의 당호(堂號)이다.

2007년 한국 여성계의 반대와 집단 반발에도 불구하고 정부에 의해 5만원권 지폐의 주인공으로 전격 도안되었다.

자료추출 : 위키백과

 **조건**
- 문단 첫 글자 장식 : 2줄, HY헤드라인 M, 면색(에메랄드블루 80% 밝게)

"혼자 풀어 보세요"

3 다음과 같이 문서를 작성하여 "세금 교실.hwp"로 저장해 보세요.

어린이 주간 "신나는 세금교실" 개최

국세청 조세박물관에서는 5월 5일(화) 어린이날을 기념하여
"신나는 세금교실"을 확대·실시하고자 합니다.
어린이 가족 여러분들의 많은 참여 바랍니다.

1. 날　짜 : 2015년 5월 5일 (화)
2. 시　간 : 10시, 11시, 2시, 4시, 5시
3. 예약방법 및 오시는길
　▶ 문　의 : 국세청 조세박물관(02-397-1635~6)
　▶ 위　치 : 조세박물관 홈페이지 [찾아오시는 길] 참고

 조건
- 줄간격 : 180%

4 다음과 같이 문단 첫글자 장식을 이용하여 문서를 작성하고 "허브.hwp"로 저장해 보세요.

◐ 라벤더와 페퍼민트 ◑

라벤다는 지중해 연안이 원산지이다. 높이는 30~60cm, 전체에 흰색 털이 있으며 꽃·잎·줄기를 덮고 있는 털들 사이에 향기가 나오는 기름샘이 있다. 꽃과 식물체에서 향유(香油)를 채취하기 위하여 재배하고 관상용으로도 심는다. 이 향기는 마음을 진정시켜 편안하게 하는 효과가 있다.

페퍼민트는 높이 30~60cm 정도 자라는 숙근성 다년초로 줄기는 네모진다. 잎의 길이는 2~5cm로 긴 타원형으로 양끝은 좁고 마주보며 잎가는 거치가 있고 엽병(葉柄)이 있다. 꽃은 7~9월에 연보라색으로 윗부분과 가지의 엽액(葉腋)에 모여 달리며 층을 이룬다. 달인 액이나 생잎을 부순 것은 습포제(濕布劑)로 피부 염증이나 타박상 치료에 쓴다. 독소를 없애는 작용도 한다. 피부의 가려움증에도 효과가 있다.

[네이버 지식백과허브도감, 2006.1.5., 아카데미서적]

 조건
- 줄간격 : 180%
- 문단 아래 : 5pt

스타일 설정하기

자주 사용하는 글꼴 서식이나 문단 서식을 미리 설정해 놓고 필요할 때마다 클릭 동작만으로 글꼴 서식이나 문단 서식을 간편하게 같은 모양으로 바꿀 수 있는 기능입니다.

▸▸ 스타일 설정하는 방법에 대해 알 수 있습니다.
▸▸ 설정해 놓은 스타일을 적용하는 방법에 대해 알 수 있습니다.

점박이돌고래

1) 특징
주로 열대 대양해역에 분포한다. 영어 이름처럼 북위 40도 범위 모든 대양에 분포하고 있지만 저위도 해역에 많다.

2) 크기
성체 암컷은 1.6~2.4m, 수컷은 1.6~2.6m, 근해의 개체군에서는 체중이 적어도 120kg에 이르지만, 연안 무리에 비해 작다. 갓 태어난 새끼의 전체 길이는 약 85cm이다.

3) 생태
해면에서 먹이를 찾는 다른 돌고래 종과 함께 헤엄치는 경우가 많다. 연안에 있는 무리는 대개 100마리 이하이지만 근해의 무리는 수천 마리를 이루기도 한다. 군집성으로 유영 속도가 빠르고 물 밖으로 점프하는 행동이 자주 관찰된다. 동부 태평양에서는 봄과 가을에 한 번씩 1년에 2회 출산한다.

자료추출 : 네이버 지식백과

 파일명 : 점박이돌고래.hwp

01 스타일 설정하기

1 다음과 같이 내용을 입력하고 제목의 글꼴은 '휴먼엑스포', 글자 크기는 '15pt', 정렬은 '가운데 정렬', 글자 색은 원하는 색으로 지정합니다.

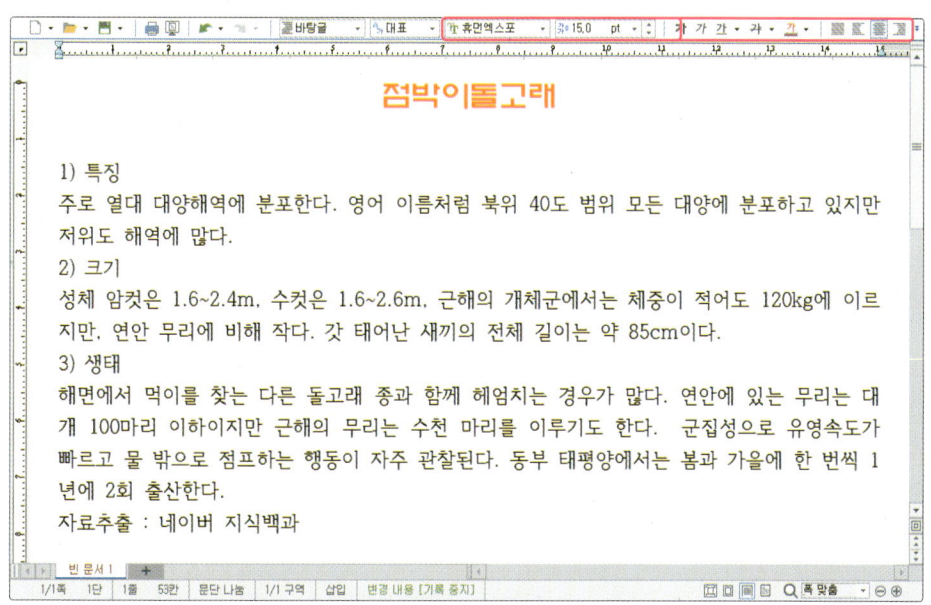

2 [서식]-[스타일]을 클릭하거나 F6 을 누릅니다.

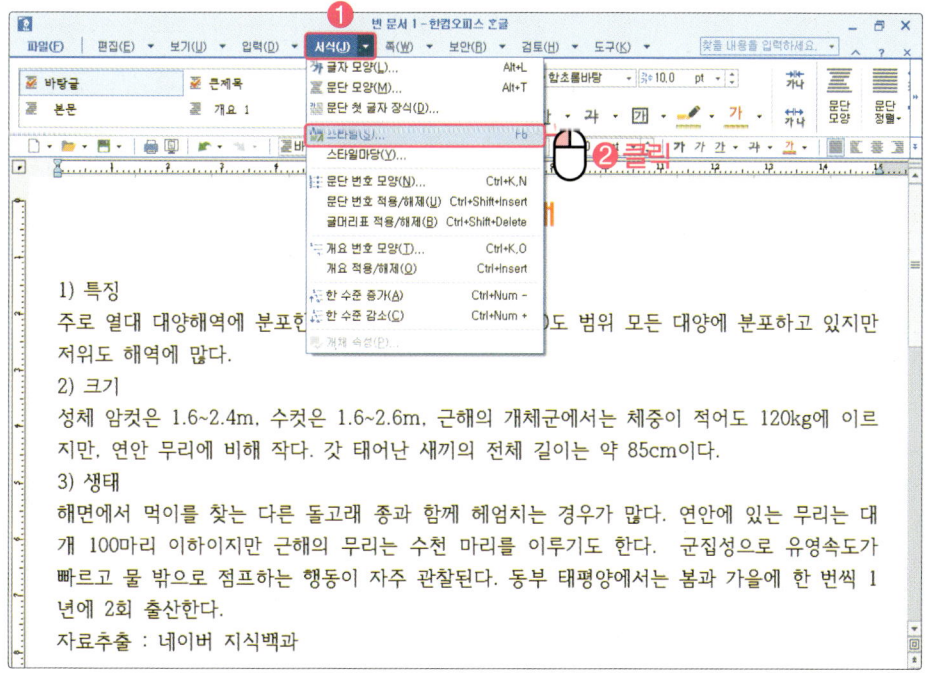

③ [스타일] 대화상자에서 ➕(스타일 추가하기)를 클릭합니다.

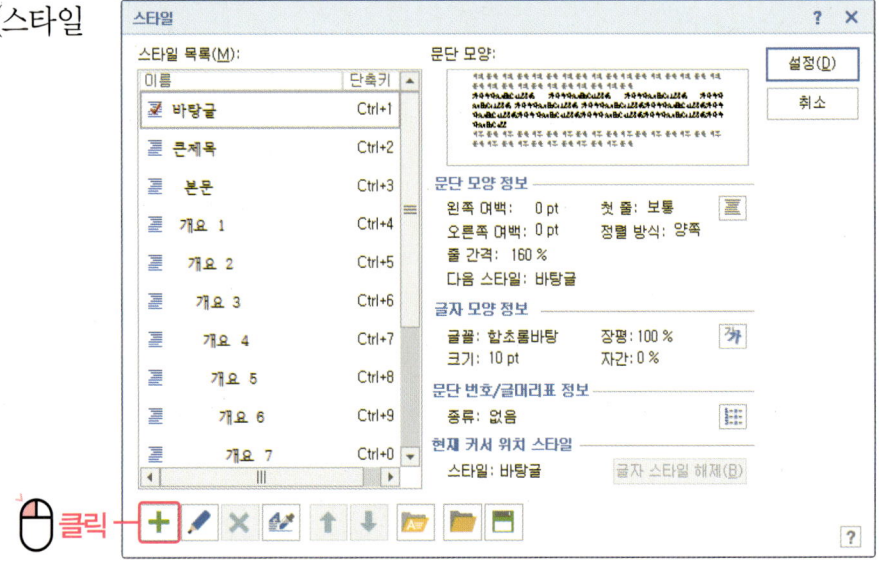

④ [스타일 추가하기] 대화상자에서 스타일 이름을 "1)제목"으로 입력하고 '글자 모양'을 클릭합니다.

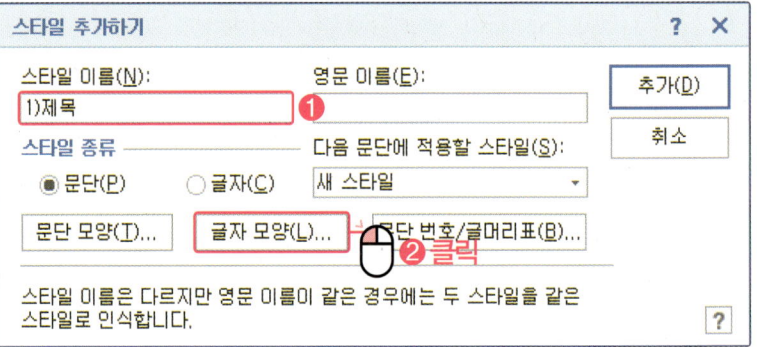

⑤ [글자 모양] 대화상자에서 기준 크기는 '12pt', 글꼴은 '휴먼모음T', 글자 색은 '파랑'을 선택하고 [설정]을 클릭합니다.

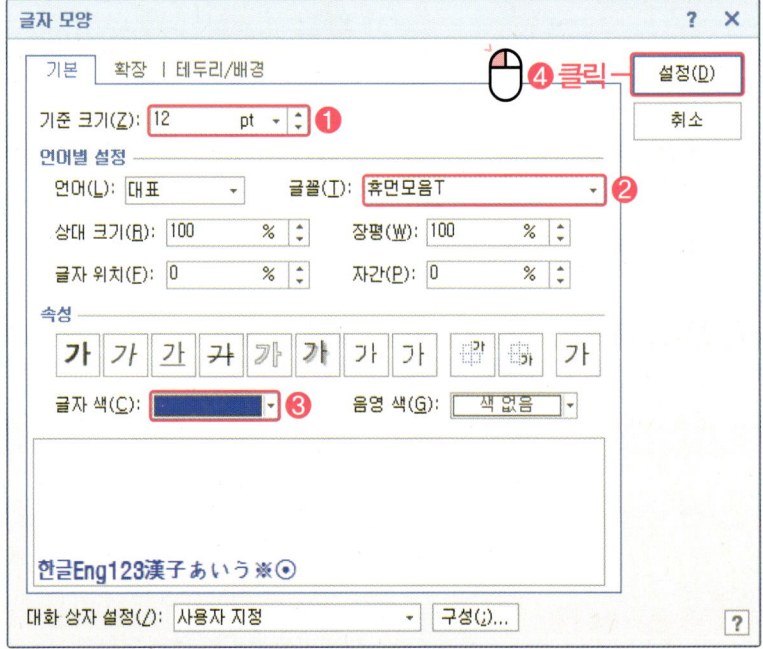

⑥ [스타일 추가하기] 대화상자에서 [추가]를 클릭합니다.

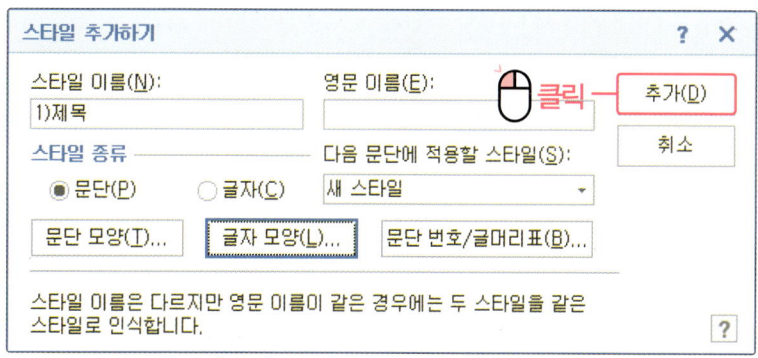

⑦ [스타일] 대화상자에서 다시 ➕ (스타일 추가하기)를 클릭합니다.

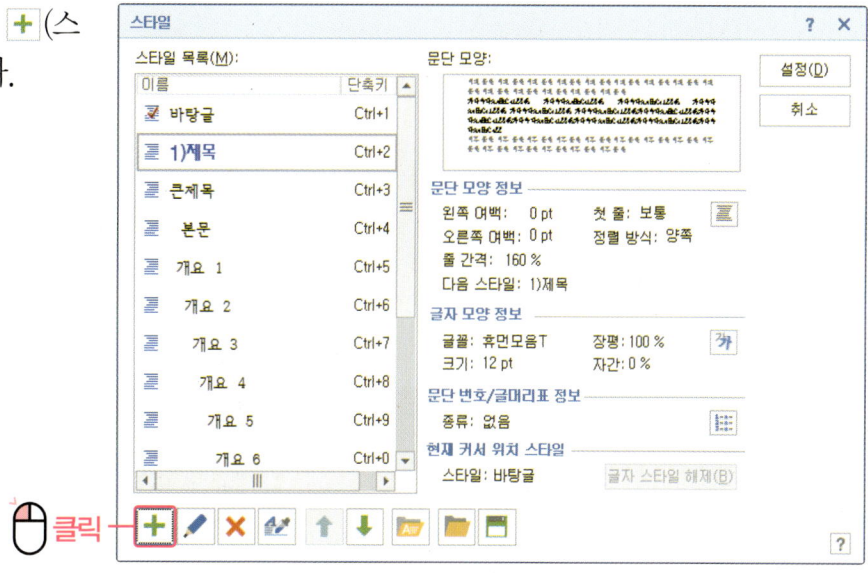

⑧ [스타일 추가하기] 대화상자에서 스타일 이름을 "내용"으로 입력하고 '문단 모양'을 클릭합니다.

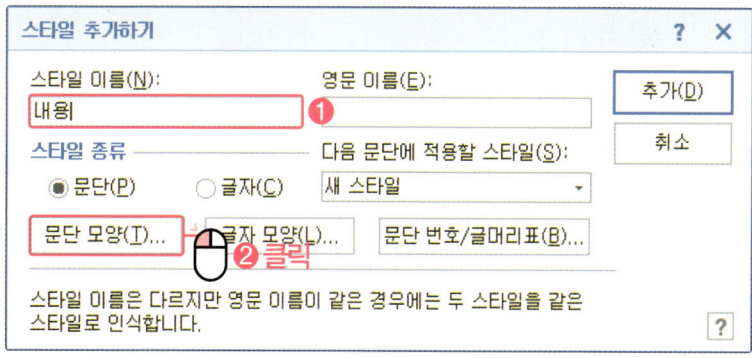

9 [문단 모양] 대화상자에서 왼쪽 여백은 '20pt', 문단 아래 간격은 '10pt'로 지정하고 [설정]을 클릭합니다.

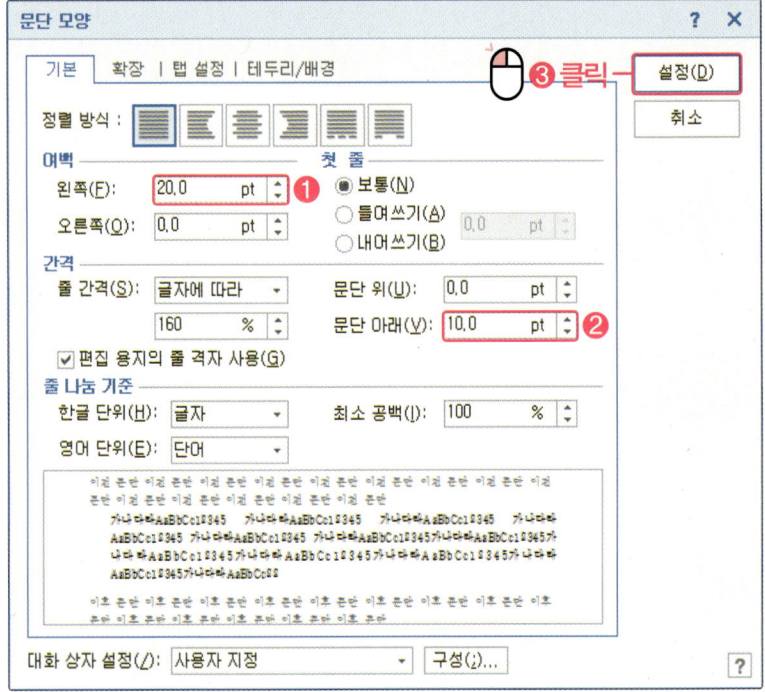

10 [스타일 추가하기] 대화상자에서 [추가]를 클릭합니다.

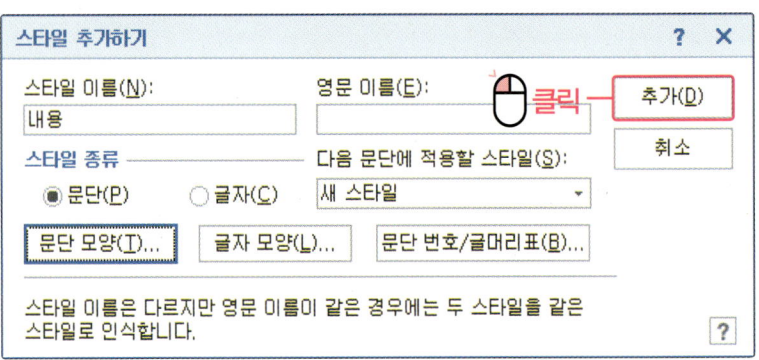

11 [스타일] 대화상자에서 스타일 목록에 '내용'과 '1)제목' 스타일이 등록된 것이 확인되면 ×(닫기)를 클릭하거나 [취소]를 클릭합니다.

Tip

스타일 대화상자에서 [설정]을 클릭하면 스타일 목록에 선택된 스타일이 현재 커서 위치에 적용됩니다.

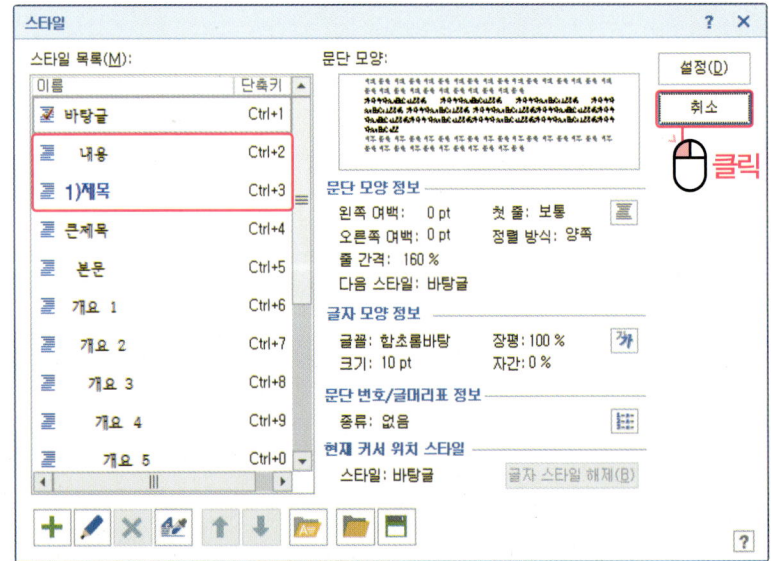

02 스타일 적용하기

1 다음과 같이 스타일을 적용할 위치에 커서를 이동시킨 다음 [서식] 탭의 스타일 목록에서 '1) 제목'을 클릭합니다.

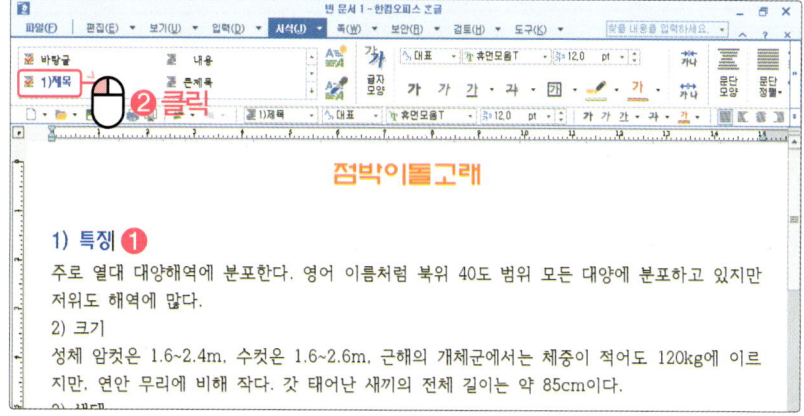

2 이번에는 다음과 같이 본문 내용 위치에 커서를 이동 시킨 다음 [서식] 탭의 스타일 목록에서 '내용'을 클릭합니다.

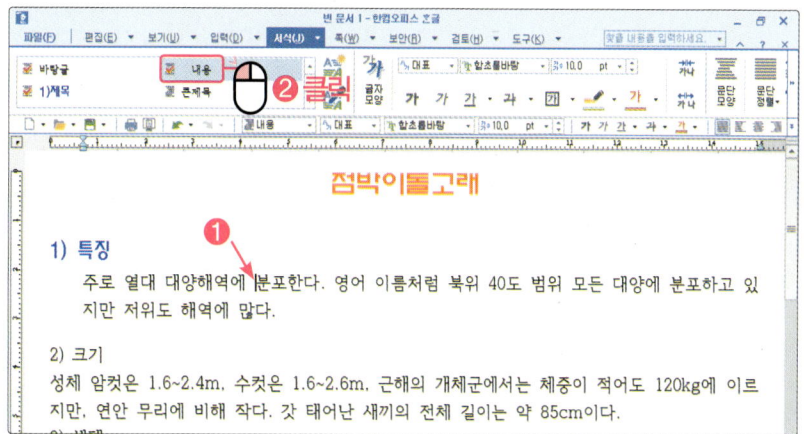

3 같은 방법으로 다음과 같이 스타일을 적용하여 문서를 완성합니다.

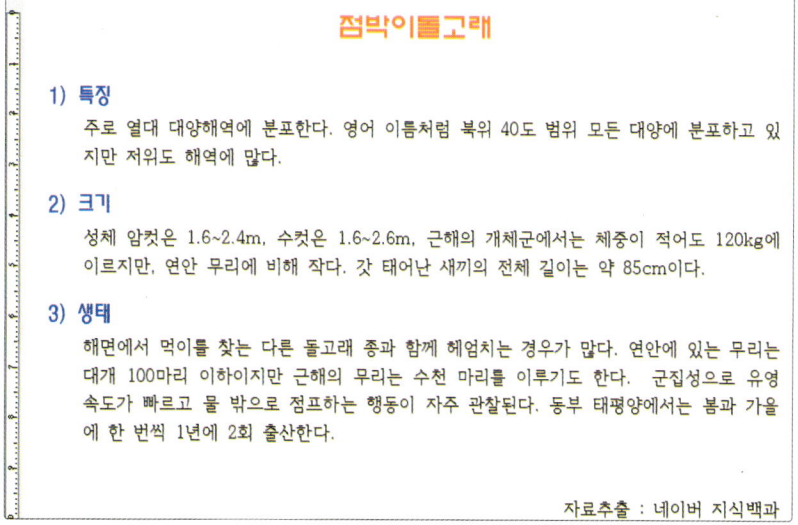

"혼자 풀어 보세요"

1 다음과 같이 내용을 입력한 다음 스타일을 설정하고 "야생화.hwp"로 저장해 보세요.

□□ **봄 야생화** □□

히어리
비탈진 곳의 물 빠짐이 좋은 곳에서 자란다. 키는 2~4m 정도이고, 잎은 심장형으로 길이가 5~10cm이며, 가장자리에 물결 모양의 뾰족한 톱니가 있고 꽃이 핀 후 잎이 나온다. 꽃은 노란색이고 꽃잎이 5장 달리고 아래로 향해 달린다. 열매는 9월경 둥글게 달리고 안에는 검은색 종자가 들어 있다.

흰민들레
키는 10~15cm이고, 잎은 길이 7~25cm, 폭 1.4~6cm로 양면에 털이 약간 있고 가장자리가 갈라지며 톱니가 있으며, 뿌리에서 나와 비스듬히 자란다. 꽃은 백색이고 잎보다 짧은 꽃줄기가 1개 또는 여러 개 자라며 끝에 1개씩 달리고 꽃이 핀 다음 꽃줄기는 잎보다 훨씬 길어진다. 열매는 7~8월경에 관모는 길이 0.7~0.8cm 되는 갈색이 도는 백색갓털이 달린다.

자료추출 : 네이버 지식백과

스타일
- 꽃이름 : 태나무, 13pt, 그림자, 문단 아래 간격(5pt)
- 꽃내용 : 왼쪽 여백(10pt), 문단 아래 간격(10pt)

2 다음과 같이 내용을 입력한 다음 스타일을 설정하고 "바다 축제.hwp"로 저장해 보세요.

¥ **바다축제** ¥

▶ 춘천 호수별빛축제
   ① 기   간 : 2015. 05. 01.(금) ~ 2015. 12. 31(목)
   ② 주   소 : 강원도 춘천시 수변공원길 54
   ③ 장   소 : 의암호 공지천 조각공원, 의암공원, 춘천MBC, KT&G 상상마당

▶ 부산 해운대모래축제
   ① 기   간 : 2015. 05.29(금) ~ 2015. 06. 01(월)
   ② 주   소 : 부산 해운대구 우1동
   ③ 장   소 : 부산 해운대구 해운대해수욕장 일원

스타일
- 문서 제목 : HY나무M, 15pt
- 축제 제목 : 휴먼중간샘체, 13pt, 그림자, 글자 색(보라)
- 축제 내용 : 휴먼매직체, 10pt, 문단 아래간격(5pt)

"혼자 풀어 보세요"

3 다음과 같이 내용을 작성한 후 스타일을 설정하고 "영화제안내.hwp"로 저장해 보세요.

연기자들이 가장 받고 싶은상
백상예술대상

1. **행사일정**
   ㉠ 일 시 : 2015년 5월 26일 밤 9시
   ㉡ 장 소 : 경희대학교 평화의 전당

2. **심사대상**
   2014년 4월 1일부터 2015년 3월 31일까지 국내에서 영상물 등급위원회 심의를 필하고 국내에서 개봉한 한국영화와 같은 기간에 공중파와 종합편성채널에서 방송된 TV프로그램을 대상으로 한다.

3. **심사위원**
   ㉠ TV, 영화부문 각 각 5명으로 구성한다.
   ㉡ 심사위원은 주최사가 선정, 위촉하며 심사위원은 집행위원을 겸한다.
   ㉢ 각 부문별 심사위원 중에서 각 각의 심사위원장 1인을 선정한다.

 **스타일**
- 번호 : 함초롬바탕, 13pt, 진하게,
- 원문 : 함초롬바탕, 10pt, 왼쪽 여백(15pt)

4 다음과 같이 내용을 작성한 후 스타일을 설정하고 "날씨백과.hwp"로 저장해 보세요.

날씨백과

산안개(mountain fog)
산에 걸려 있는 안개를 말한다. 산의 풍상측 경사면을 불어 오르는 대기의 단열냉각에 의하여 발생하는 안개로 활승안개인 경우가 많다. 산에 걸리는 구름도 그 속에 들어가면 산안개라고 하는 것이 보통이다.

마른장마(dry Changma)
시기적으로는 장마철인데 비가 없거나 비가 적은 날씨를 말한다. 장마전선이 평년에 비해 우리나라에 접근하지 않거나 활동이 약하면 마른장마가 된다. 우리나라가 북태평양고기압이나 중위도고압대에 완전히 덮였을 때 많이 나타난다.

가루눈(powder snow)
잘 뭉쳐지지 않는 건조한 가루 모양의 눈을 말한다. 함박눈에 비하여 미세한 얼음의 결정으로 되어 있으며, 대체로 기온이 낮고 바람이 강할 때 내린다.

스타일
- 용어 : 글꼴(한글 : HY나무L, 영문 : CentSchbook BT Italic), 글자 크기 : 12pt, 글자 색 : 빨간색
- 내용 : 굴림, 10pt, 왼쪽 여백(15pt), 문단 아래간격(5pt)

07 문서마당과 인쇄하기

문서마당은 자주 사용하는 문서의 모양을 미리 서식 파일(*.hwt)로 만들어 놓고 사용자에게 제공하는 것으로 한글 2014의 기본 기능만 습득한 사용자도 쉽게 필요한 문서를 빠르게 작성할 수 있으며, 인쇄 기능을 이용하여 작성한 문서를 프린터로 인쇄할 수 있습니다.

▶▶ 문서마당을 이용하여 문서를 작성하는 방법에 대해 알 수 있습니다.
▶▶ 작성한 문서를 인쇄하는 방법에 대해 알 수 있습니다.

배울 내용 미리보기

가 훈

家和萬事成

▲ 파일명 : 가훈.hwp

01 문서마당으로 가훈 만들기

1 [파일]-[새 문서]-[문서마당]을 클릭합니다.

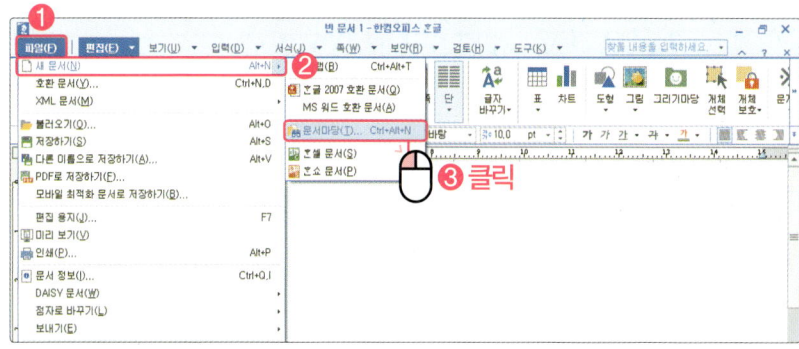

2 [문서마당] 대화상자의 [문서마당 꾸러미] 탭에서 '가정 문서'의 '가훈 2'를 선택한 후 [열기]를 클릭합니다.

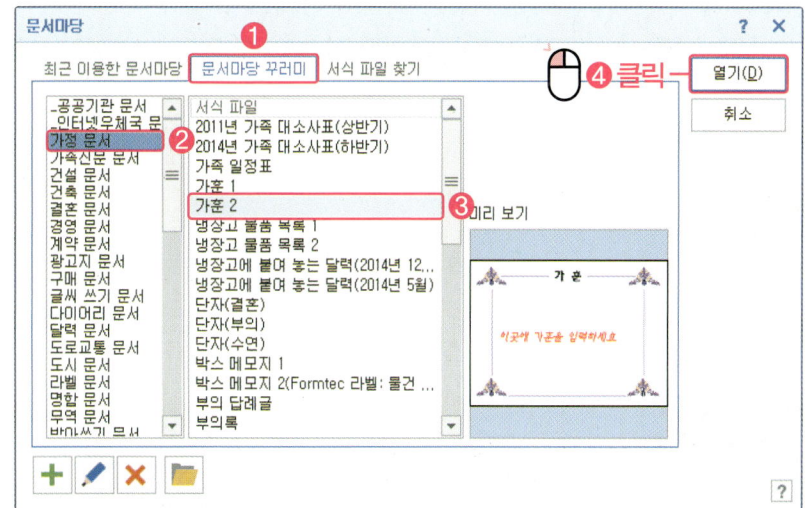

3 "가화만사성"을 입력한 다음 [한자]를 누릅니다. [한자로 바꾸기] 대화상자의 한자 목록에서 한자를 선택한 후 [바꾸기]를 클릭합니다.

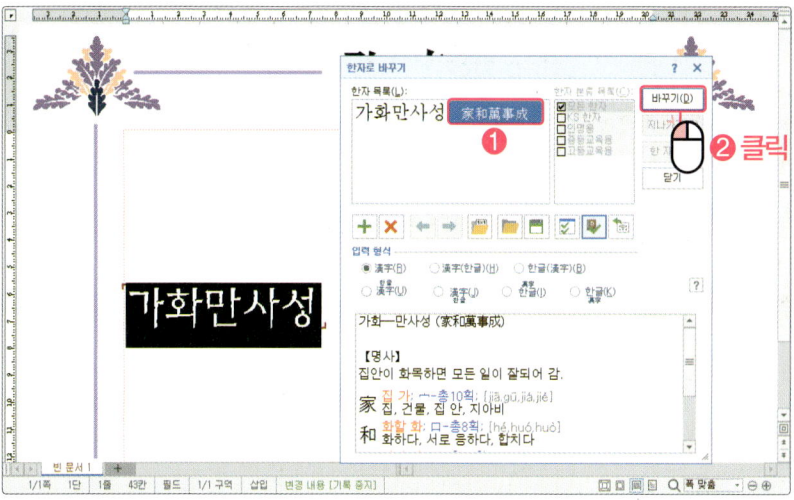

4 한자로 변환된 내용을 블록 설정한 다음 서식 도구 상자에서 글꼴은 '한양해서', 크기는 '126pt', 정렬은 '가운데 정렬'을 선택합니다.

5 화면을 축소하기 위해 [보기] 탭에서 ▤(쪽 맞춤)을 클릭하면 화면에 보이지 않는 내용이 표시됩니다.

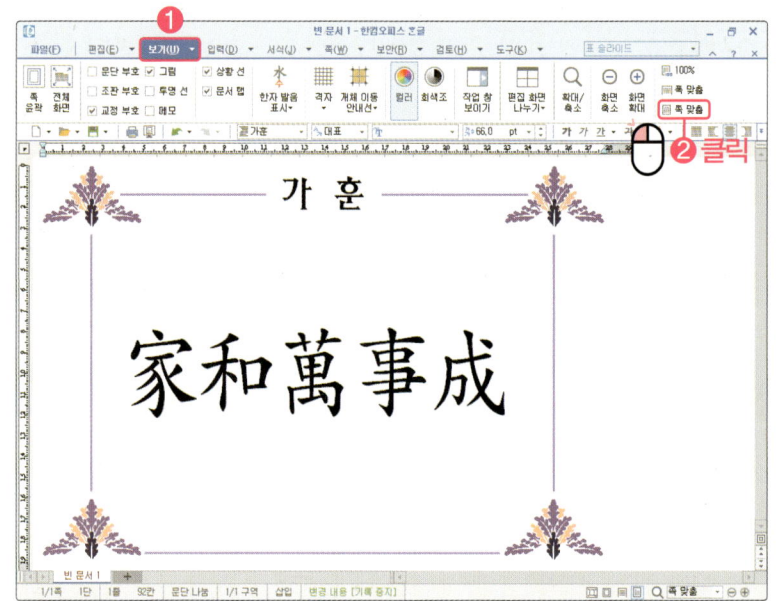

6 서식 도구 상자에서 💾(저장하기)를 클릭한 다음 [다른 이름으로 저장하기] 대화상자에서 파일 이름을 "가훈"으로 입력한 후 [저장]을 클릭합니다.

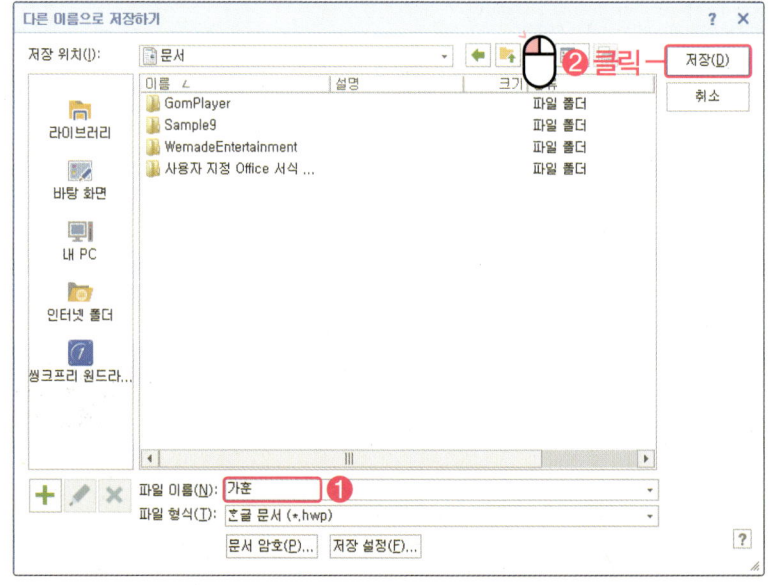

02 문서 인쇄하기

1. 인쇄되는 모양을 미리 화면으로 확인하기 위해 서식 도구 상자에서 📃(미리 보기)를 클릭합니다.

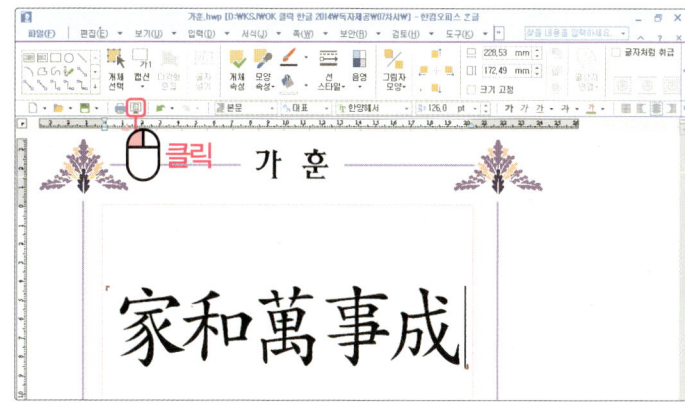

2. 인쇄되는 모양이 화면에 나타납니다. 미리 보기 화면에서 🖨(인쇄)를 클릭합니다.

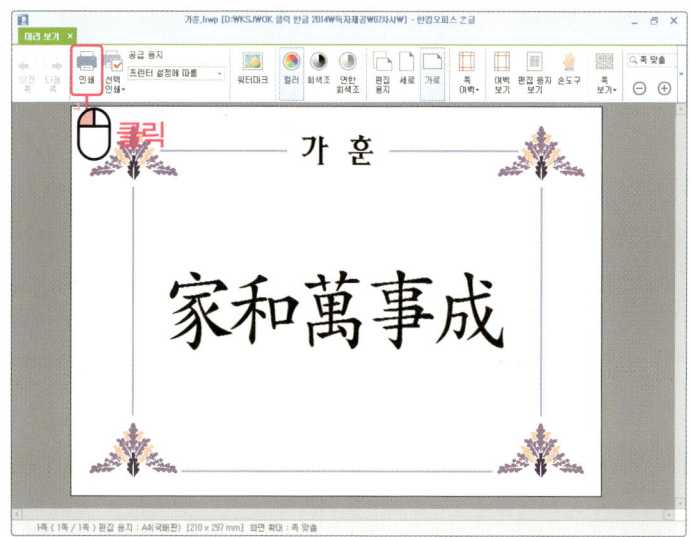

3. [인쇄] 대화상자에서 인쇄 범위와 인쇄 매수 등을 지정하고 [인쇄]를 클릭합니다.

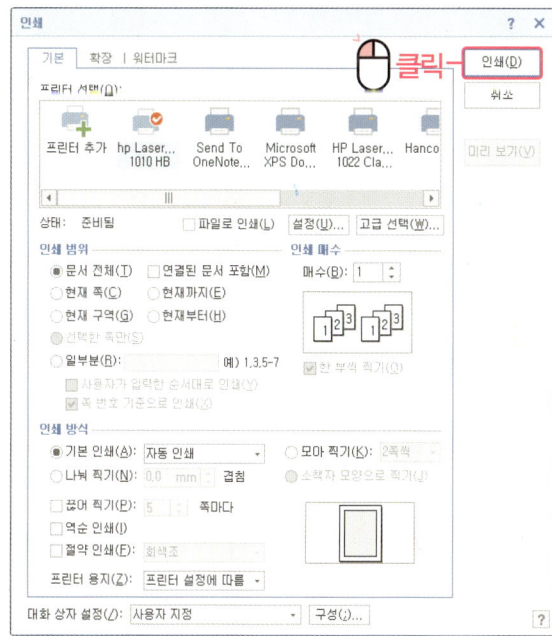

"혼자 풀어 보세요"

1 문서마당을 이용하여 다음과 같이 엽서를 작성하고 "엽서.hwp"로 저장해 보세요.

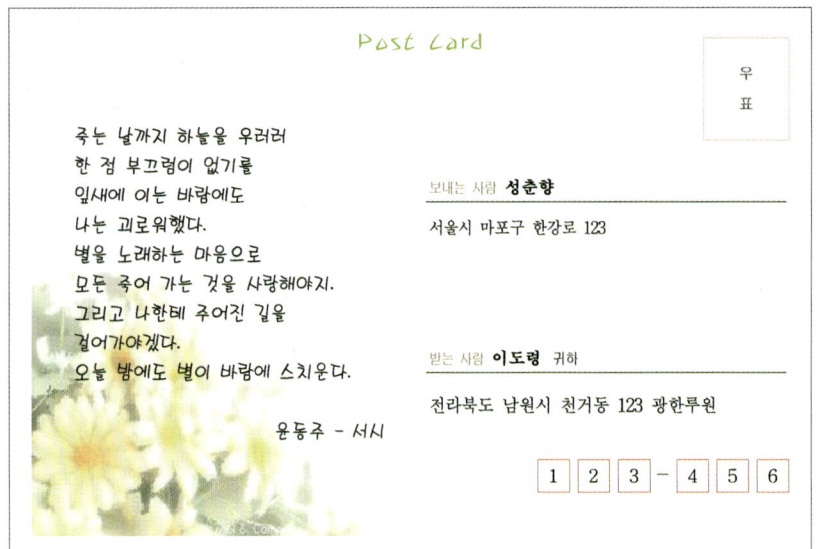

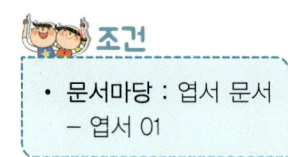

조건
- 문서마당 : 엽서 문서 – 엽서 01

2 작성한 엽서 문서가 인쇄되는 모양을 화면으로 미리 확인해 보세요.

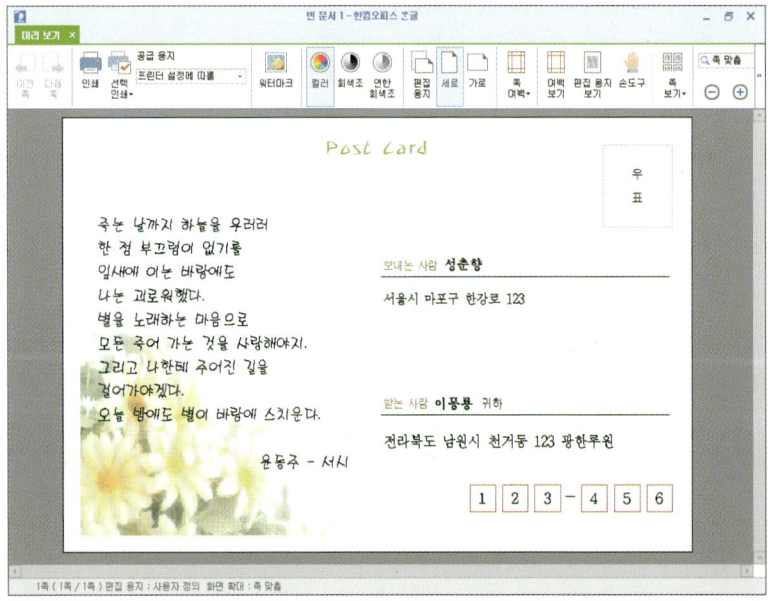

"혼자 풀어 보세요"

3 문서마당을 활용하여 다음과 같이 달력을 만들고 "10월달력.hwp"로 저장해 보세요.

조건
- 문서마당 : 달력 문서 – 2015년 10월 달력

4 문서마당을 활용하여 다음과 같이 반상회 안내장을 만들고 "반상회안내.hwp"로 저장해 보세요.

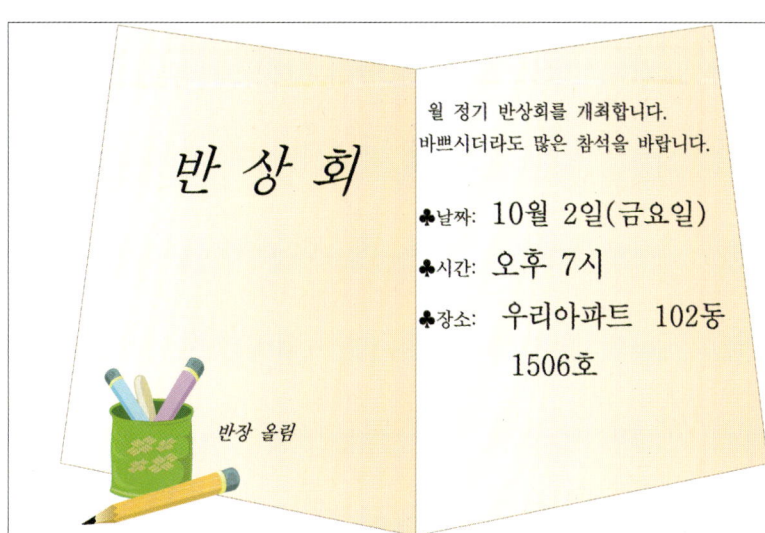

조건
- 문서마당 : 광고지 문서 – 반상회 공고 1

상용구와 덧말 넣기

자주 쓰이는 문자열을 등록해 놓고, 필요할 때 등록한 준말을 입력하면 본말 전체가 입력되도록 하는 기능을 상용구라 하며, 본문에서 인용한 자료의 출처나 본문에서 언급한 내용의 보충 자료를 제시할 때 본말의 아래나 위에 넣는 말을 덧말이라고 합니다.

➤➤ 상용구를 등록하는 방법과 사용하는 방법에 대해 알 수 있습니다.
➤➤ 덧말 넣은 방법을 알 수 있습니다.

배울 내용 미리보기

미국항공우주국
자료추출 : 두산백과

약칭은 나사(NASA)이다. 1915년에 설립된 NACA(National Advisory Committee for Aeronautics:미국항공자문위원회)를 1958년에 개편하여 창설하였다. 대통령 직속기관으로, 비군사적인 우주개발을 모두 관할하고 종합적인 우주계획을 추진한다. 임무는 항공우주 활동 기획·지도·실시, 항공우주 비행체를 이용한 과학적 측정과 관측 실시 및 준비, 정보의 홍보활동 등이다.

▲ 파일명 : 나사(NASA).hwp

01 상용구 설정하기

1 상용구를 등록하기 위해 [입력]-[상용구]-[상용구 내용]을 클릭합니다.

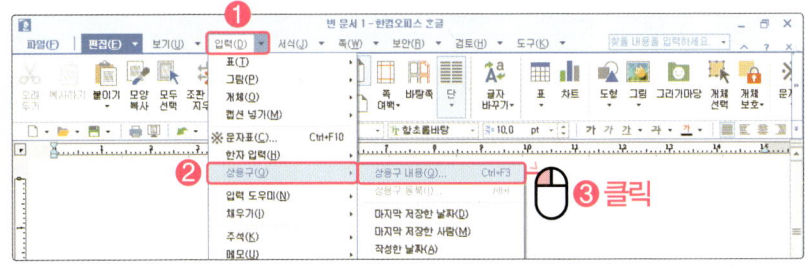

2 [상용구] 대화상자에서 ➕(상용구 추가하기)를 클릭합니다. [상용구 추가하기] 대화상자에서 준말과 본말을 입력하고 [설정]을 클릭합니다.

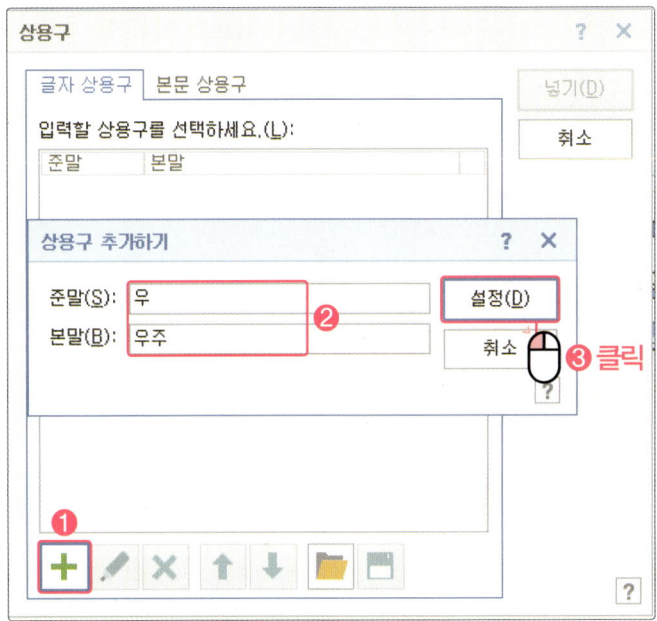

3 [상용구] 대화상자에서 다음과 같이 상용구가 등록 되면 [취소]를 클릭합니다.

Tip

[넣기]를 클릭하면 현재 커서 위치에 상용구가 입력됩니다.

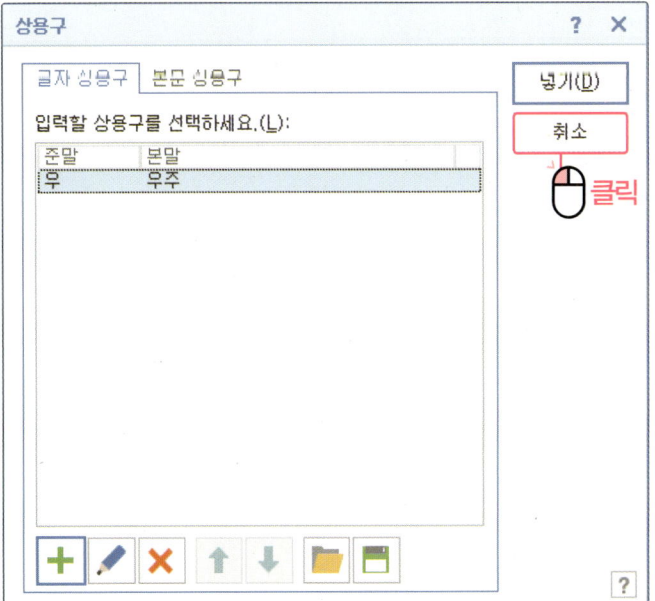

④ 다음과 같이 내용을 입력합니다. 준말 "우"를 입력한 후 Alt + I 를 누릅니다.

미국항공우주국

약칭은 나사(NASA)이다. 1915년에 설립된 NACA(National Advisory Committee for Aeronautics:미국항공자문위원회)를 1958년에 개편하여 창설하였다. 대통령 직속기관으로, 비군사적인 위

⑤ 상용구 "우주"가 입력된 것을 확인할 수 있습니다.

미국항공우주국

약칭은 나사(NASA)이다. 1915년에 설립된 NACA(National Advisory Committee for Aeronautics:미국항공자문위원회)를 1958년에 개편하여 창설하였다. 대통령 직속기관으로, 비군사적인 우주

⑥ 같은 방법으로 등록된 상용구를 이용하여 문서를 완성합니다.

미국항공우주국

약칭은 나사(NASA)이다. 1915년에 설립된 NACA(National Advisory Committee for Aeronautics:미국항공자문위원회)를 1958년에 개편하여 창설하였다. 대통령 직속기관으로, 비군사적인 우주개발을 모두 관할하고 종합적인 우주계획을 추진한다. 임무는 항공우주 활동 기획·지도·실시, 항공우주 비행체를 이용한 과학적 측정과 관측 실시 및 준비, 정보의 홍보활동 등이다.

02 덧말 넣기

1 덧말 넣을 내용을 블록 설정한 다음 [입력]-[덧말 넣기]를 클릭합니다.

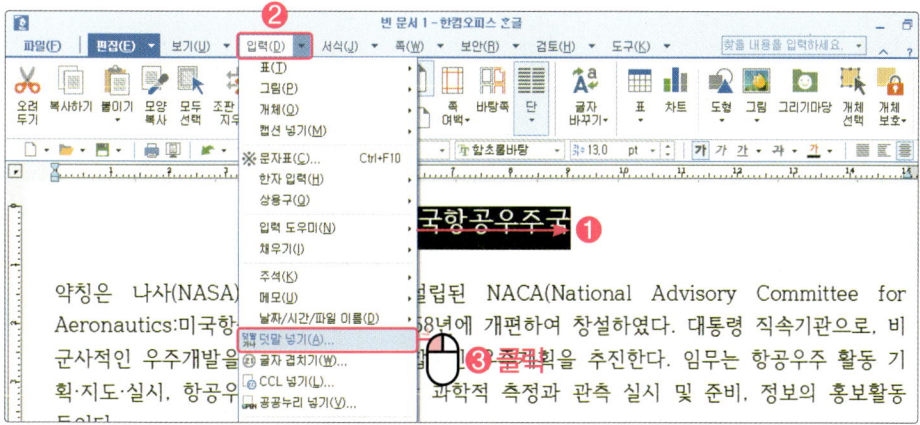

2 [덧말 넣기] 대화상자에서 덧말을 입력하고 덧말 위치를 '아래'로 선택한 후 [넣기]를 클릭합니다.

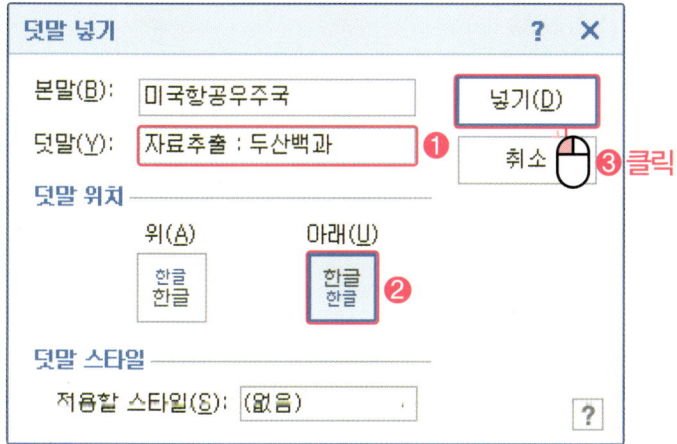

3 다음과 같이 블록으로 설정된 곳에 덧말이 입력된 것을 확인할 수 있습니다.

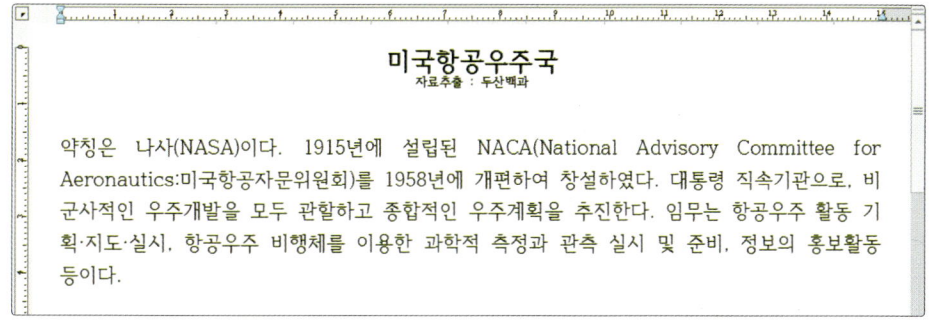

"혼자 풀어 보세요"

1 다음과 같이 상용구를 이용하여 문서를 작성해 보세요.

> **알버트 아인슈타인**
>
> **알** 버트 아인슈타인은 1879년 독일에서 태어나 1955년 미국에서 타계했다. 칠십 년 넘게 지속된 그의 삶은 그의 위대한 업적에 비하자면 매우 평탄하고 평범한 것이었다. 아인슈타인 인생의 위기라면 학교 다닐 때 라틴어, 지리, 역사 과목에서는 낙제를 받았다는 것과 대학 입학 시험에 떨어졌다는 것, 스물네 살 때 부모의 반대를 무릅쓰고 결혼했다가 결국 이혼했다는 것이 전부이다.
>
> 자료추출 : 네이버캐스트

 조건
- 상용구 : 아인슈타인

2 다음과 같이 문서 제목에 덧말을 삽입하고 "아인슈타인.hwp"로 저장해 보세요.

> **알버트 아인슈타인**
> 미국의 이론물리학자
>
> **알** 버트 아인슈타인은 1879년 독일에서 태어나 1955년 미국에서 타계했다. 칠십 년 넘게 지속된 그의 삶은 그의 위대한 업적에 비하자면 매우 평탄하고 평범한 것이었다. 아인슈타인 인생의 위기라면 학교 다닐 때 라틴어, 지리, 역사 과목에서는 낙제를 받았다는 것과 대학 입학 시험에 떨어졌다는 것, 스물네 살 때 부모의 반대를 무릅쓰고 결혼했다가 결국 이혼했다는 것이 전부이다.
>
> 자료추출 : 네이버캐스트

▲ 파일명 : 아인슈타인.hwp

"혼자 풀어 보세요"

3 상용구를 이용하여 다음과 같이 문서를 작성해 보세요.

> ▶ 군계일학
> ① 음 : 鷄(닭 계)/群(무리 군)/一(한 일)/鶴(학 학)
> ② 뜻 : 닭의 무리 속에 한 마리의 학이라는 뜻으로, 평범한 사람들 가운데 뛰어난 한 사람이 섞여 있음
> ▶ 동병상련
> ① 음 : 同(한가지 동)/病(앓을 병)/相(서로 상)/憐(불쌍히 여길 련)
> ② 뜻 : 같은 병을 앓는 사람끼리 서로 가엽게 여긴다는 뜻으로, 어려운 처지에 있는 사람끼리 서로 딱하게 여겨 동정하고 돕는다는 말
> ▶ 사면초가
> ① 음 : 四(넉 사)/面(낯 겉 대할 면)/楚(초나라 초)/歌(노래 가)
> ② 뜻 : 사면에서 들려오는 초나라 노래란 뜻. 곧 ① 사방 빈틈없이 적에게 포위된 고립무원(孤立無援)의 상태. ② 주위에 반대자 또는 적이 많아 고립되어 있는 처지. ③ 사방으로부터 비난받음의 비유

조건
- 상용구 : 준말 (1), 본말 (▶)

4 사자성어에 덧말을 삽입하고 "고사성어.hwp"로 저장해 보세요.

> ▶ 군계일학
> ① 음 : 鷄(닭 계)/群(무리 군)/一(한 일)/鶴(학 학)
> ② 뜻 : 닭의 무리 속에 한 마리의 학이라는 뜻으로, 평범한 사람들 가운데 뛰어난 한 사람이 섞여 있음
> ▶ 동병상련
> ① 음 : 同(한가지 동)/病(앓을 병)/相(서로 상)/憐(불쌍히 여길 련)
> ② 뜻 : 같은 병을 앓는 사람끼리 서로 가엽게 여긴다는 뜻으로, 어려운 처지에 있는 사람끼리 서로 딱하게 여겨 동정하고 돕는다는 말
> ▶ 사면초가
> ① 음 : 四(넉 사)/面(낯 겉 대할 면)/楚(초나라 초)/歌(노래 가)
> ② 뜻 : 사면에서 들려오는 초나라 노래란 뜻. 곧 ① 사방 빈틈없이 적에게 포위된 고립무원(孤立無援)의 상태. ② 주위에 반대자 또는 적이 많아 고립되어 있는 처지. ③ 사방으로부터 비난받음의 비유

문서 검토하기

맞춤법 기능을 이용하여 작성한 문서를 한글/한자/영어 맞춤법 사전과 비교하여 틀린 곳을 찾아 올바른 단어로 쉽게 수정할 수 있으며, 찾기와 바꾸기를 활용하여 특정 단어를 찾거나, 특정 단어로 빠르게 변경할 수 있습니다.

- 맞춤법 기능을 활용할 수 있습니다.
- 찾기와 바꾸기 기능에 대해 알 수 있습니다.

배울 내용 미리보기

설렁탕

선농단의 행사는 중국의 신화에서 처음으로 농사짓는 법을 알려주었다고 전해지는 신농씨(神農氏)와 후직(后稷)에게 올리는 제사로, 한 해의 풍년을 기원하기 위한 것이었다. 이런 자리에 나랏님과 함께하는 영광을 누렸던 백성들은 제물로 쓰인 쇠고기를 문무백관과 함께 나누어 먹는 행운까지 누렸다. 이때 보다 많은 백성들에게 쇠고기를 먹게 하기 위해 고기를 넣은 솥에 가득히 물을 붓고 국을 끓였다. 이는 선농단에서 끓인 국이라고 하여 '선농탕'이라 불렸는데, 그 맛과 경험이 백성들 사이에서 구전되다 보니 '설롱탕'으로 바뀌었고 그러다가 지금의 '설렁탕'이란 이름으로 굳었다. 이후에 농민들은 부족한 살코기 대신 소머리, 도가니, 그리고 우족 등을 삶고 쌀을 넣어 끓여 먹기도 했는데, 저렴한 가격에 고깃국을 먹을 수 있는 설렁탕은 점차 대중음식으로 인기를 끌게 되었다.

자료추출(http://korean.visitkorea.or.kr)

▲ 파일명 : 설렁탕 유래.hwp

01 맞춤법 검사하기

1 다음과 같이 문서를 작성합니다.

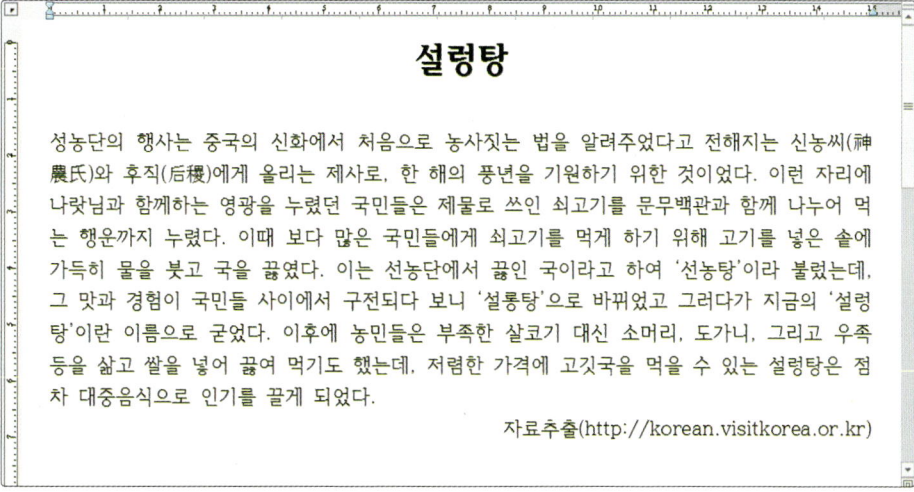

2 [도구]-[맞춤법]을 클릭합니다.

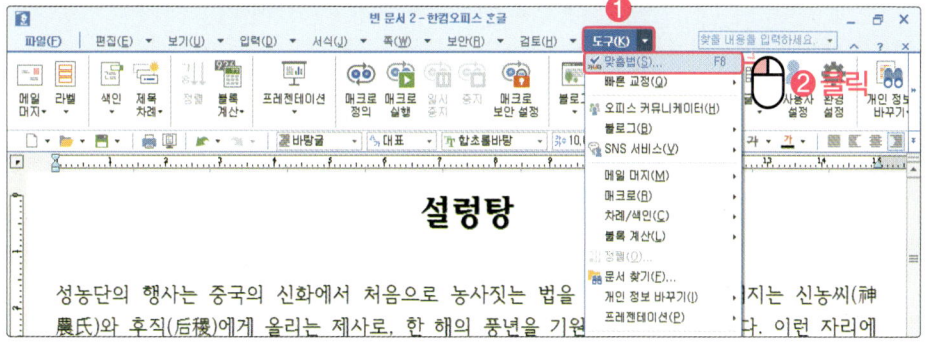

3 [맞춤법 검사/교정] 대화상자에서 [시작]을 클릭합니다.

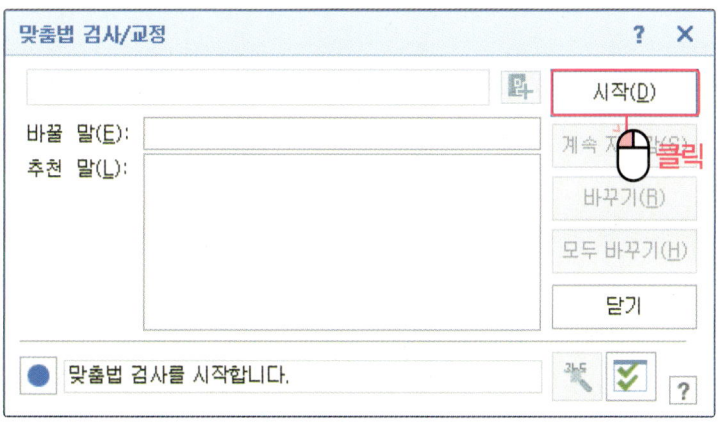

④ 맞춤법이 틀린 곳에 추천 말이 나타나면 [바꾸기]를 클릭합니다.

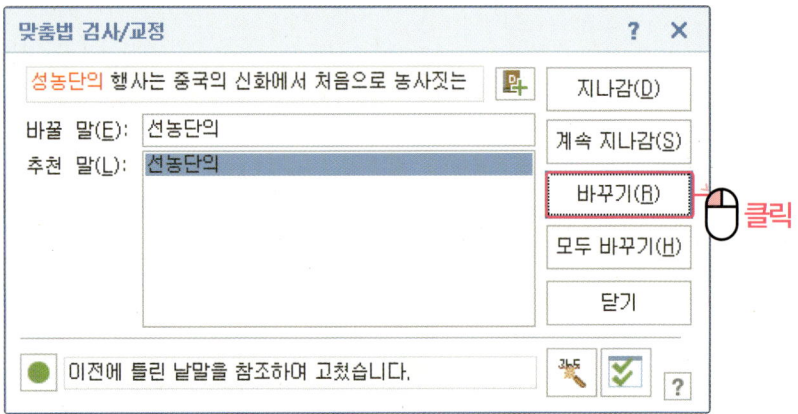

⑤ 다음과 같이 입력한 내용의 맞춤법이 맞으면 [지나감]을 클릭합니다.

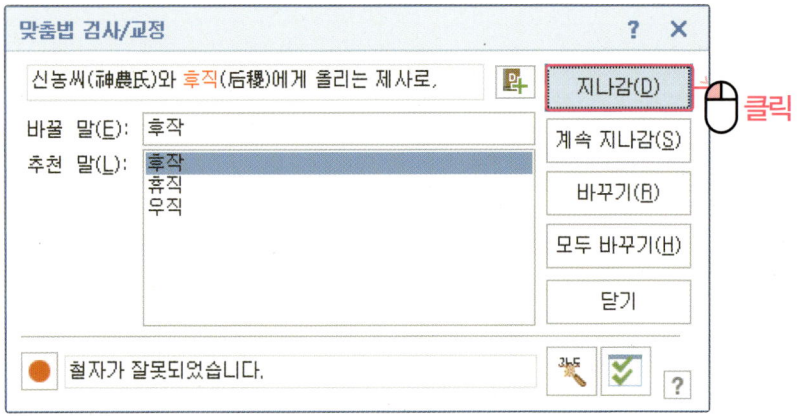

⑥ 맞춤법이 끝나면 [검사]를 클릭한 후 [확인]을 클릭합니다.

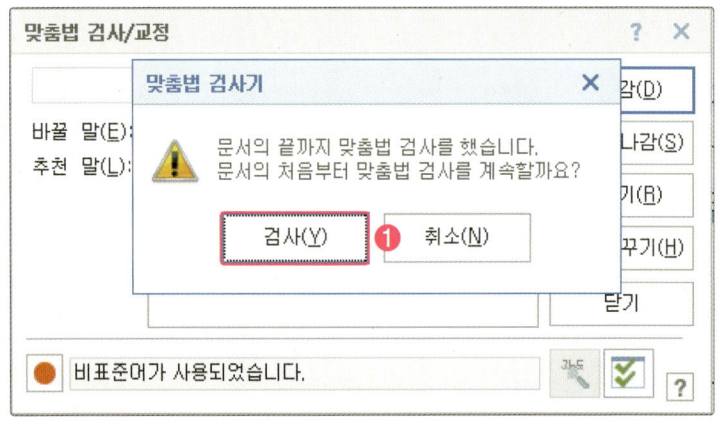
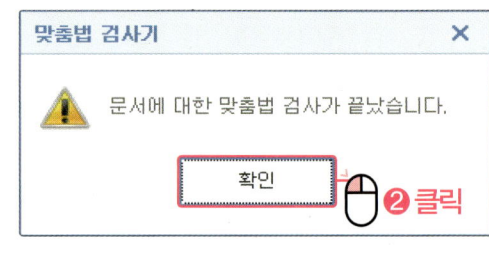

02 찾아 바꾸기

1 [편집]-[찾기]-[찾아 바꾸기]를 클릭합니다.

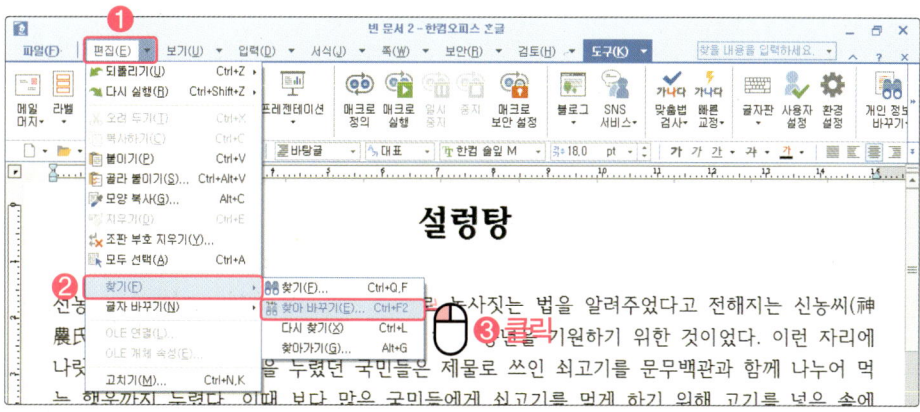

2 [찾아 바꾸기] 대화상자에서 찾을 내용과 바꿀 내용을 입력하고 [모두 바꾸기]를 클릭합니다.

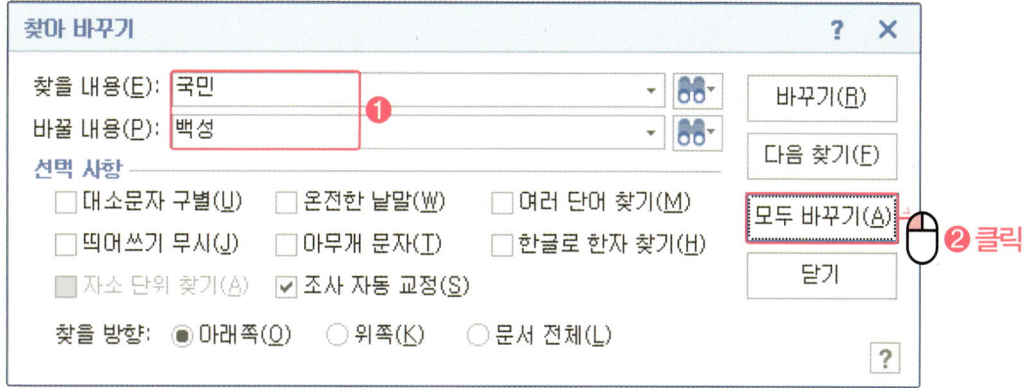

3 다음과 같이 바꾸기가 완성되면 [취소]를 클릭한 다음 [찾아 바꾸기] 대화상자에서 [닫기]를 클릭합니다.

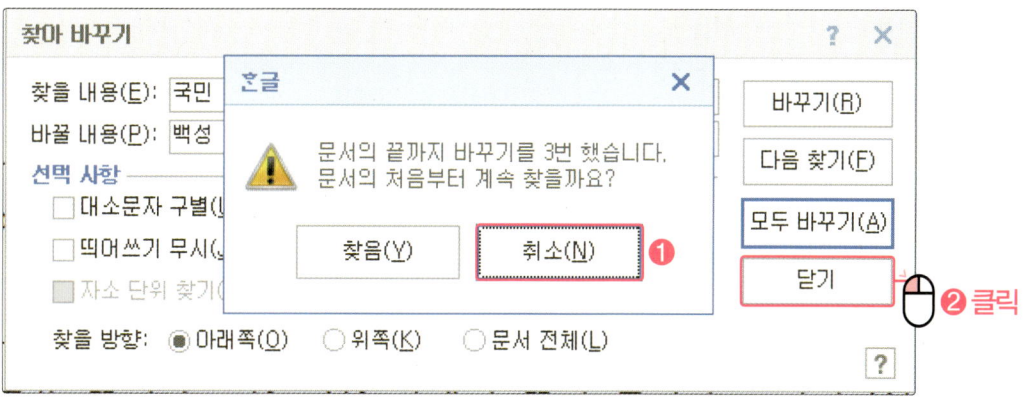

"혼자 풀어 보세요"

1 다음과 같이 문서를 작성하여 맞춤법 검사를 해보세요.

테디베어 이름의 유래

1902년 11월 어느 날 미국 제26대 테어도르 루즈벨트 대통령이 사냥을 나갔지만 성공하지 못하였다. 보좌관이 작고 불쌍한 새끼곰을 몰래 준비하였지만 루즈벨트 대통령은 사냥하지 않았다고 한다. 그 상황을 소재로 만화가 클리포드 베리만이 그린 삽화가 미국인들에게 좋은 반응을 일으키고 뉴욕의 어느 장난감 상점에서 마침 이 기사를 보고 곰인형을 만들어 판매하였다고 한다. 그리고 대통령에서 편지를 보내어 대통령의 애칭인 테디를 사용할 수 있게 해달라 요청하고 허락되어 테디베어라는 곰인형이 탄생되었다고 한다.
또한, 같은 시기에 독일의 슈타이프사는 조인트베어라는 곰인형을 만들었는데 1903년 장난감 박람회장에서 선보이게 되고 미국 시장에서 조인트베어가 3,000여개가 팔려나갔다고 한다.
최초의 테디베어를 누가 만들었냐는 중요하지 않다. 현재 테디베어는 지속적인 인기를 얻고 있을 뿐이다.

2 '테디베어'를 'TeddyBear'로 모두 바꾸고 "테디베어-01_완성.hwp"로 저장해 보세요.

TeddyBear 이름의 유래

1902년 11월 어느 날 미국 제26대 테어도르 루즈벨트 대통령이 사냥을 나갔지만 성공하지 못하였다. 보좌관이 작고 불쌍한 새끼 곰을 몰래 준비하였지만 루즈벨트 대통령은 사냥하지 않았다고 한다. 그 상황을 소재로 만화가 클리포드 베리만이 그린 삽화가 미국인들에게 좋은 반응을 일으키고 뉴욕의 어느 장난감 상점에서 마침 이 기사를 보고 곰 인형을 만들어 판매하였다고 한다. 그리고 대통령에서 편지를 보내어 대통령의 애칭인 테디를 사용할 수 있게 해 달라 요청하고 허락되어 TeddyBear라는 곰 인형이 탄생되었다고 한다.
또한, 같은 시기에 독일의 슈타이프사는 조인트베어라는 곰 인형을 만들었는데 1903년 장난감 박람회장에서 선보이게 되고 미국 시장에서 조인트베어가 3,000여개가 팔려나갔다고 한다.
최초의 TeddyBear를 누가 만들었냐는 중요하지 않다. 현재 TeddyBear는 지속적인 인기를 얻고 있을 뿐이다.

조건
- 찾는 문자열 : 테디베어
- 바꿀 문자열 : TeddyBear

"혼자 풀어 보세요"

3 다음과 같이 문서를 작성하여 맞춤법 검사를 해보세요.

> **용어로 보는 IT**
> **드론**
>
> 드론은 무선전파로 조종할 수 있는 무인 항공기다. 카메라, 센서, 통신시스템 등이 탑재돼 있으며 25g부터 1200kg까지 무게와 크기도 다양하다. 드론은 군사용도로 처음 생겨났지만 최근엔 고공 촬영과 배달 등으로 확대됐다. 이뿐 아니다. 값싼 키덜트 제품으로 재탄생돼 개인도 부담없이 드론을 구매하는 시대를 맞이했다. 농약을 살포하거나, 공기질을 측정하는 등 다방면에 활용되고 있다. 드론은 20세기 초반에 등장했다. 처음엔 군사용 무인항공기로 개발됐다. '드론'이란 영어단어는 원래 벌이 내는 웅웅거리는 소리를 뜻하는데, 작은 항공기가 소리를 내며 날아다니는 모습을 보고 이러한 이름을 붙였다.
>
> 자료추출 : 네이버캐스트

▲ 파일명 : 드론.hwp / 드론_완성.hwp

4 찾아 바꾸기를 이용하여 '드론'을 '드론[drone]'으로 변경하고 "드론_01.hwp"로 저장해 보세요.

> **용어로 보는 IT**
> **드론**
>
> 드론은 무선전파로 조종할 수 있는 무인 항공기다. 카메라, 센서, 통신시스템 등이 탑재돼 있으며 25g부터 1200kg까지 무게와 크기도 다양하다. 드론[drone] 은 군사용도로 처음 생겨났지만 최근엔 고공 촬영과 배달 등으로 확대됐다. 이뿐 아니다. 값싼 키덜트 제품으로 재탄생돼 개인도 부담없이 드론[drone]을 구매하는 시대를 맞이했다. 농약을 살포하거나, 공기질을 측정하는 등 다방면에 활용되고 있다. 드론[drone]은 20세기 초반에 등장했다. 처음엔 군사용 무인항공기로 개발됐다. '드론[drone]'이란 영어단어는 원래 벌이 내는 웅웅거리는 소리를 뜻하는데, 작은 항공기가 소리를 내며 날아다니는 모습을 보고 이러한 이름을 붙였다.
>
> 자료추출 : 네이버캐스트

10 그리기 마당 활용하기

그리기 마당은 많이 사용하는 개체를 미리 만들어 등록해 놓고, 필요할 때마다 등록된 개체를 가져다 원하는 그림을 쉽고 빠르게 삽입할 수 있습니다.

▶▶ 그리기 마당에서 원하는 그림을 삽입하는 방법을 알 수 있습니다.
▶▶ 삽입한 개체 속성 변경하는 방법에 대해 알 수 있습니다.

배울 내용 미리보기

사물놀이

사물놀이는 사물(꽹과리, 징, 장구, 북)을 중심으로 연주하는 풍물에서 취한 가락을 토대로 발전시킨 계열의 국악이며, 1978년 2월 28일 서울 종로구 인사동 공간사랑에서 김덕수를 중심으로 창단된 《사물놀이》패에서 연주를 한 것이 사물놀이의 시작이다. 이들은 기존의 풍물놀이에 비해 앉은반으로 풍물 가락을 실내 연주에 적합하게 재구성하였다. 주로 호남풍물, 짝드름, 웃다리 풍물, 설장구놀이, 영남풍물 등을 연주한다.

자료추출 : 위키백과

▲ 파일명 : 사물놀이.hwp

그리기 개체 삽입하기

1 다음과 같이 내용을 입력하고 문서의 제목 글꼴을 '한컴 솔잎 M', 글자 크기는 '17pt', 정렬은 '가운데 정렬'로 설정합니다.

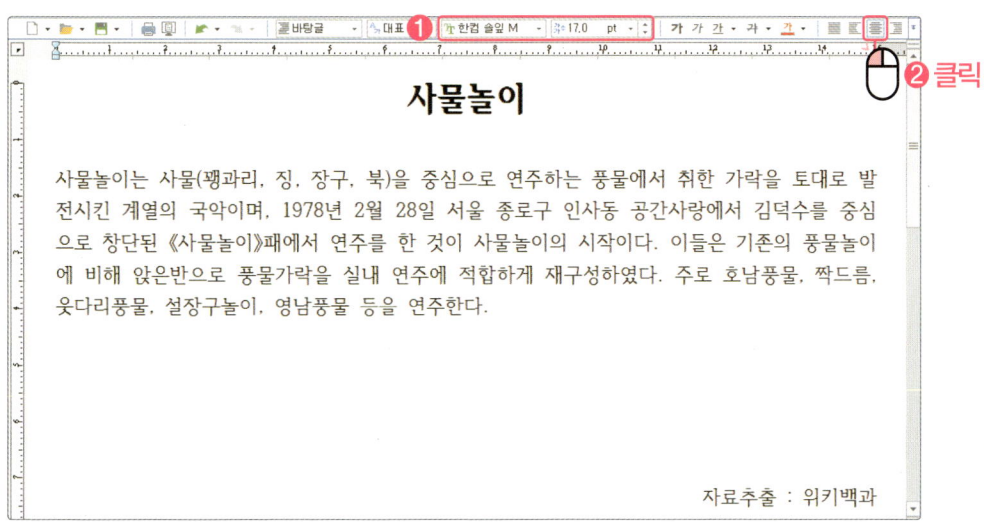

2 [입력]-[그림]-[그리기 마당]을 클릭합니다.

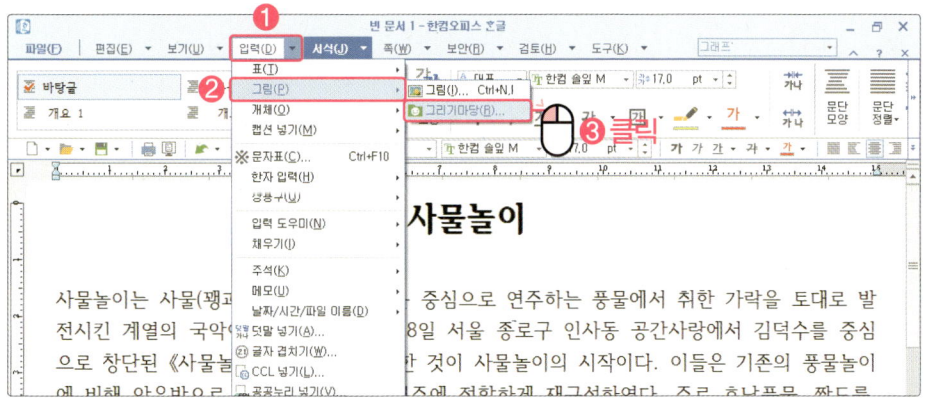

③ [그리기마당] 대화상자의 [그리기 조각] 탭에서 '전통(농악)-장구4'를 선택한 후 [넣기]를 클릭합니다.

④ 마우스 포인터 모양이 '+'로 바뀌면 그림이 삽입될 위치를 드래그합니다.

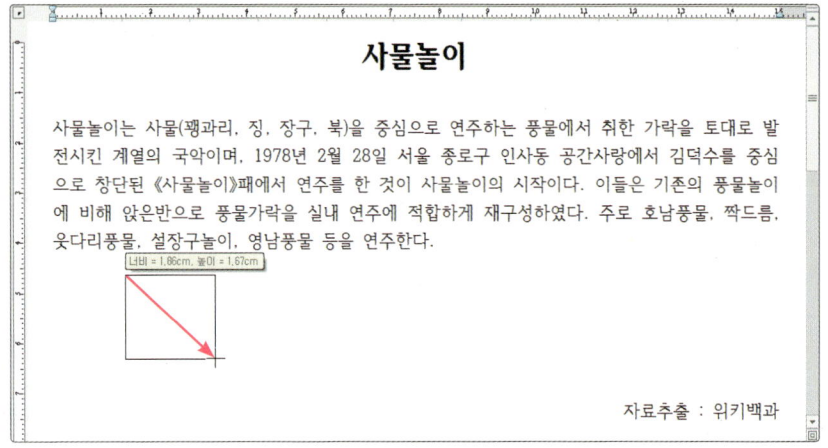

⑤ 다음과 같이 그림이 삽입된 것을 확인할 수 있습니다. 같은 방법으로 그리기 개체를 삽입합니다.

 ## 개체 속성 변경하기

1 [입력]-[그림]-[그리기마당]을 클릭합니다. [그리기마당] 대화상자의 [그리기 조각] 탭에서 '전통(미풍양속)-사물놀이'를 선택한 후 [넣기]를 클릭합니다.

2 마우스 포인터 모양이 '+'로 바뀌면 그림이 삽입될 위치를 드래그합니다.

③ 삽입한 그리기 개체에서 마우스 오른쪽 단추를 클릭하여 [개체 속성]을 클릭합니다.

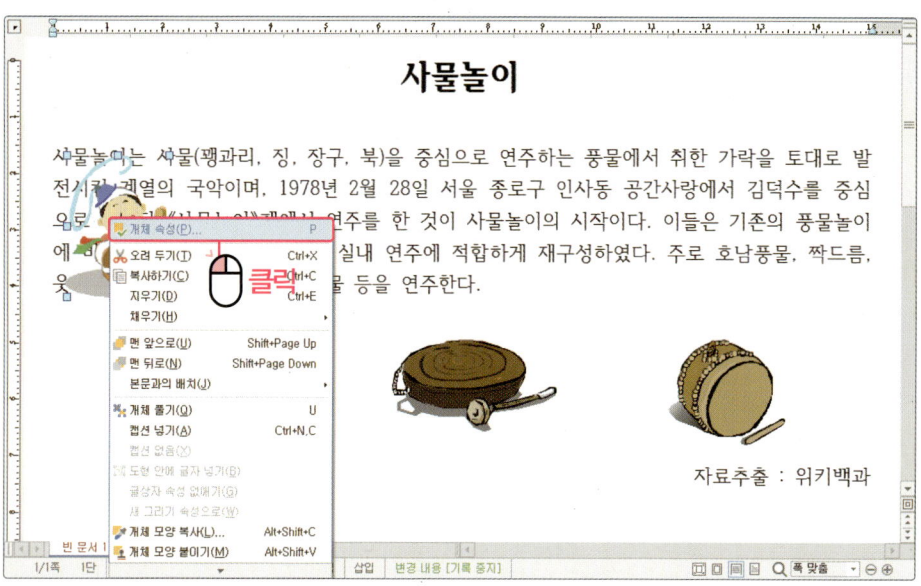

④ [개체 속성] 대화상자의 [기본] 탭에서 본문과의 배치를 '어울림'으로 선택합니다.

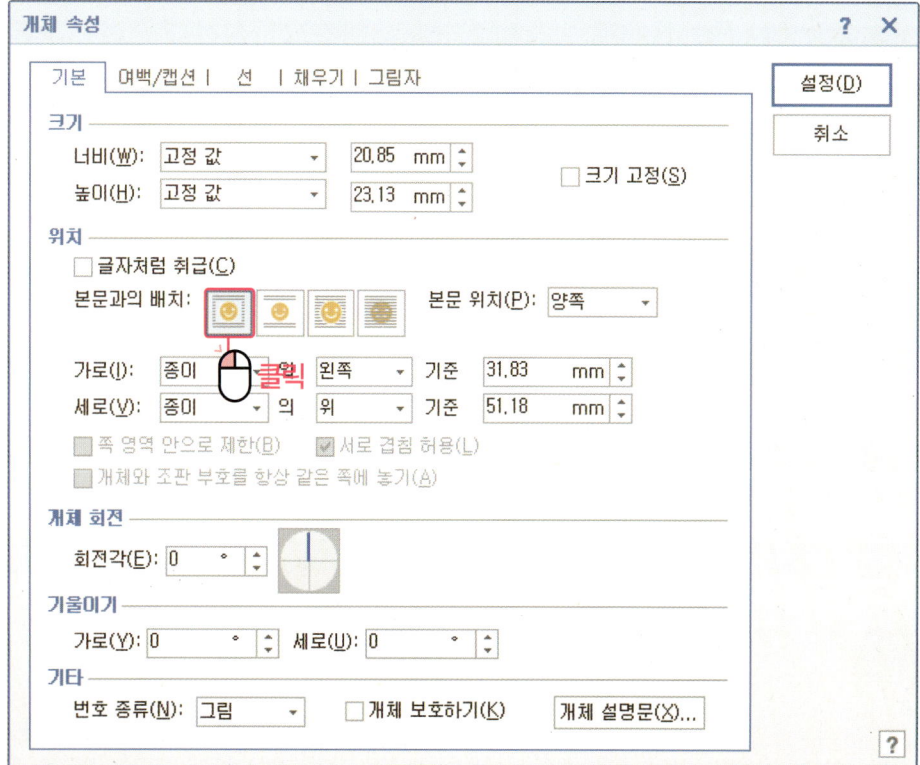

5 [개체 속성] 대화상자의 [여백/캡션] 탭에서 바깥 여백의 오른쪽 여백을 '3mm'으로 지정한 후 [설정]을 클릭합니다.

6 그림의 위치를 적당히 조절하여 문서를 완성합니다.

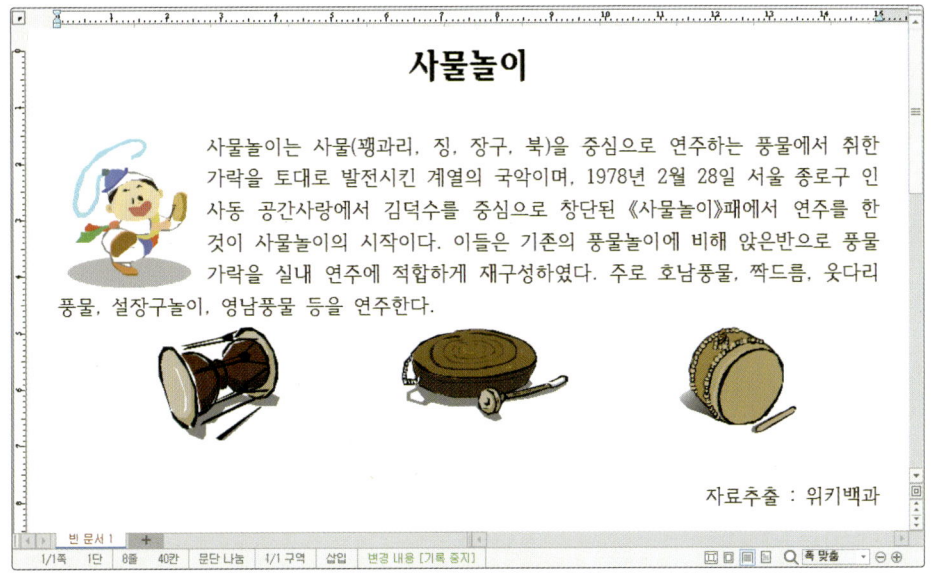

"혼자 풀어 보세요"

1 성덕대왕신종 그림을 그리기 마당에서 삽입하여 문서를 작성하고 "성덕대왕신종.hwp"로 저장해 보세요.

성덕대왕신종 (聖德大王神鍾)

우리나라에 남아있는 가장 큰 종으로 높이 3.75m, 입지름 2.27m, 두께 11~25㎝이며, 무게는 1997년 국립경주박물관에서 정밀측정한 결과 18.9톤으로 확인되었다.
신라 경덕왕이 아버지인 성덕왕의 공덕을 널리 알리기 위해 종을 만들려 했으나 뜻을 이루지 못하고, 그 뒤를 이어 혜공왕이 771년에 완성하여 성덕대왕신종이라고 불렀다. 이 종은 처음에 봉덕사에 달았다고 해서 봉덕사종이라고도 하며, 아기를 시주하여 넣었다는 전설로 아기의 울음소리를 본따 에밀레종이라고도 한다.

자료추출 : 문화재청

 조건
- 공유 클립아트 : 문화유산-성덕대왕신종

2 다음과 같이 문서를 작성하고 "레몬.hwp"로 저장해 보세요.

레몬[lemon]

열매는 1년에 6~10번 수확하는데, 주로 10월 이후부터 다음해 봄까지 수확하고 11~12월에 가장 많이 수확한다. 열매는 타원 모양이고 겉껍질이 녹색이지만 익으면 노란 색으로 변하며 향기가 강하다. 완전히 익기 전인 껍질이 녹색일 때 수확하여 익힌다. 비타민C와 구연산이 많기 때문에 신맛이 강하다. 과피에서 레몬유(油)를 짜서 음료·향수 및 레모네이드의 원료로 사용하고, 과즙은 음료·식초·화장품의 원료로 사용하며 과자를 만들 때 향료로도 사용한다. 과피를 설탕에 절여서 캔디를 만들고 또 이것을 잘게 잘라서 케이크를 장식할 때 사용한다.

자료추출 : 두산백과

 조건
- 그리기 조각 : 식품(과일채소)-레몬

"혼자 풀어 보세요"

3 다양한 곤충 그리기 개체를 삽입하여 문서를 작성하고 "곤충.hwp"로 저장해 보세요.

곤충 이야기

곤충(昆蟲)은 절지동물문에 속하는 동물로서 머리 가슴 배와 세 부분으로 나누어져 있으며, 가슴에는 세 쌍의 다리와 두 쌍의 날개가 달려 있다. 현존하는 동물계의 70%를 차지하고 있으며 동물 중에서는 제일 많은 개체수와 종수를 가진다.

분류학적으로는 곤충은 좁은 의미의 곤충강(Insecta)의 의미로 쓰여 왔으나, 최근에는 다리가 6개 달린 절지동물을 뜻하는 육각아문(Hexapoda)을 곤충의 범주 안에 넣어서 생각하는 견해가 지배적이다.

위키백과 – 우리 모두의 백과사전

 조건
- 그리기 조각 : 아이콘(곤충)

4 다음과 같이 문서를 작성하고 "피아노.hwp"로 저장해 보세요.

피아노
piano

피아노는 피아노포르테(pianoforte)의 약칭이며 화성악기·선율악기의 두 요소를 갖추고 있는 만능 악기로서 널리 쓰이고 있다. 해머로 현을 때려 소리를 내는 피아노의 원리는 14세기경 동양에서 유럽으로 전해져 쓰인 덜시머나 프살테리움이 그 근원이 되고 있으나, 피아노의 직접적인 선행악기(先行樂器)로는 쳄발로와 클라비코드를 들고 있다. 1709년 이탈리아의 크리스토포리가 쳄발로의 보디를 사용하여 피아노 에 포르테라고 하는 악기를 만들었는데 이것을 피아노의 발명으로 간주한다.

[네이버 지식백과-두산백과]

 조건
- 그리기 조각 : 취미(악기)

11 글맵시로 문서 꾸미기

글자를 구부리거나 글자에 외곽선, 면 채우기, 그림자, 회전 등의 효과를 주어 글자를 꾸미는 기능으로 문서를 보다 예쁘게 만들 수 있습니다.

➤➤ 글맵시를 삽입하는 방법에 대해 알 수 있습니다.
➤➤ 삽입한 글맵시의 속성을 변경하는 방법에 대해 알 수 있습니다.

배울 내용 미리보기

서울연꽃문화대축제

인도에서 빛과 생명의 상징으로 인식되었던 연꽃은 불교에서는 부처의 상징으로 자리를 잡게 된다. 연꽃은 오랜 수련 끝에 번뇌의 바다에서 벗어나 깨달음에 이른 수행자의 모습에 비유되고 빛의 상징이며 생명의 근원인 꽃잎마다 부처가 탄생한다고 한다. 연꽃은 생명의 근원, 대자대비, 윤회, 환생을 의미하는 꽃이라 하겠다.

- 행사기간 : 2014.08.17 ~ 2014.08.23.
- 위   치 : 서울 서대문구 봉원동 1번지
- 홈페이지 : http://www.bongwonsa.or.kr

자료추출 : http://korean.visitkorea.or.kr

▲ 파일명 : 연꽃문화축제.hwp

01 글맵시 삽입하기

1 [입력]-[개체]-[글맵시]를 차례로 클릭합니다.

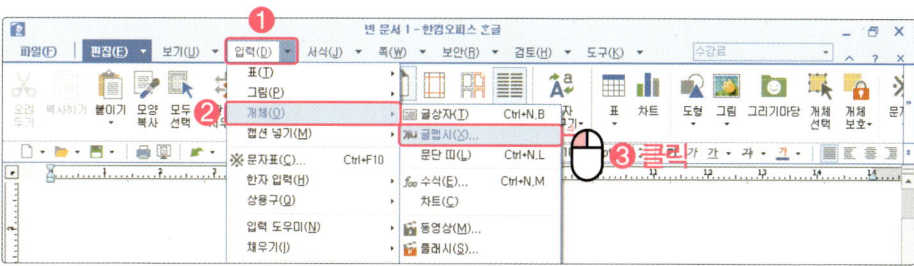

2 [글맵시 만들기] 대화상자에서 글맵시 내용을 입력한 다음 글꼴을 '한양해서'로 선택한 후 [설정]을 클릭합니다.

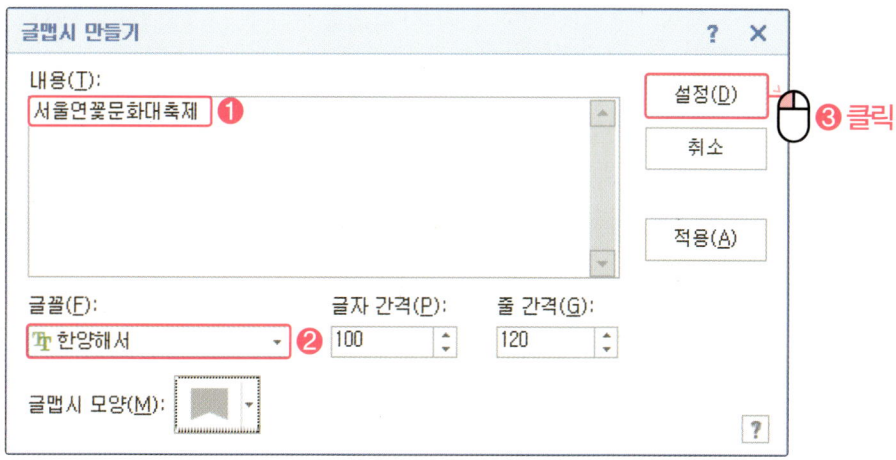

3 다음과 글맵시가 삽입된 것을 확인할 수 있습니다.

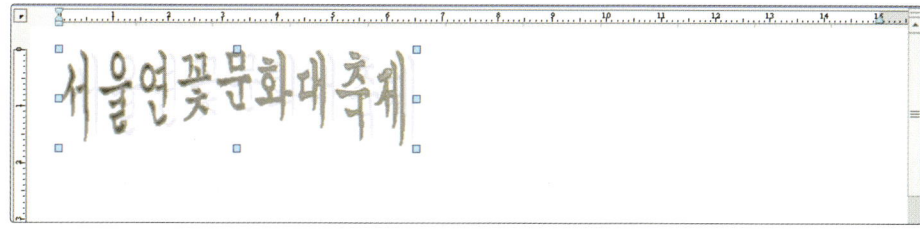

02 글맵시 속성 바꾸기

1 삽입된 글맵시에서 마우스 오른쪽 단추를 클릭하여 [개체 속성]을 클릭합니다. [개체 속성] 대화상자의 [기본] 탭에서 '글자처럼 취급'을 선택합니다.

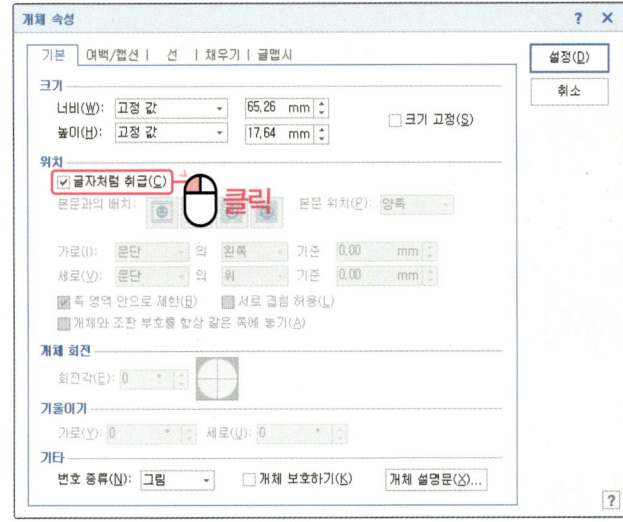

2 [선] 탭에서 선 종류 목록 단추를 클릭하여 '선 없음'을 선택합니다.

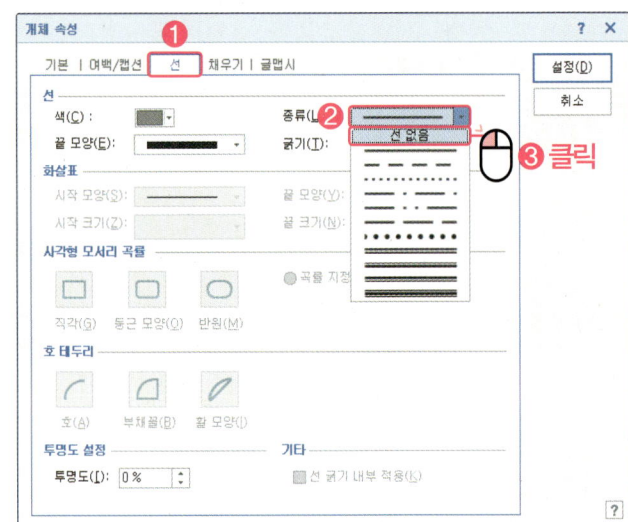

3 [채우기] 탭에서 '그러데이션'을 선택하고 원하는 색으로 시작 색과 끝 색을 지정한 다음 유형 목록 단추를 클릭하여 '수평'을 선택합니다.

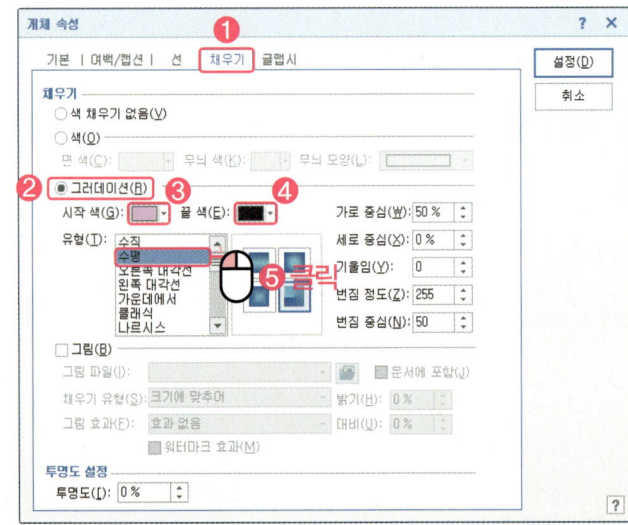

4 [글맵시] 탭에서 글꼴과 글맵시 모양을 지정하고, 그림자는 '없음'을 선택한 후 [설정]을 클릭합니다.

5 글맵시를 가운데 정렬시키고, 그리기 마당을 이용하여 연꽃을 삽입한 다음 내용을 입력하여 문서를 완성합니다.

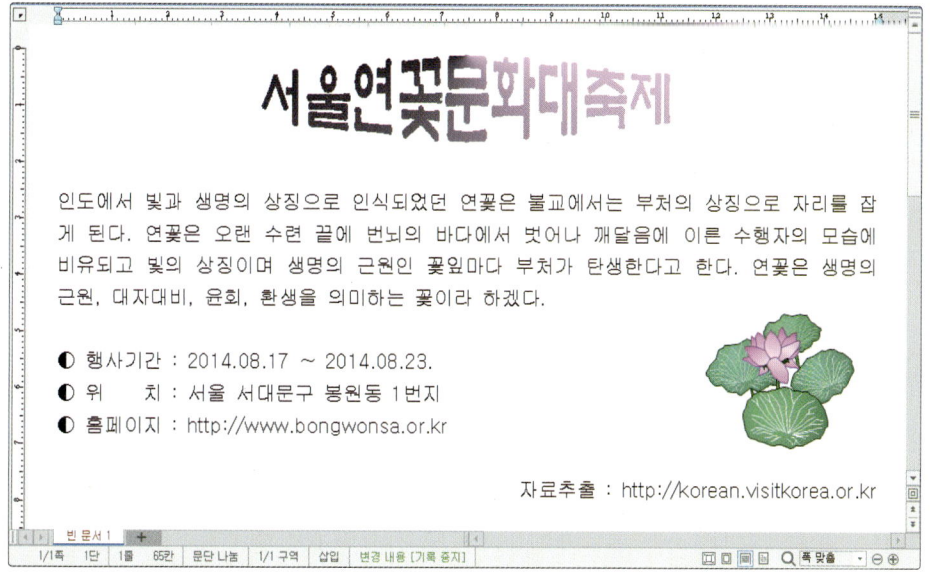

"혼자 풀어 보세요"

1 글맵시를 삽입하여 다음과 같이 문서를 만들고 "독도.hwp"로 저장해 보세요.

Dokdo
우리 땅, 민족 자긍심의 상징

해 저 2,000m에서 솟아오른 용암의 작용에 의해 생성된 독도는 우리나라 동쪽 제일 끝에 위치한 섬으로 두 개의 바위섬과 중간의 작은 바위들로 이루어져 있으며 섬 자체가 천연기념물 제336호로 지정되어 있다. 울릉도와는 87.4㎞ 떨어진 곳에 위치해 있어 맑은 날에는 망원경이 없이도 울릉도에서 관측이 가능할 정도이며 울릉도의 독도전망대에 오르면 그 위치를 가늠할 수 있는데 도동항에서 배를 타고 들어가거나 묵호항에서 울릉도로 들어오는 길에 둘러볼 수도 있다.

[네이버 지식백과] 독도

조건
- 글맵시 : 글꼴(AmeriGarmndBT Bold Italic), 모양(팽창)
- 문단 첫 글자 장식 : 글꼴(양재참숯체B), 모양(2줄)

2 다음과 같이 문서를 작성하여 "위기가구 IT중독.hwp"로 저장해 보세요.

위기가구 IT중독
청소년 치료프로그램

인터넷과 스마트폰 등 IT중독 위기가구 청소년에게 삼성SDS와 함께 전문적인 상담 및 치료 등 맞춤형 서비스를 제공으로 건강한 삶을 지원 하고자 함.

▶ 추진기간 : 2015년 3월 ~ 12월
▶ 지원인원 : 15명(저소득 위기가정의 IT중독 청소년)
▶ 지원내용 : 인터넷과 스마트폰 등 IT중독으로 가족과 학교생활 부적응을 겪고 있는 위기가구 청소년의 전문적인 상담 및 치료 지원
▶ 후   원 : 삼성SDS

조건
- 글맵시 : 글꼴(휴먼굵은생체), 모양(아래쪽 리본 사각형)
- 첫 줄 내어쓰기 : 75.8pt

"혼자 풀어 보세요"

3 글맵시와 그리기 마당을 이용하여 다음과 같이 문서를 만들고 "주니어 소프트웨어.hwp"로 저장해 보세요.

Junior sw

창의 컴퓨팅 교육을 통해 SW 미래인재를 양성하는 것이 주니어 소프트웨어(Junior SW) 교육 사이트의 목표입니다. 주니어 소프트웨어(Junior SW)는 미래창조과학부 주관으로 교육부가 후원하고 정보통신기술진흥센터(IITP)와 미래인재연구(InFIT)가 공동으로 운영하는 초중등생 대상 온라인 소프트웨어 교육센터로 모두를 위한 창의컴퓨팅(Creative Computing) 교육커뮤니티입니다.

 조건

- 글맵시 : 글꼴(휴먼둥근헤드라인, 모양(위로 계단식)
- 문단 첫 글자 장식 : 글꼴(태마무), 모양(2줄)

4 다음과 같이 문서를 작성하여 "남해 앵강만.hwp"로 저장해 보세요.

 **앵강만**
남해 생태관광 이야기

남해 앵강만은 우리나라 해안선의 특징을 모두 품고 있어 자연·생태적으로 가치가 매우 높습니다. 해안 절벽을 비롯하여 모래사장, 몽돌해안, 갯벌, 자갈 등 해안의 다양한 지형을 볼 수 있습니다. 아울러 해안에 서식하는 다양한 동식물도 만날 수 있습니다. 섬 속의 섬 노도는 <구운몽>의 저자 김만중의 유배지였습니다. 금산은 신라 고승 원효대사가 이곳에 보광사라는 사찰을 지은 뒤 산 이름이 보광산으로 불리어 왔으나, 조선 태조 이성계가 이곳에서 백일기도를 드린 뒤 왕위에 등극하게 되자 보은을 위해 영구불멸의 비단을 두른다는 뜻의 비단 금(錦)자를 써 금산(錦山)으로 이름이 바뀌었다고 합니다.

자료검색 : 환경부

 조건

- 그리기 조각 : 아이콘(자연현상)–구름 1, 식물(일반)–숲

12 그림 삽입하기

컴퓨터나 USB 등에 저장되어 있는 그림 파일 등을 삽입하는 기능으로 그림을 넣을 때는 그림 파일 전체를 넣을 수도 있고, 일부분만 잘라 넣을 수도 있습니다.

▶▶ 그림을 삽입하는 방법에 대해 알 수 있습니다.
▶▶ 삽입한 그림의 속성을 변경할 수 있습니다.

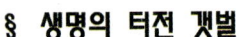
배울 내용 미리보기

§ 생명의 터전 갯벌

갯벌은 육지와 바다를 이어주는 완충지대로써 각종 어패류의 서식지와 산란장을 제공한다.
전체 어획량의 60% 이상이 갯벌에서 생산되며, 멸종 위기에 처해진 생물 중 3분의 1이 갯벌에서 서식하는 것으로 알려졌다. 또한 갯벌지역은 대부분의 해안생물과 조류들의 먹이 섭취장소이고 번식장소이다. 해양 생물의 66% 정도가 갯벌지역과 직접적인 관계가 있으며, 어업활동의 90%가 갯벌과 직,간접적으로 관련이 있다. 갯벌에는 어류 230종, 게류 193종, 새우류 74종, 조개류 58종 등의 다양한 생물 종이 살고 있으며, 다양한 생물이 서식한다는 것은 그만큼 영양염류가 풍부하고 생산성이 높음을 뜻한다.

자료 및 이미지 추출 : http://www.suncheonbay.go.kr

▲ 파일명 : 생명의 터전 갯벌.hwp

01 그림 삽입하기

1 다음과 같이 내용을 입력한 후 원하는 모양으로 글꼴과 문단 모양을 설정합니다.

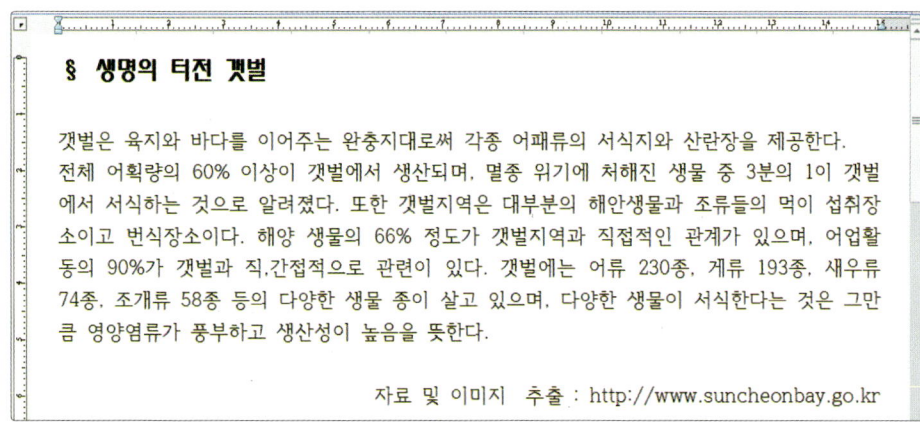

2 그림을 삽입하기 위해 [입력]-[그림]-[그림]을 클릭합니다.

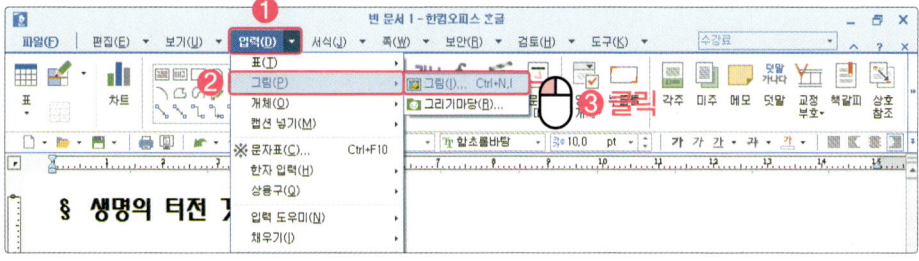

3 [그림 넣기] 대화상자에서 [예제₩12차시] 폴더의 '갯벌사진-1.jpg'를 선택한 다음 '문서에 포함'과 '마우스로 크기 지정'을 선택한 후 [넣기]를 클릭합니다.

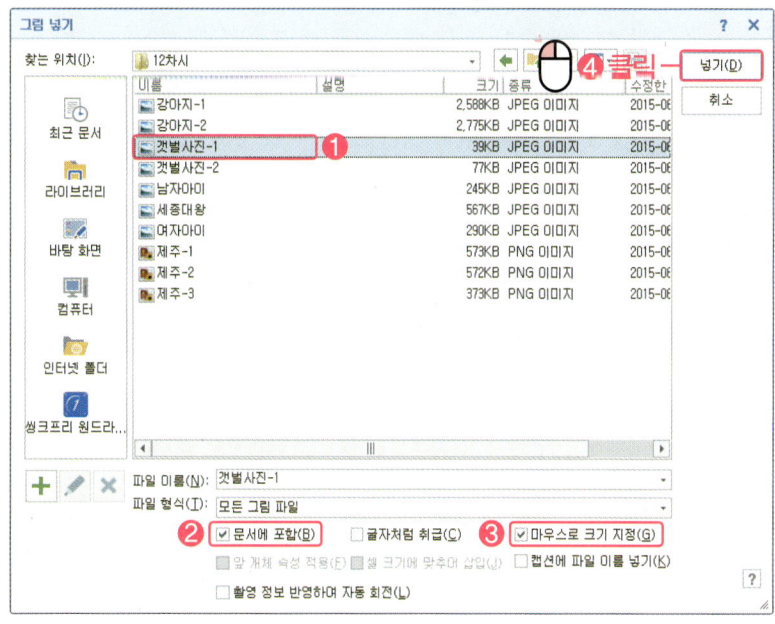

81

④ 그림이 삽입될 위치에서 마우스를 적당한 크기로 드래그합니다.

⑤ 같은 방법으로 '갯벌사진-2.jpg'를 다음과 같이 삽입합니다.

02 그림 속성 설정하기

1. '갯벌사진-1.jpg' 사진에서 마우스 오른쪽 단추를 클릭하여 [개체 속성]을 선택합니다.

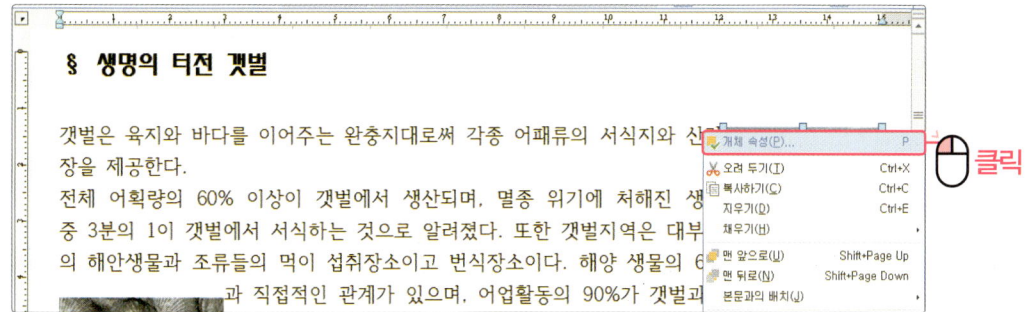

2. [개체 속성] 대화상자의 [여백/캡션] 탭에서 바깥 여백 왼쪽 값을 "2mm"로 입력하고 [설정]을 클릭합니다.

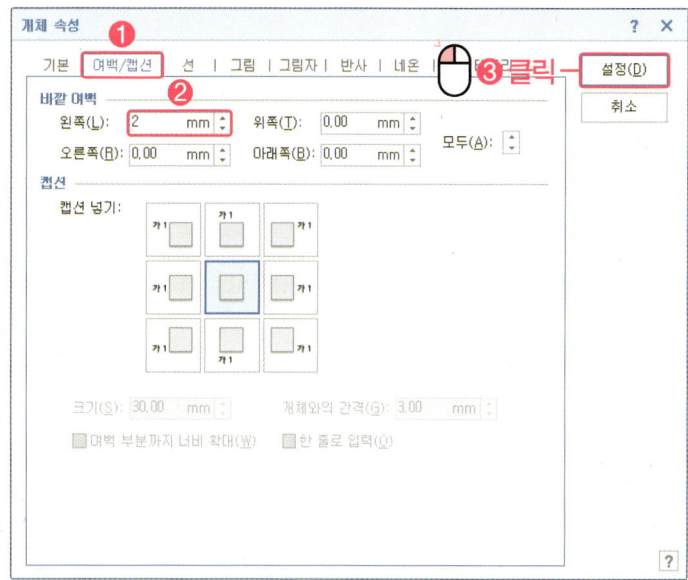

3. '갯벌사진-2.jpg' 사진에서 마우스 오른쪽 단추를 클릭하여 [개체 속성]을 선택한 다음 [개체 속성] 대화상자의 [여백/캡션] 탭에서 바깥 여백 오른쪽 값을 "2mm"로 입력하고 [설정]을 클릭합니다.

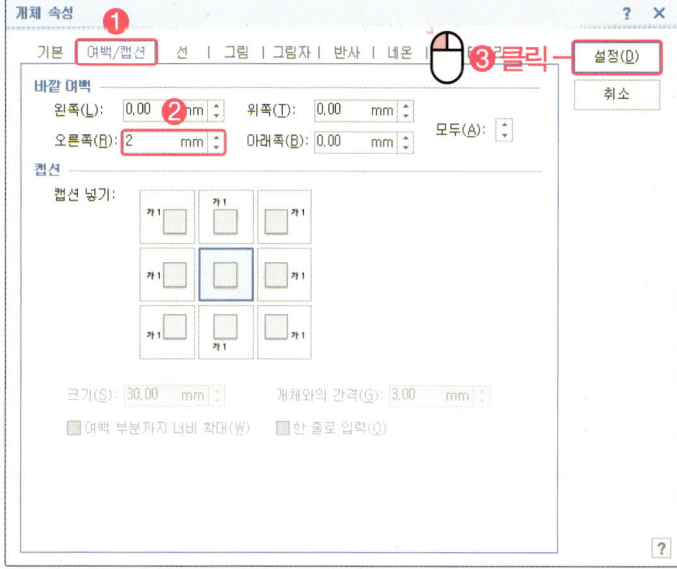

"혼자 풀어 보세요"

1 다음과 같이 그림을 삽입하여 문서를 만들고 "닥스훈트.hwp"로 저장해 보세요.

닥스훈트
Dachshund

닥스훈트라는 이름은 독일어의 '오소리 사냥' 이라는 뜻이 담겨져 있으며 초기에는 '테켈 (teckel)'이라고 불렸었다. 굴에 숨은 오소리나 여우를 끌어내고 토끼를 추적하는데 활약했던 특징이 외형적으로도 나타난다. 다리가 짧고 몸이 길며 후각이 발달되어 있으며 겁이 없는 편이다. 몸이 길어 체중 조절과 운동에 신경 써 주지 않으면 척추 디스크를 유발하기 쉽다. 명랑하고 장난스러운 성격으로 활동하는 것을 좋아하며 주인의 말을 잘 이해해 좋은 친구로 지내기 적합하다. 반면에 헛짖음이나 무는 성질이 높고 배변 가리는 습관을 들이기가 어려우므로 처음부터 단호하게 훈련을 시켜둘 필요가 있다.

자료 추출 : 네이버 지식백과((사)한국애견협회 애견정보, (사)한국애견협회))

삽입 그림
-  강아지-1.jpg, 강아지-2.jpg

2 그림을 삽입하여 문서를 작성한 후 "세계지질공원.hwp"로 저정해 보세요.

세계지질공원(Global Geopartk)

세계지질공원은 지질학적으로 뛰어난 가치를 지닌 자연유산 지역을 보호하면서 이를 토대로 관광을 활성화하여 주민소득을 높이는 것을 목적으로 만들어진 유네스코 프로그램이다. 2004년 유네스코와 유럽 지질공원망(EGN)의 협력으로 세계지질공원 네트워크가 설립되었으며, 전 세계 30개국 100개소(2014년 기준)가 세계지질공원 네트워크에 가입되어 있다. 제주도는 2010년 10월 유네스코 세계지질공원으로 인증되었다.

자료 추출 : http://www.jejutour.go.kr

삽입 그림
-  제주-1.png~제주-3.png

"혼자 풀어 보세요"

3 다음과 같이 문서를 작성하여 "훈민정음.hpw"로 저장해 보세요.

> 한국세시풍속
> # 한글날
>
> 훈민정음(訓民正音) 곧 오늘의 한글을 창제해서 세상에 펴낸 것을 기념하고, 우리 글자 한글의 우수성을 기리기 위한 국경일. 1926년에 음력 9월 29일로 지정된 '가갸날'이 그 시초이며 1928년 '한글날'로 개칭되었다. 광복 후 양력 10월 9일로 확정되었으며 2006년부터 국경일로 지정되었다. 또한 세종어제(世宗御製) 서문(序文)과 한글의 제작 원리가 담긴 『훈민정음(訓民正音)』은 국보 제70호로 지정되어 있으며, 이것은 1997년 10월 유네스코(UNESCO) 세계기록유산(Memory of the World)으로 등록되었다.
>
> 자료 추출 : 네이버 지식백과(한국세시풍속사전, 국립민속박물관)

 삽입 그림
- 세종대왕.jpg

4 다음과 같이 문서를 작성하고 "오늘의 회화.hwp"로 저장해 보세요.

> ### 오늘의 회화
>
> A : Mike, did you see my cloth bag?
> 마이크, 내 천 가방 봤니?
> B : Are you looking for this one?
> 이거 찾아?
> A : Oh, yes, where was it? Thank you, Mike.
> 아, 맞아, 이게 어디 있었어? 고마워, 마이크.
> B : Are you going grocery shopping?
> 장 보러 가니?
> A : Yes, do you want to come with me?
> 응, 너도 같이 갈래?
> B : Yes. What should we use less for the environment, paper or plastic?
> 좋아. 우리가 환경을 위해서 뭘 덜 써야 할까, 종이 아니면 플라스틱?
> A : I think both, actually.
> 사실, 둘 다일 것 같은데.
> B : I see. I think I need to use less paper and plastic.
> 알겠어. 종이랑 플라스틱을 덜 쓰도록 해야겠어.

 **삽입 그림**
- 남자아이.jpg, 여자아이.jpg

13 도형으로 카드 만들기

직사각형, 타원, 곡선등을 이용하여 직접 그림을 그려 문서에 포함할 수 있으며, 삽입한 도형의 채우기 색과 선 색 등을 설정하여 보고서 표지나 카드 등을 만들 수 있습니다.

▶▶ 직사각형과 원 도형을 삽입할 수 있습니다.

▶▶ 곡선을 그릴 수 있습니다.

▶▶ 도형의 채우기 색과 선 색등을 설정할 수 있습니다.

배울 내용 미리보기 ✚

▲ 파일명 : 웨딩카드.hwp

01 직사각형과 원 그리기

1 [쪽]-[편집 용지]를 클릭합니다. [편집 용지] 대화상자에서 용지 종류를 '사용자 정의'로 지정하고 폭은 "105mm", 길이는 "148mm", 용지 방향은 '가로'로 선택한 후 [설정]을 클릭합니다.

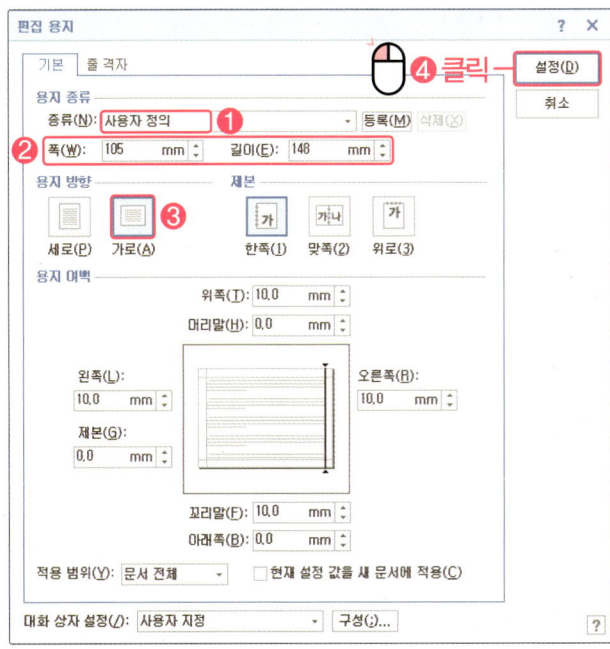

2 [입력] 메뉴를 클릭하여 서식 도구 상자에서 ☐(직사각형)을 클릭하여 적당한 크기로 직사각형을 그립니다.

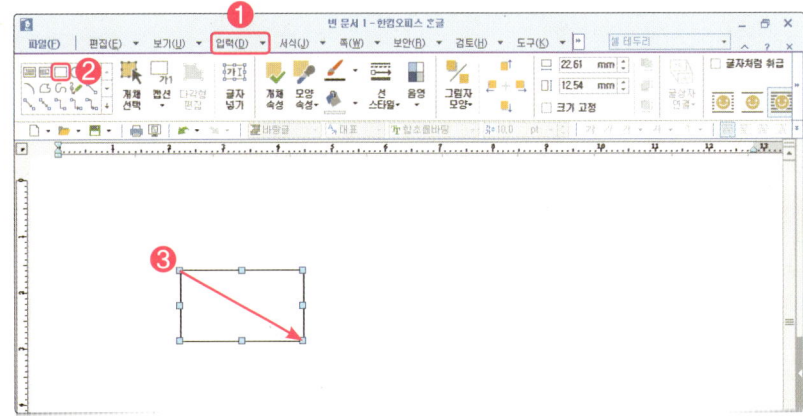

3 직사각형 도형에서 마우스 오른쪽 단추를 클릭하여 [개체 속성]을 선택합니다.

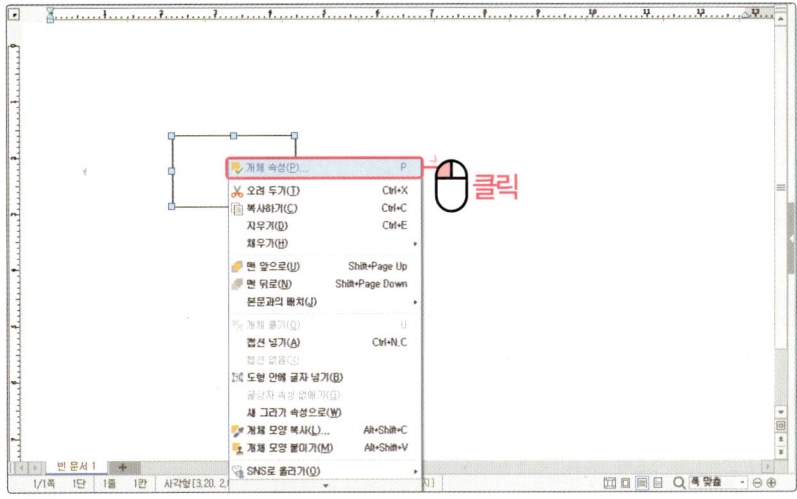

④ [개체 속성] 대화상자의 [선] 탭에서 사각형 모서리 곡률을 '둥근 모양'으로 선택하고 [설정]을 클릭합니다.

⑤ 직사각형 도형을 Ctrl 을 누른 상태로 드래그하여 복사합니다.

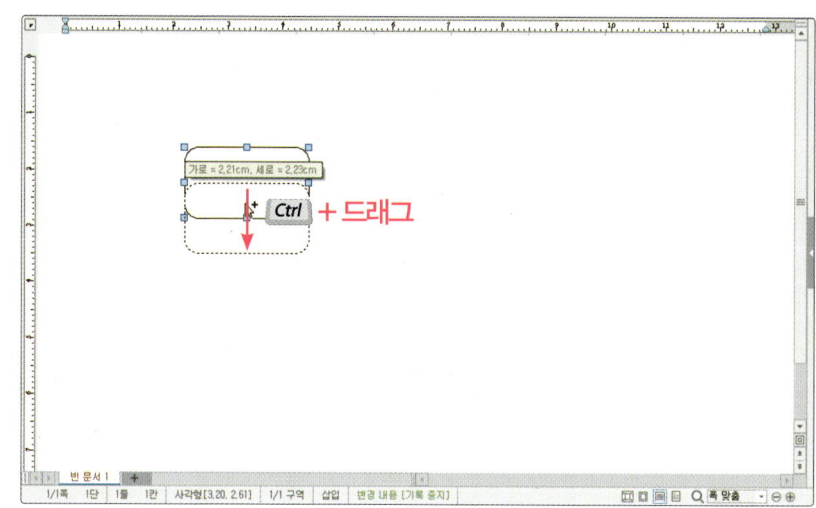

⑥ 복사한 직사각형 도형의 크기를 적당한 크기로 조절합니다.

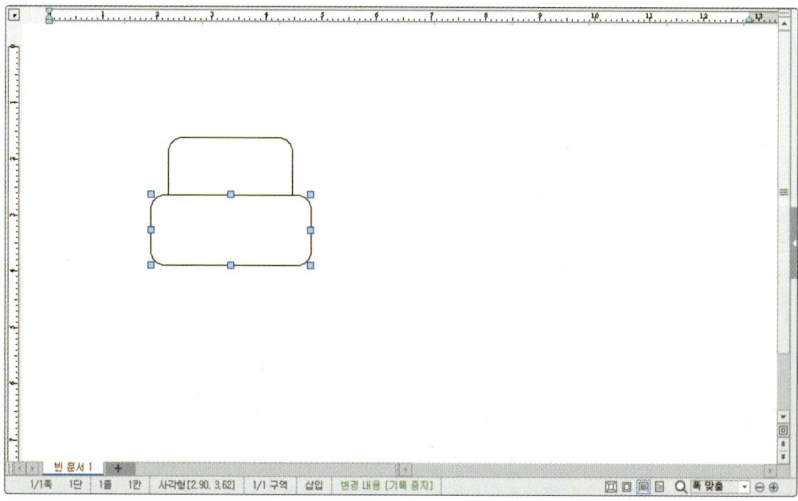

7 같은 방법으로 직사각형 도형을 복사하여 다음과 같이 크기를 조절합니다.

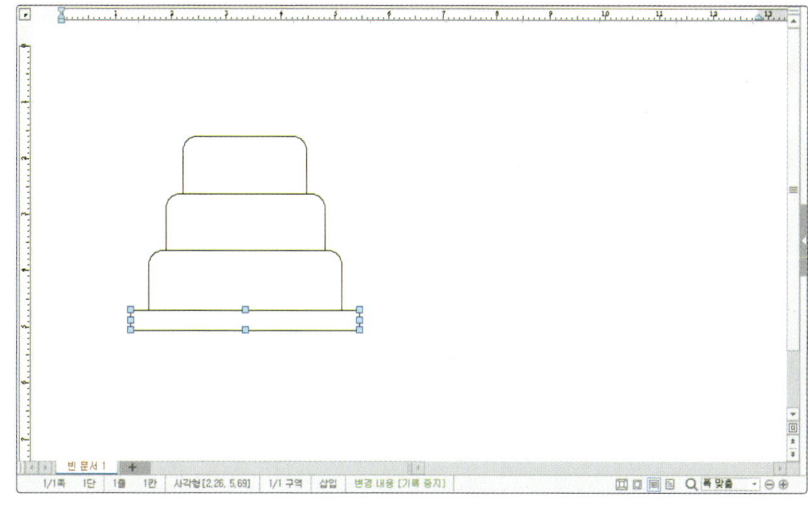

8 맨 아래 직사각형 도형을 선택한 다음 [도형] 메뉴를 클릭한 다음 (채우기)를 클릭하여 원하는 색을 선택합니다.

9 꽃을 만들기 위해 [입력] 메뉴를 클릭하여 ◯(타원)을 선택한 다음 Shift 를 누른 상태로 드래그하여 원을 그립니다.

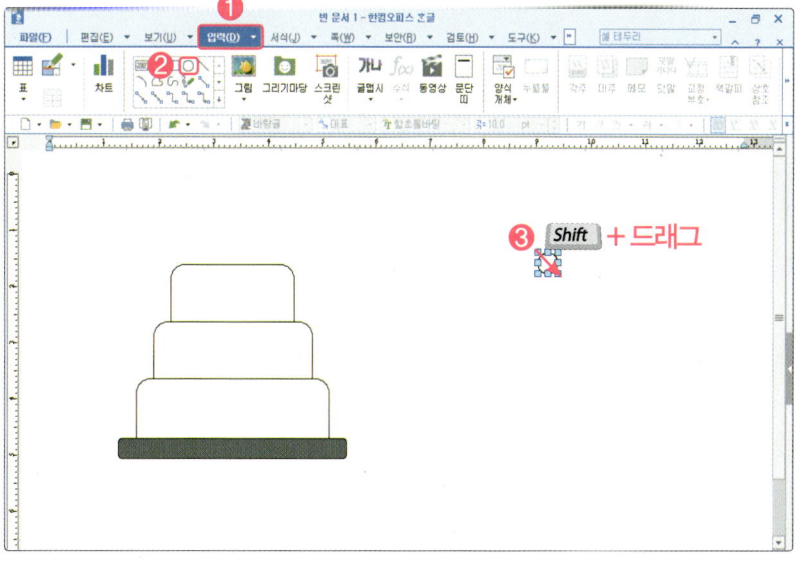

89

⑩ Ctrl 을 누른 상태로 원 도형을 드래그하여 다음과 같이 복사합니다.

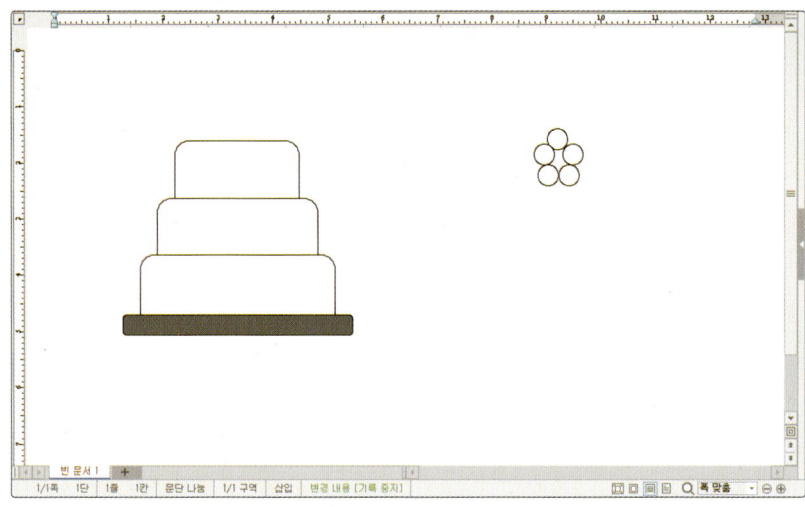

⑪ Shift 를 누른 상태로 타원을 모두 선택한 다음 (채우기)를 클릭하여 원하는 색을 선택합니다.

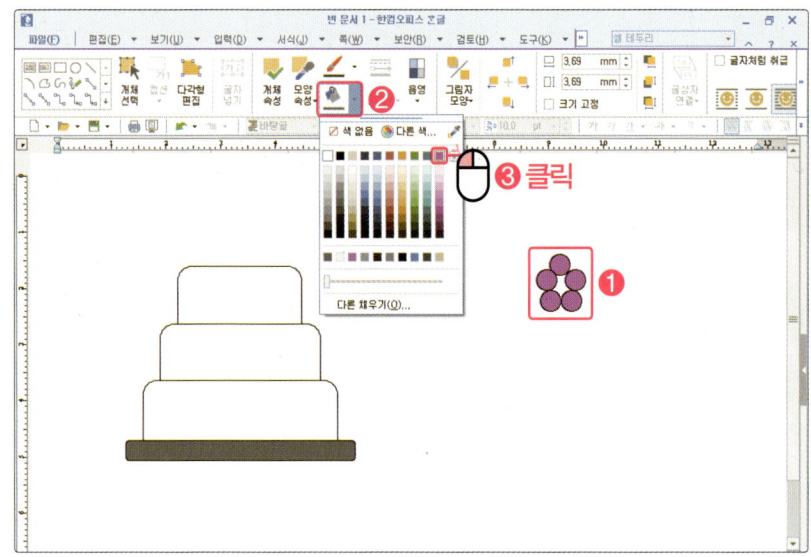

⑫ 원 도형을 Ctrl 을 누른 상태로 드래그하여 하나 더 복사한 다음 (채우기)를 클릭하여 '흰색'을 선택합니다.

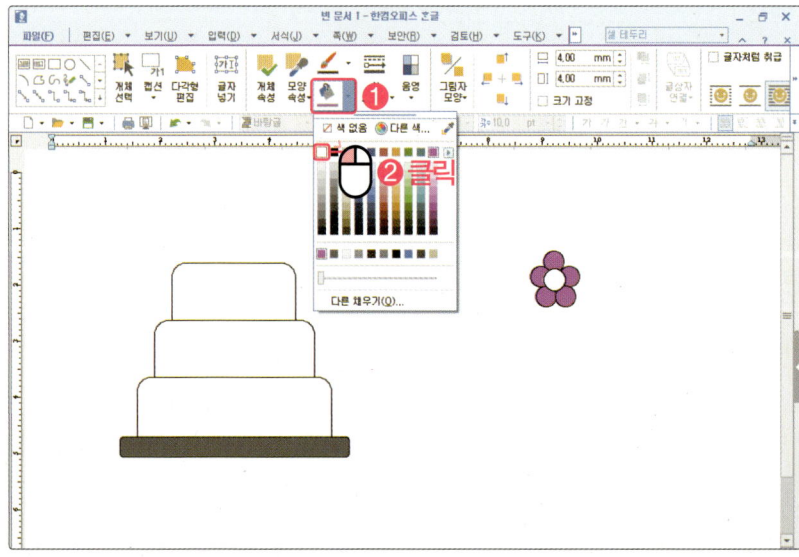

⑬ 다시 Shift 를 누른 상태로 원 도형을 모두 선택한 다음 마우스 오른쪽 단추를 클릭하여 [개체 묶기]를 선택합니다.

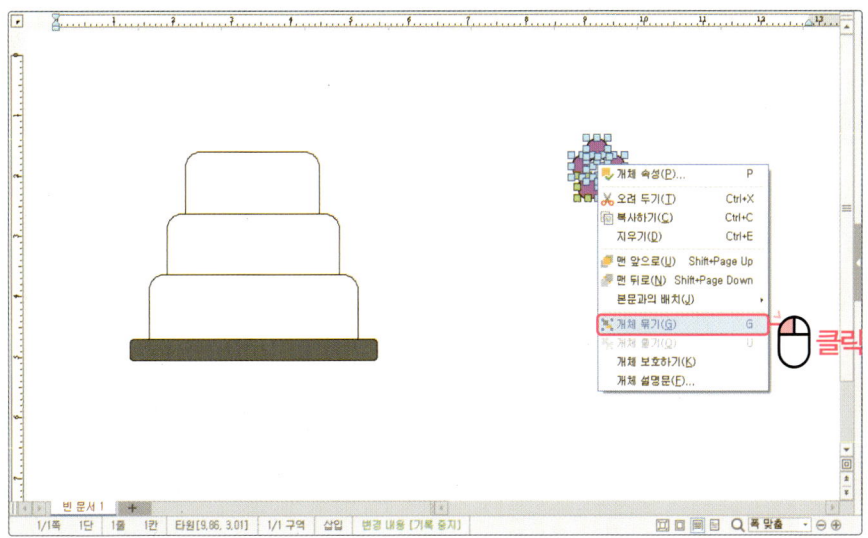

⑭ 꽃 도형을 Ctrl 을 누른 상태로 꽃 모양을 드래그하여 다음과 같이 복사한 다음 크기를 조절합니다.

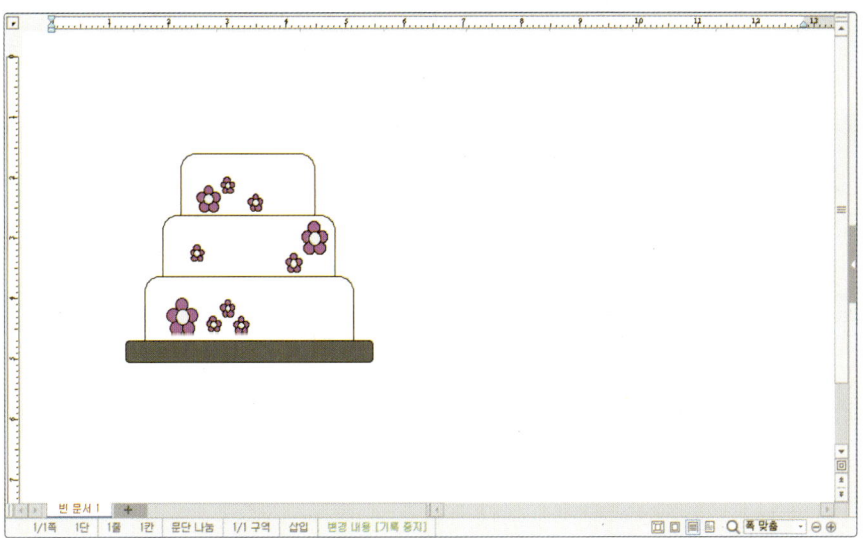

02 곡선 그리기

1. [입력] 메뉴를 클릭하여 (곡선)을 선택합니다. 마우스로 곡선이 되는 지점을 클릭하여 다음과 같은 모양을 그립니다.

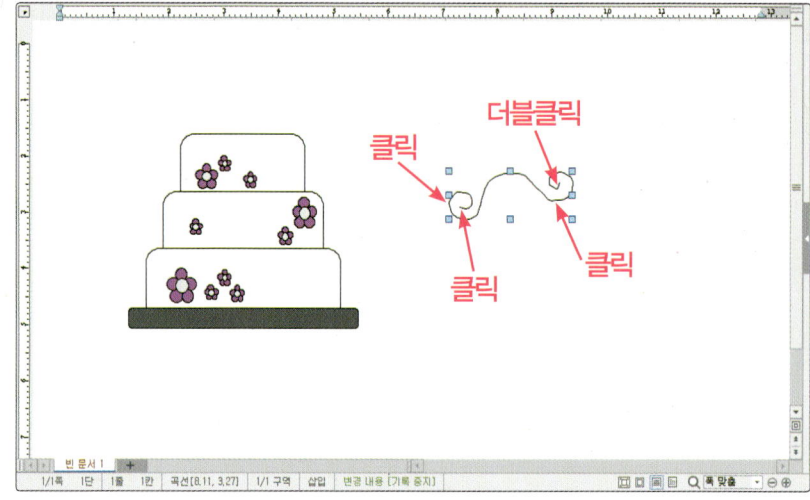

2. [도형] 메뉴를 클릭하여 (선 스타일)-[선 굵기]-[0.3mm]을 클릭합니다.

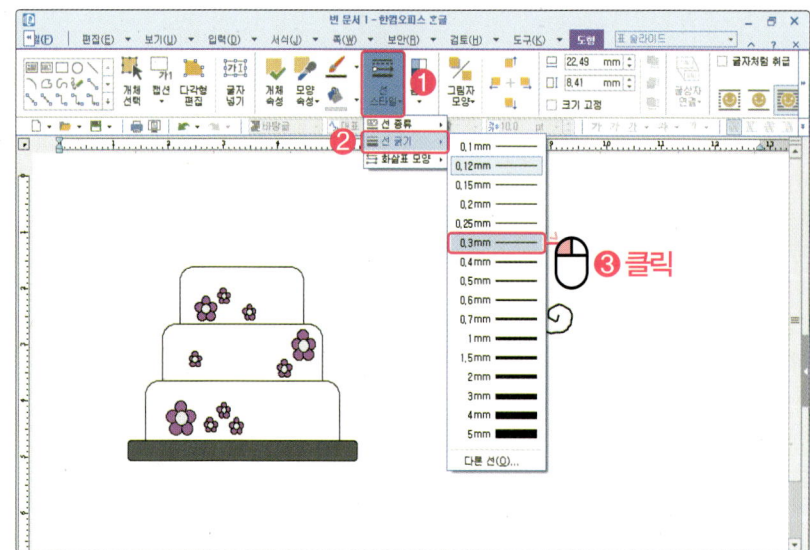

3. 곡선 도형을 Ctrl 을 누른 상태로 드래그하여 다음과 같이 복사한 다음 크기를 조절합니다.

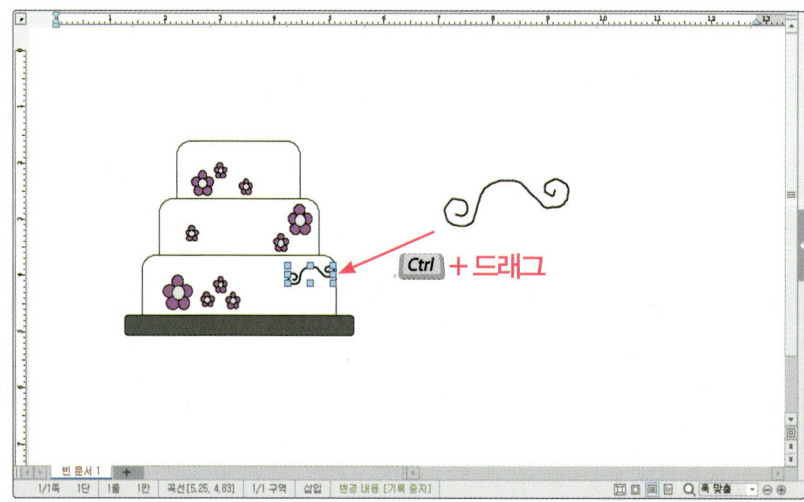

④ 곡선 도형을 하나 더 복사한 다음 [도형] 메뉴를 클릭하여 ⟳(회전)-[상하 대칭]을 클릭합니다.

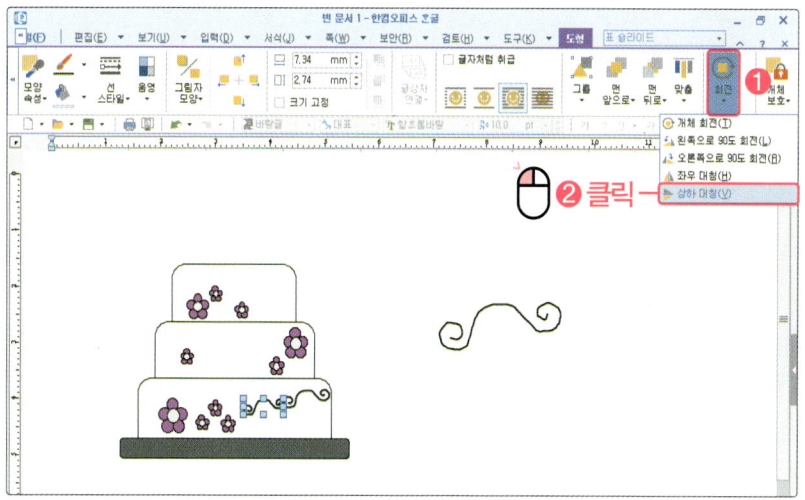

⑤ 같은 방법으로 곡선 도형과 꽃 도형을 복사하여 다음과 같이 배치합니다.

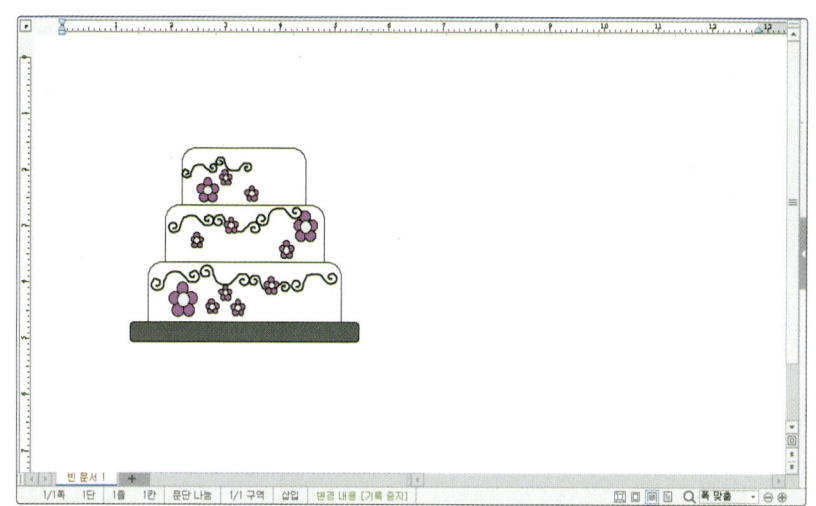

⑥ [입력]-[그림]-[그림]을 클릭합니다. [그림 넣기] 대화상자에서 [예제₩13차시] 폴더의 '신랑신부.png' 파일을 선택하고 '문서에 포함'과 '마우스로 크기 지정'을 선택한 다음 [넣기]를 클릭합니다.

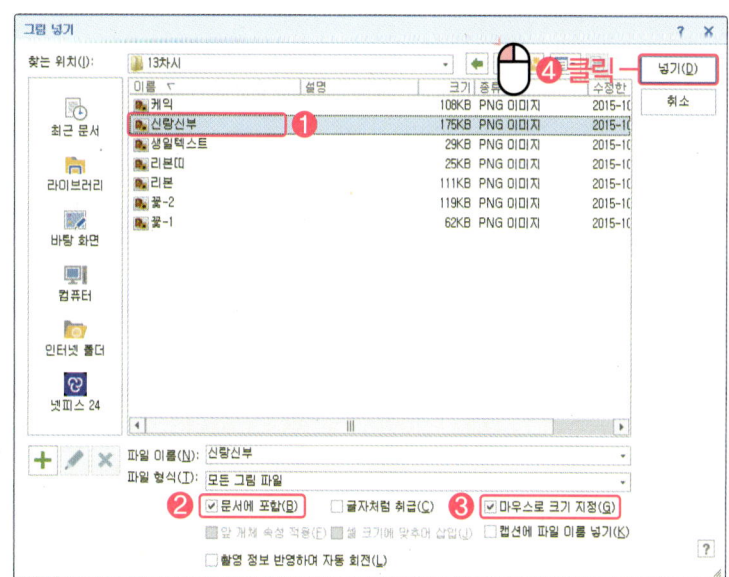

7　마우스로 드래그하여 다음과 같이 그림을 삽입합니다.

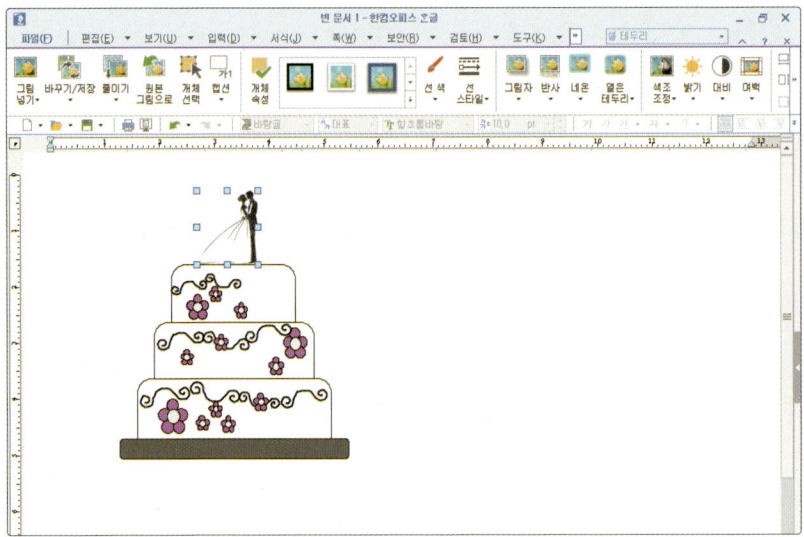

8　[입력]-[그림]-[그림]을 클릭합니다. [그림 넣기] 대화상자에서 [예제₩13차시] 폴더의 '꽃-1.png' 파일을 선택하고 '문서에 포함'과 '마우스로 크기 지정'을 선택한 다음 [넣기]를 클릭합니다.

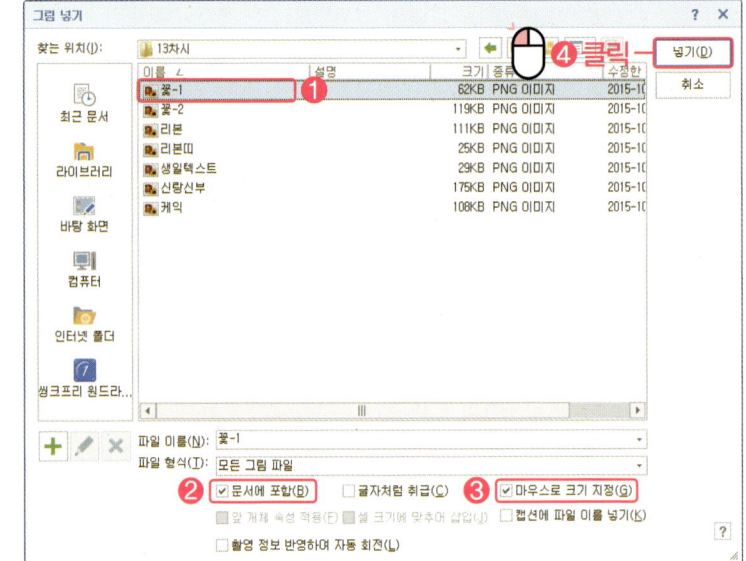

9　마우스로 드래그하여 다음과 같이 그림을 삽입합니다. [그림] 메뉴를 클릭하여 (맨 뒤로)-[맨 뒤로 보내기]를 클릭합니다.

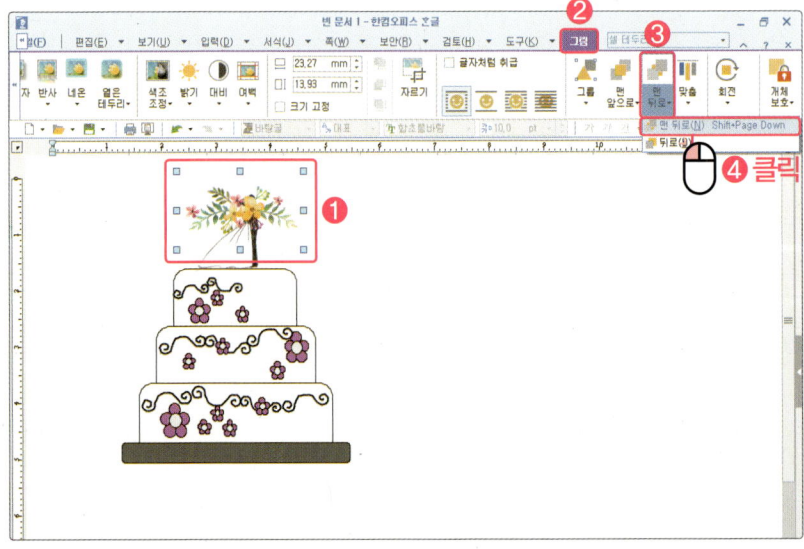

⑩ 같은 방법으로 '꽃-2.png'를 삽입하여 다음과 같이 배치합니다.

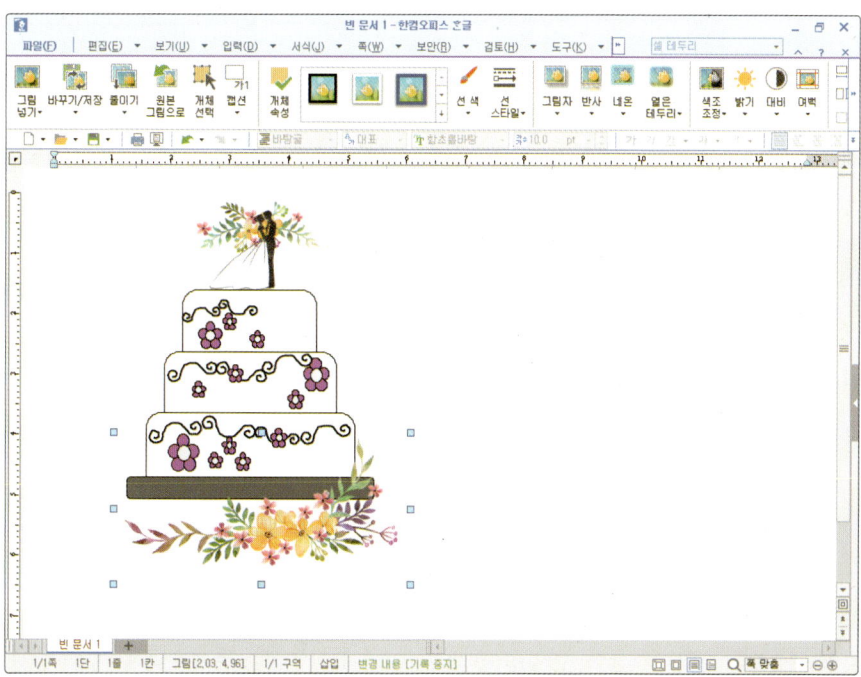

⑪ 글맵시를 이용하여 다음과 같이 카드를 완성합니다.

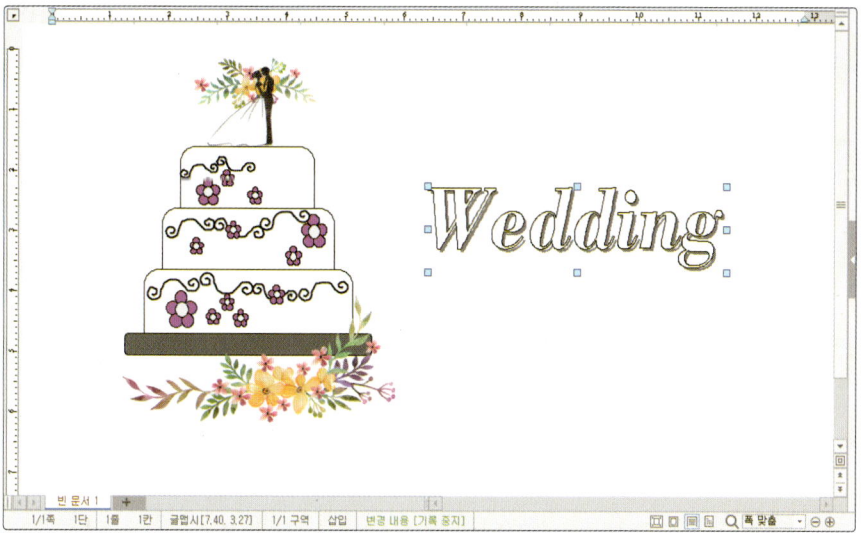

"혼자 풀어 보세요"

1 도형을 이용하여 포도 그림을 그려보고 "포도.hwp"로 저장해 보세요.

2 직사각형과 다각형을 이용하여 반지 상자 도면을 그려보고 "반지상자도형.hwp"로 저장해 보세요.

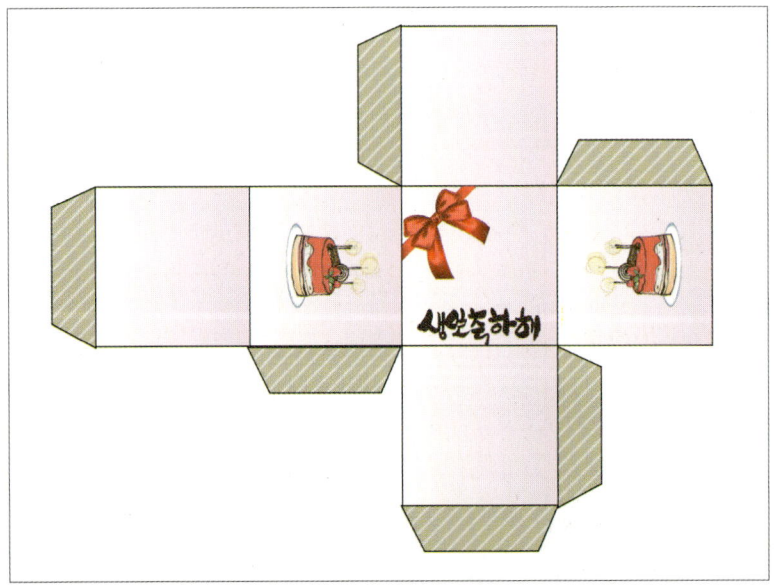

삽입 그림
- 케익.png, 리본.png

"혼자 풀어 보세요"

3 도형을 이용하여 이름표를 만들고 "이름표.hwp"로 저장해 보세요.

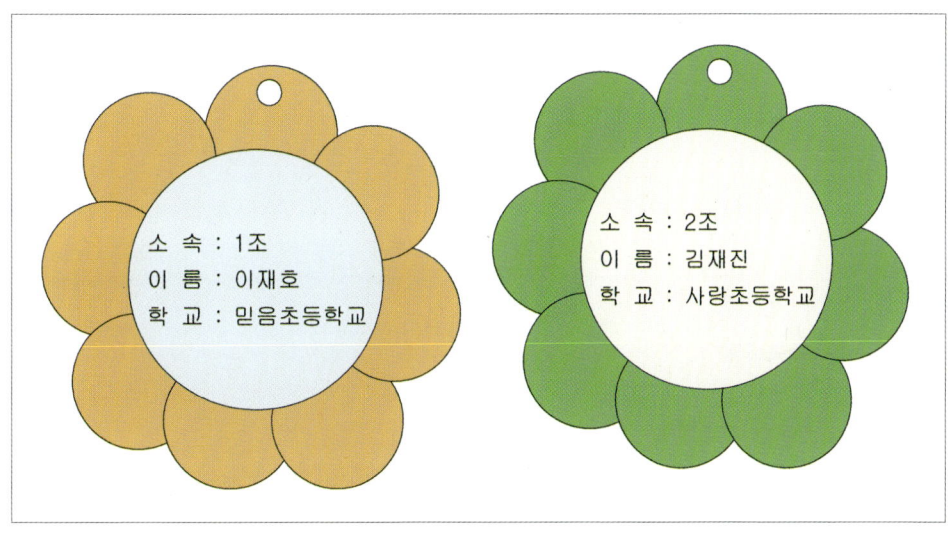

4 도형과 그리기 마당을 이용하여 보고서 표지를 만들고 "보고서표지.hwp"로 저장해 보세요.

힌트
- 그리기 마당에서 그림을 삽입한 후 [도형] 메뉴에서 채우기색은 '투명', 선 색은 '흰색'으로 설정

표로 문서 정리하기

표를 이용하여 복잡한 내용이나 수치 자료를 일목요연하게 정리할 수 있으며, 표의 채우기 색이나, 테두리 등을 설정할 수 있습니다.

➥➥ 표를 삽입하는 방법에 대해 알 수 있습니다.
➥➥ 셀 테두리와 음영색을 설정할 수 있습니다.

배울 내용 미리보기

학생건강검진 안내

검진기관	세화병원, 안산 중앙병원 중 1곳	
검진비용	전액 학교부담(개인부담 없음)	
실시기간	2015. 5. 18. ~ 6. 30.	
결과통보	병원에서 직접 통보	
검사항목	■ 근, 골격과 척추, 눈, 귀, 콧병, 목병, 피부병, 기관능력. ■ 구강검사 ■ 병리검사 ■ 혈액검사	
기관명	세화병원(본오동)	중앙병원(일동)
검진시간	(평일) 08:30 ~ 16:30 (점심) 12:00 ~ 13:00 (주말) 08:30 ~ 12:30	(평일) 08:30 ~ 16:00 (점심) 12:00 ~ 13:00 (주말) 08:30 ~ 11:30
검진장소	본관 뒤편 건강증진센타	별관 1층 학생건강검진실

 파일명 : 학생건강검진안내.hwp

01 표 삽입하기

1. 문서 제목을 입력한 다음 [입력]-[표]-[표 만들기]를 클릭합니다. [표 만들기] 대화상자에서 줄 수는 "8", 칸 수는 "2"로 지정하고 '글자처럼 취급'을 선택한 다음 [만들기]를 클릭합니다.

2. 표에 다음과 같이 내용을 입력합니다. 검진기관부터 검진장소까지 드래그하여 블록을 설정한 다음 Ctrl + ← 를 눌러 셀 크기를 조절합니다.

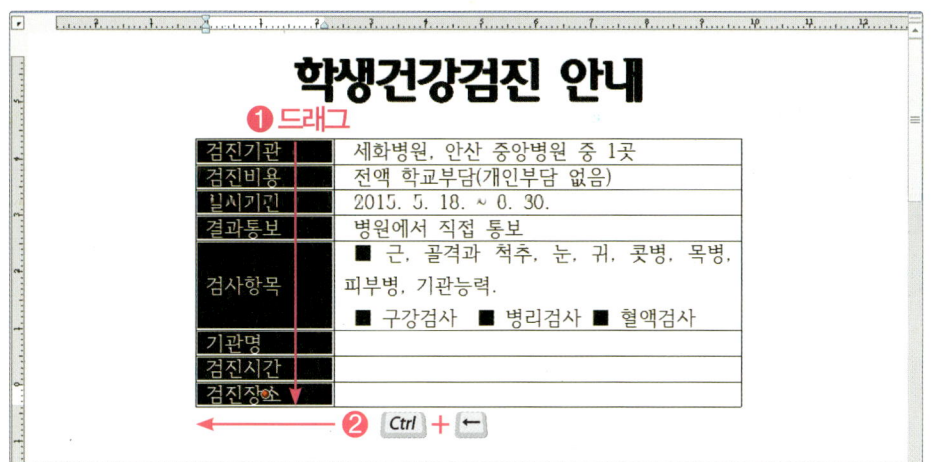

③ 다음과 같이 블록 설정한 다음 Ctrl+→를 눌러 셀의 너비를 조절한 다음 다시 Ctrl+↓를 눌러 셀의 높이를 적당히 조절합니다.

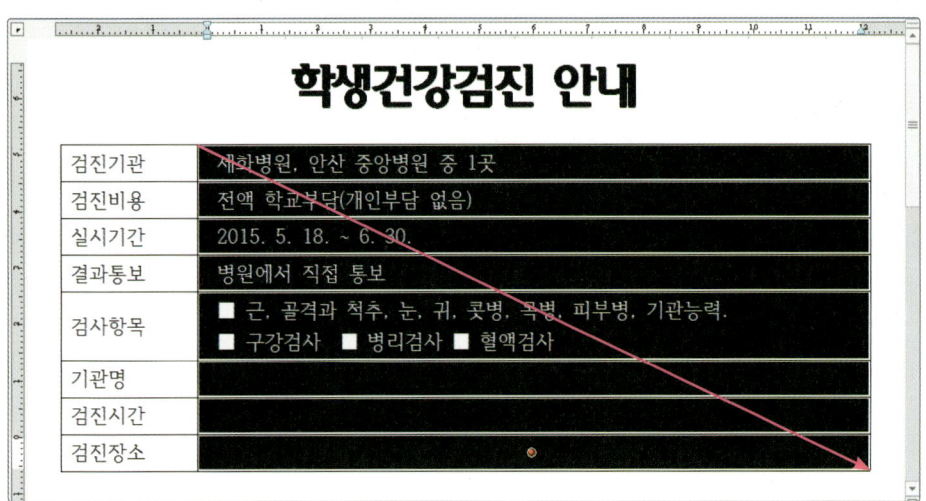

④ 셀을 나누기 위해 다음과 같이 블록 설정한 다음 마우스 오른쪽 단추를 클릭하여 [셀 나누기]를 클릭합니다.

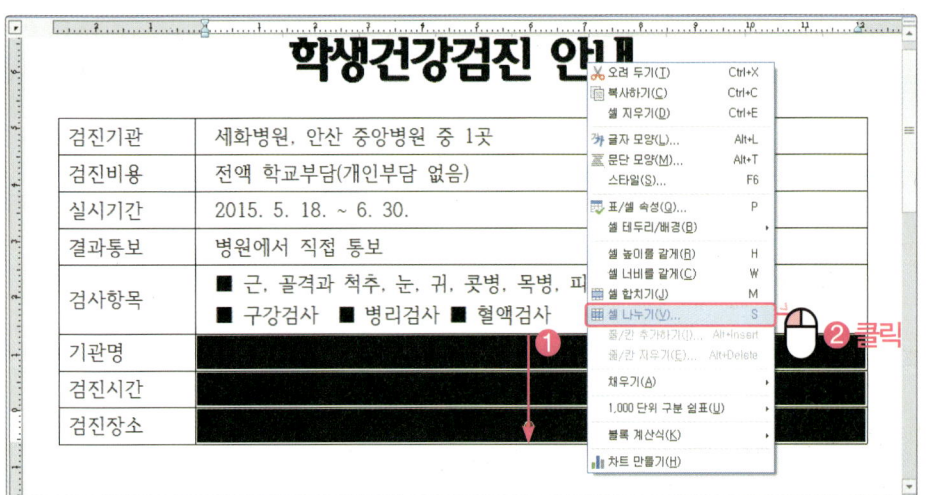

⑤ [셀 나누기] 대화상자에서 칸 수를 선택한 다음 "2"를 입력하고 [나누기]를 클릭합니다.

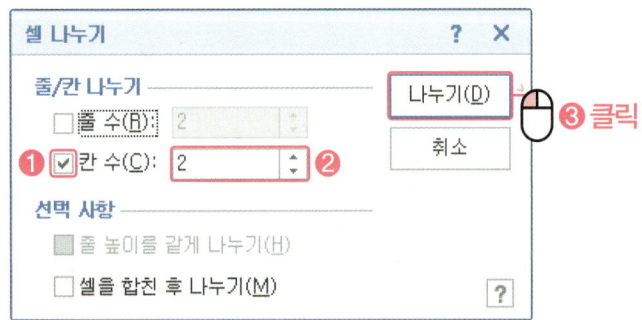

6 나누어진 셀에 내용을 입력합니다. Ctrl 을 누른 상태로 다음과 같이 셀 블록을 설정한 다음 서식 도구 상자에서 ≡(가운데 정렬)을 클릭합니다.

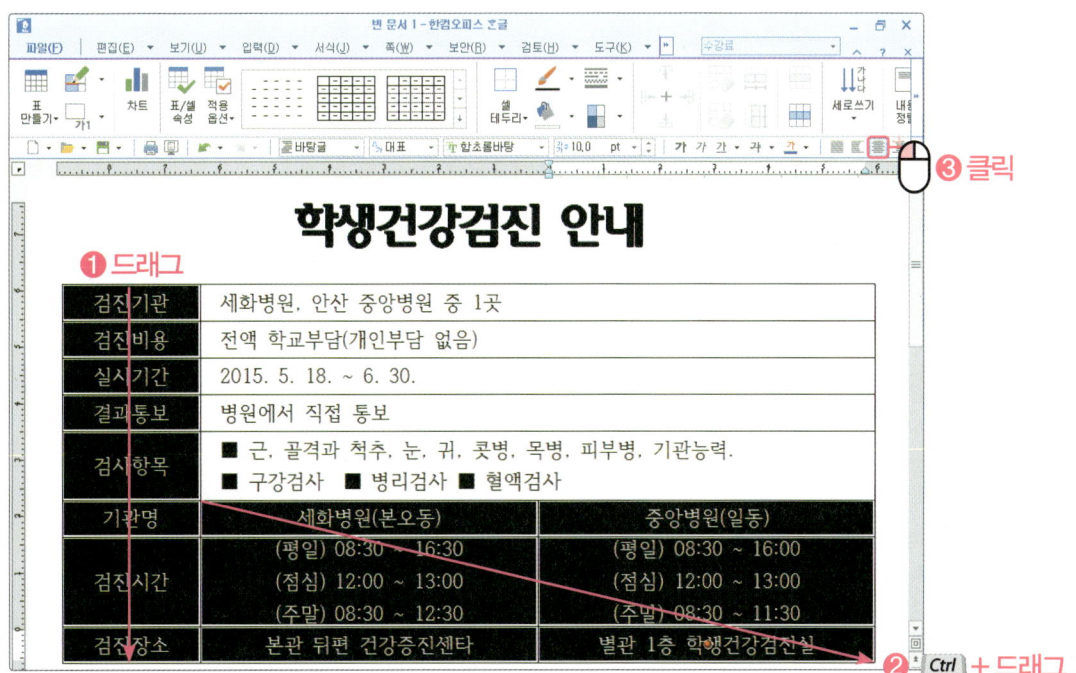

7 셀 전체를 블록 설정한 다음 서식 도구 상자에서 글자 크기를 '11pt'로 설정합니다.

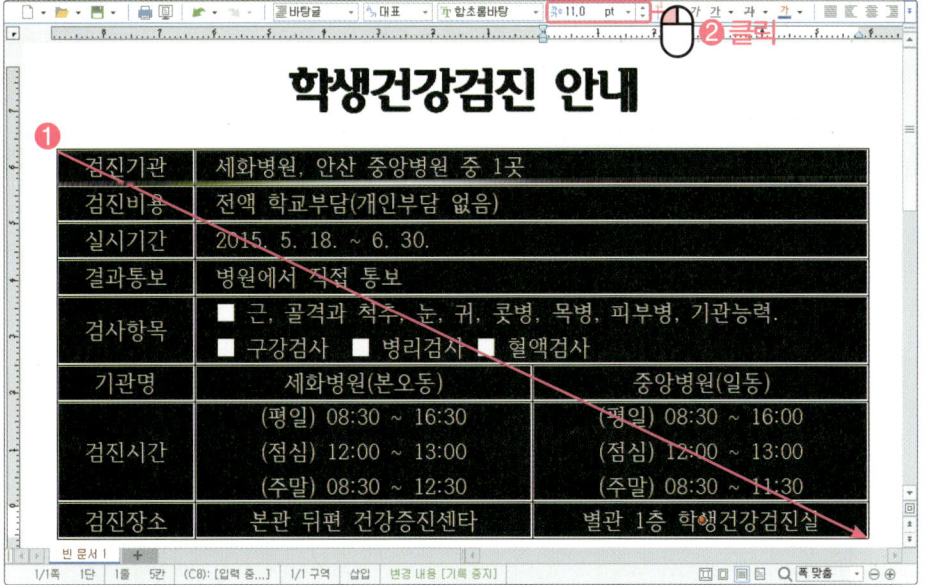

02 표 서식 설정하기

1 첫 번째 칸 전체를 셀 블록을 설정한 다음 [표] 메뉴를 선택한 다음 (셀 배경색)을 클릭하여 원하는 색을 선택합니다.

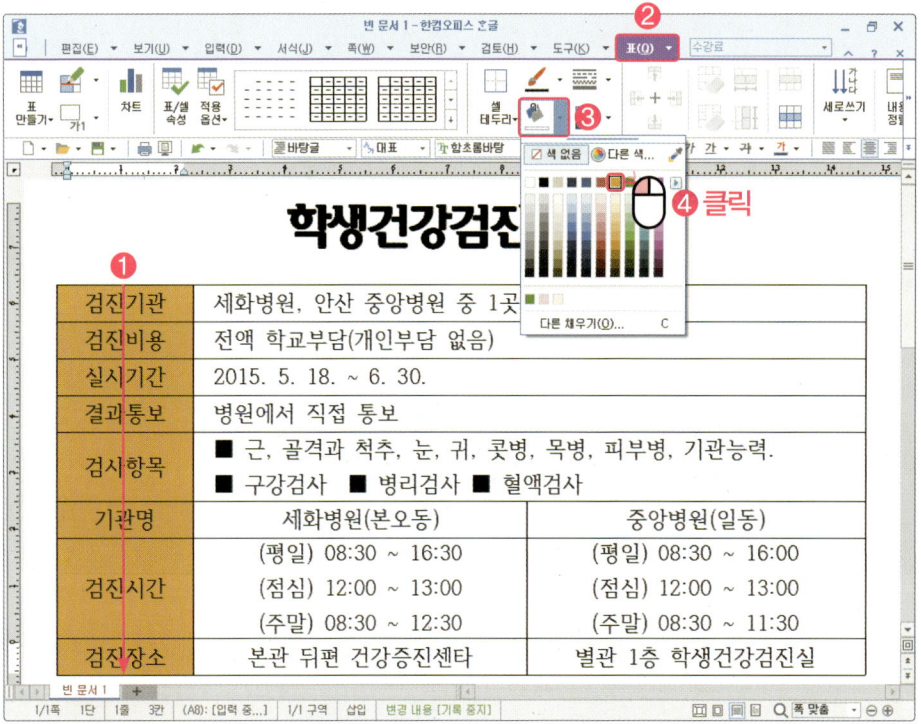

2 블록이 설정된 상태에서 마우스 오른쪽 단추를 클릭하여 [셀 테두리/배경]-[각 셀마다 적용]을 클릭합니다.

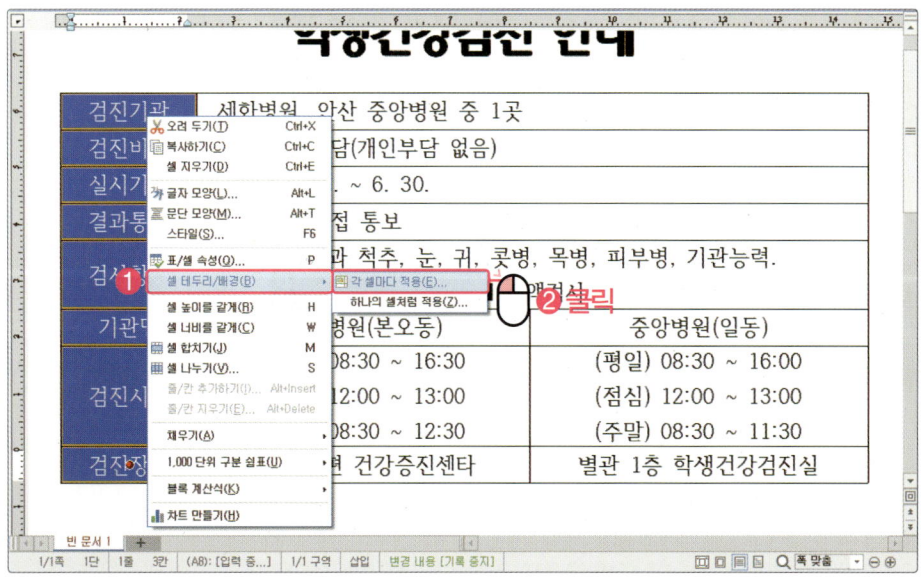

102

③ [셀 테두리/배경] 대화상자의 [테두리] 탭에서 테두리 종류를 '이중 실선'으로 지정하고 ▦(오른쪽)을 선택한 후 [설정]을 클릭합니다.

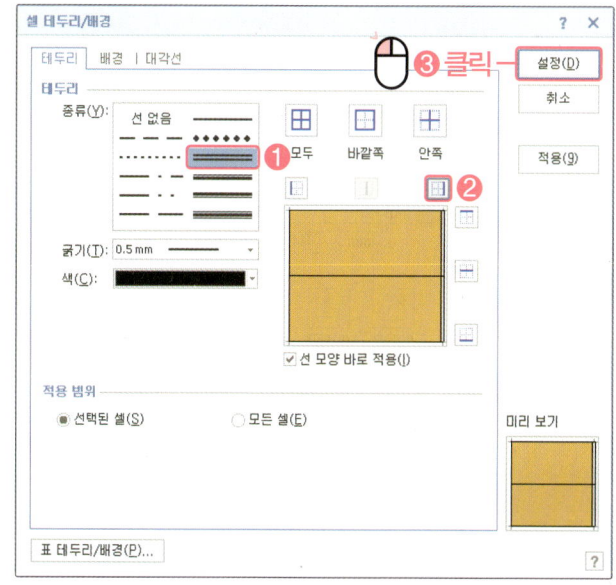

④ 다시 셀 전체를 블록 설정한 다음 마우스 오른쪽 단추를 클릭하여 [셀 테두리/배경]-[각 셀마다 적용]을 클릭합니다.

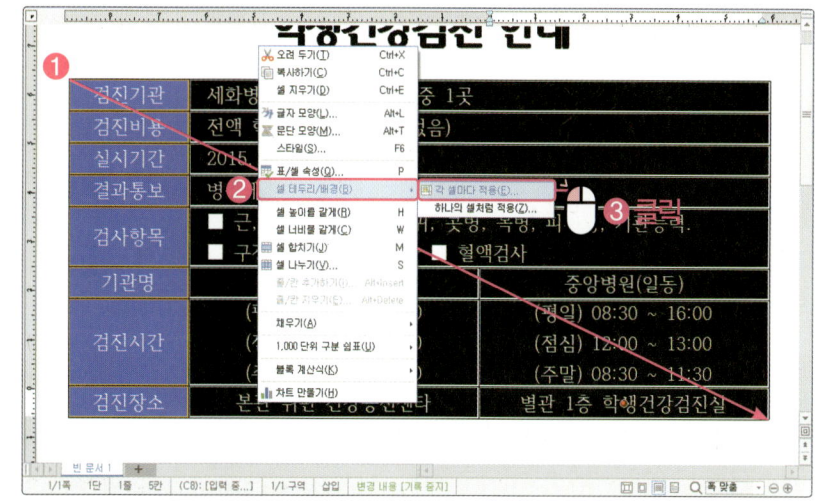

⑤ [셀 테두리/배경] 대화상자의 [테두리] 탭에서 굵기는 '0.4mm'으로 선택한 다음 ▦(바깥쪽)을 클릭한 후 [설정]을 클릭합니다.

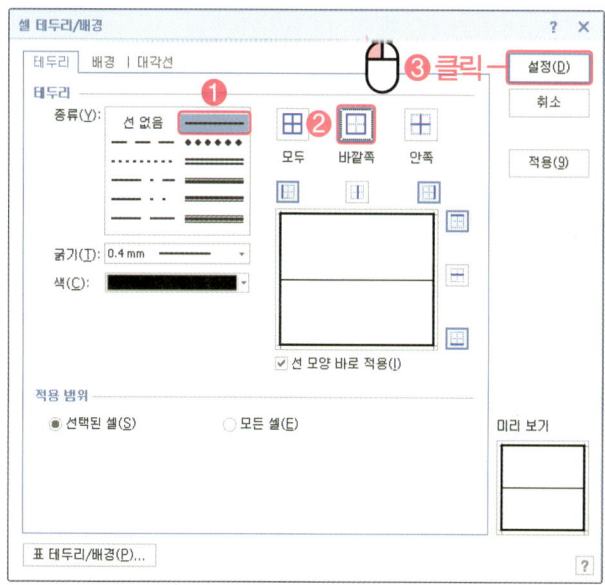

"혼자 풀어 보세요"

1 다음과 같이 표를 만들고 "안전교육 체험관.hwp"로 저장해 보세요.

안전교육 체험관

지역	이름	사이트
서울	광나루 안전체험관	https://safe119.daegu.go.kr
	전쟁기념관 비상대비체험관	https://www.warmemo.or.kr
	서울시민안전체험관	http://safe119.seoul.go.k
대구	대구 시민안전테마파크	https://safe119.daegu.go.kr
부산	스포원파크 재난안전체험관	http://www.spo1.or.kr
충북	충북도민안전체험관	http://safe.cb119.net
전북	전북 119안전체험관	http://safe119.sobang.kr
강원	365세이프타운	http://www.365safetown.com

2 다음과 같이 표를 만들고 "체육영재교육.hwp"로 저장해 보세요.

한국체육대학교 체육영재교육

- 운영기간 : 2015. 07. 01. ~ 2016. 01. 31.
- 운영요일 : 수요일, 토요일

▶ 수요일

시간	프로그램내용	지도자	훈련 / 교육 장소
16시~18시	고학년 전문실기 훈련 프로그램	한국체육대학교 전문실기 지도교수	실내트랙, 수영장, 체조장

▶ 토요일

시간	프로그램내용	지도자	훈련 / 교육 장소
09시~12시	전문실기 훈련 (육상, 수영, 체조)	한국체육대학교 전문실기 지도교수	대운동장, 수영장, 체조장
12시~13시	점심시간	-	-
13시~14시	코디네이션 프로그램, 글로벌리더 양성교육	관련교육 전문가	멀티어학실습실, 다목적실습실

"혼자 풀어 보세요"

3 여름학교 시간표를 만들어 보세요.

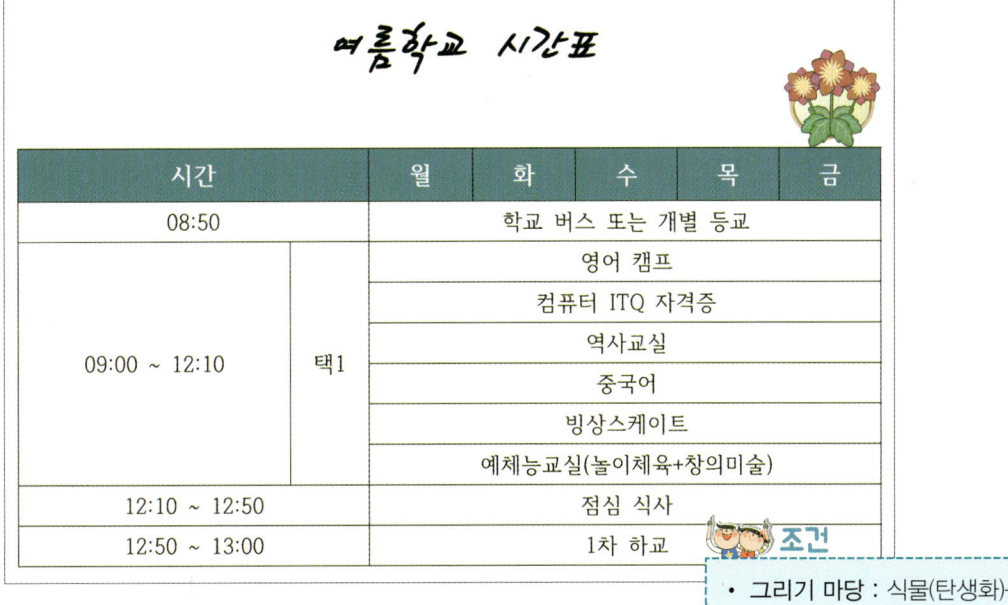

시간		월	화	수	목	금
08:50		학교 버스 또는 개별 등교				
09:00 ~ 12:10	택1	영어 캠프				
		컴퓨터 ITQ 자격증				
		역사교실				
		중국어				
		빙상스케이트				
		예체능교실(놀이체육+창의미술)				
12:10 ~ 12:50		점심 식사				
12:50 ~ 13:00		1차 하교				

조건
• 그리기 마당 : 식물(탄생화)-달리아

4 표와 그림 삽입을 이용하여 용돈 기입장을 만들어 보세요.

용돈 기입장

날짜	사용내역	수입	지출	잔액
06월 01일	6월 용돈	20,000		20,000
06월 05일	다빈이 생일 선물		5,000	15,000
	PC 방(1시간)		1,000	14,000

삽입 그림
• 판다.jpg

차트로 데이터 한눈에 보기

숫자로 입력된 자료의 변화를 시각적으로 표현하여 한 눈에 알아보기 쉽게 차트를 삽입하고, 차트의 서식을 설정하여 문서를 멋있게 꾸밀 수 있습니다.

➡➡ 차트를 삽입할 수 있습니다.
➡➡ 삽입한 차트의 서식을 변경할 수 있습니다.

배울 내용 미리보기

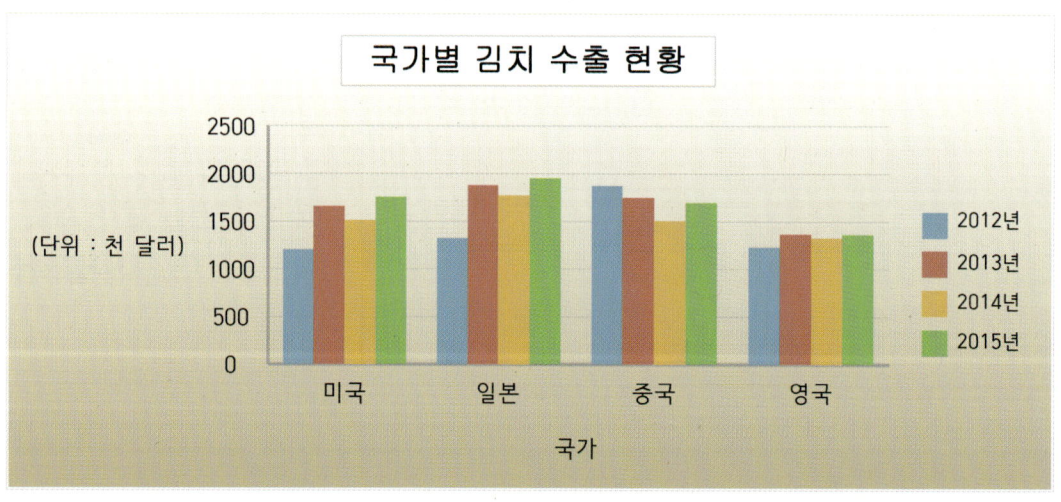

김치 수출액 현황

국가	2012년	2013년	2014년	2015년
미국	1,204	1,654	1,509	1,757
일본	1,325	1,875	1,769	1,954
중국	1,876	1,745	1,503	1,697
영국	1,230	1,365	1,326	1,365

▲ 파일명 : 김치 수출액 현황.hwp

01 차트 삽입하기

1 다음과 같이 표를 삽입한 다음 셀 전체를 블록 설정합니다.

국가	2012년	2013년	2014년	2015년
미국	1,204	1,654	1,509	1,757
일본	1,325	1,875	1,769	1,954
중국	1,876	1,745	1,503	1,697
영국	1,230	1,365	1,326	1,365

김치 수출액 현황

2 차트를 삽입하기 위해 [입력]-[개체]-[차트]를 클릭합니다.

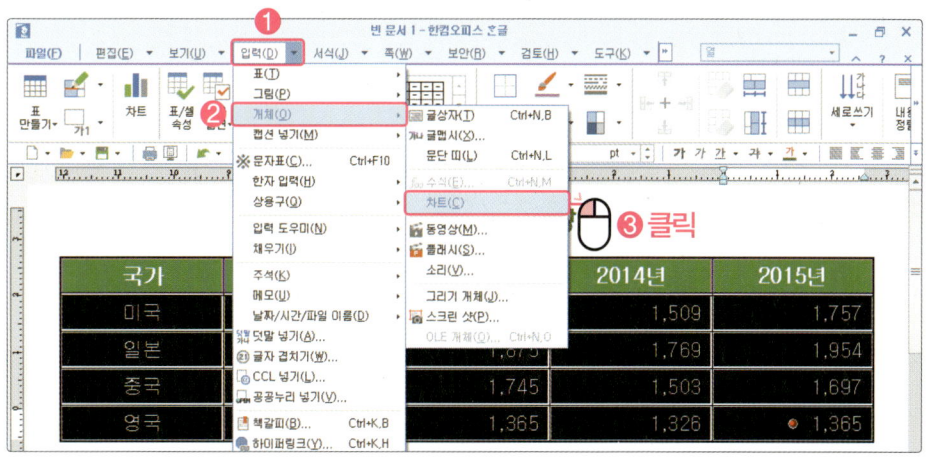

3 삽입된 차트를 더블 클릭하여 편집 상태로 만든 다음 차트 영역에서 마우스 오른쪽 단추를 클릭하여 차트 마법사를 클릭합니다.

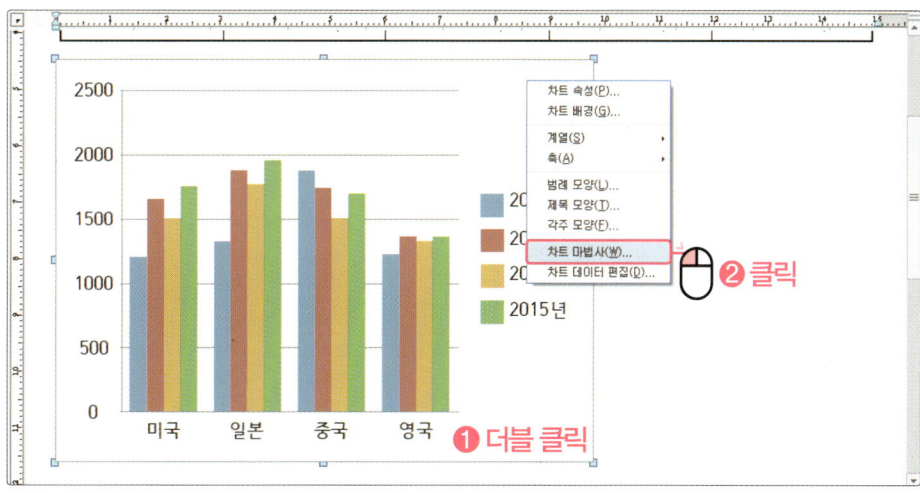

4 [차트 마법사 1단계] 대화상자에서 '세로 막대형' 차트의 세 번째 차트 모양을 선택한 후 [다음]을 클릭합니다.

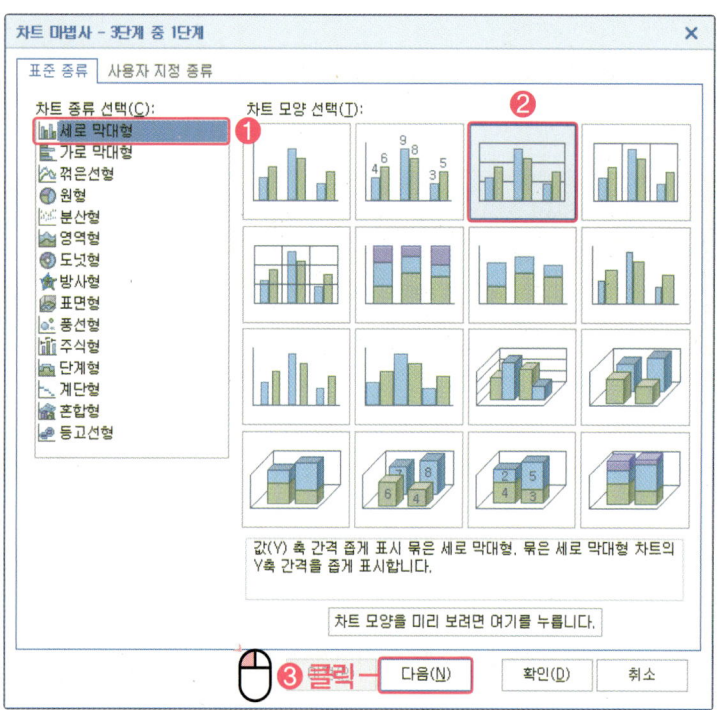

5 [차트 마법사 2단계] 대화상자에서 방향을 '열'로 선택한 후 [다음]을 클릭합니다.

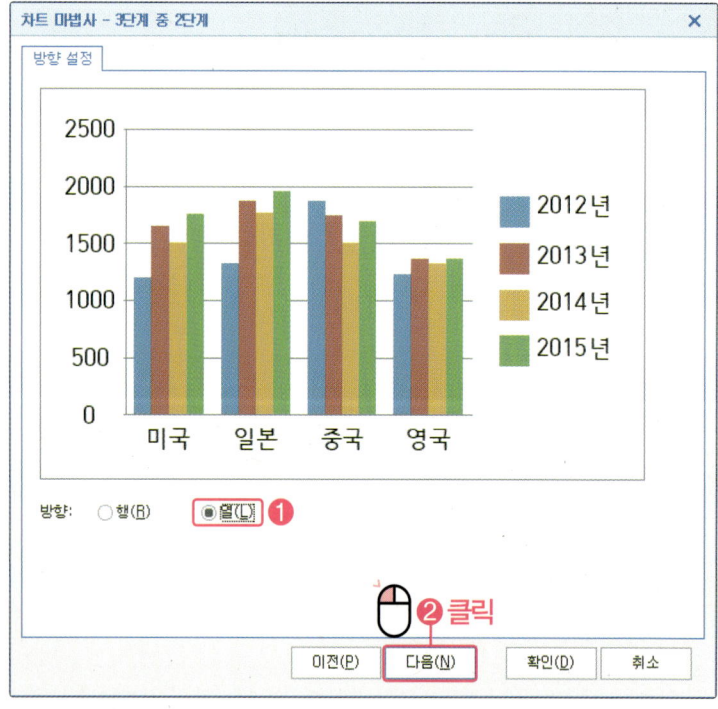

6 [차트 마법사 마지막] 대화상자에서 차트 제목과 X(항목) 축, Y(값) 축 제목을 입력하고 [확인]을 클릭합니다.

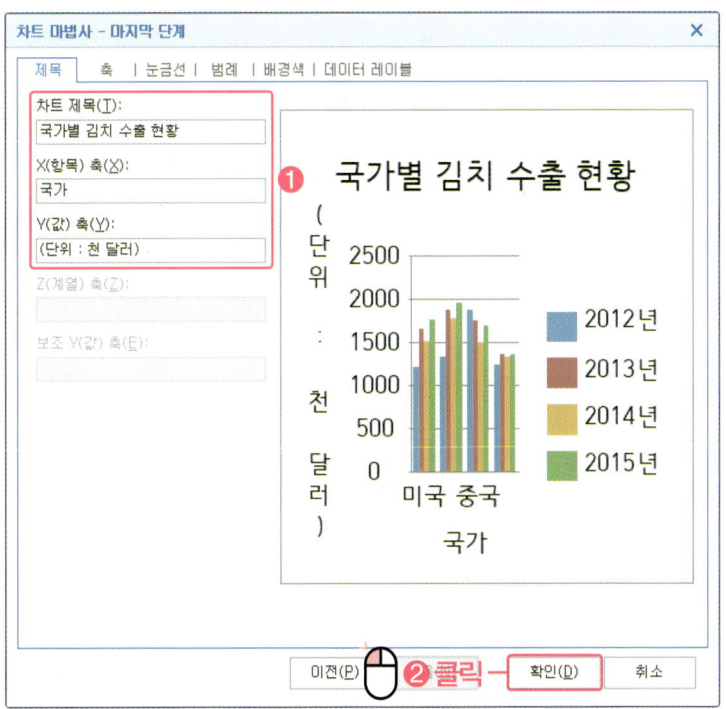

7 차트 테두리의 조절점을 드래그하여 차트의 크기를 적당히 조절합니다.

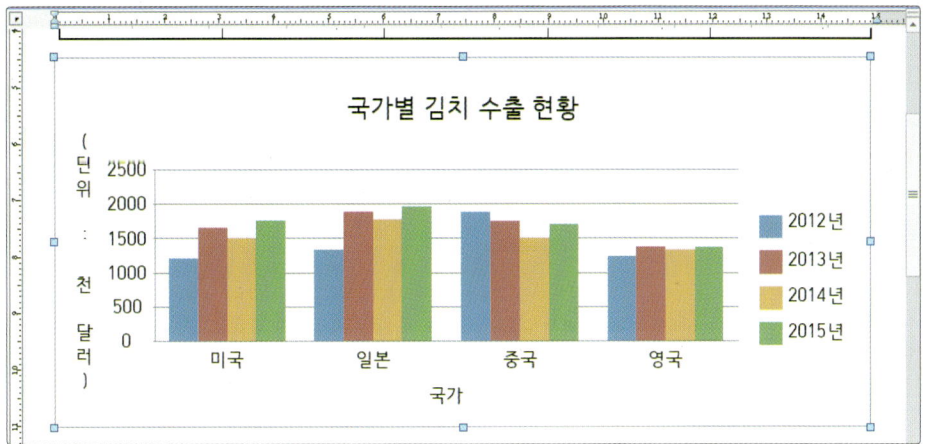

02 차트 서식 설정하기

1 차트를 더블 클릭하여 수정 상태로 변경한 다음 차트 제목에서 마우스 오른쪽 단추를 클릭하여 [제목 모양]을 클릭합니다.

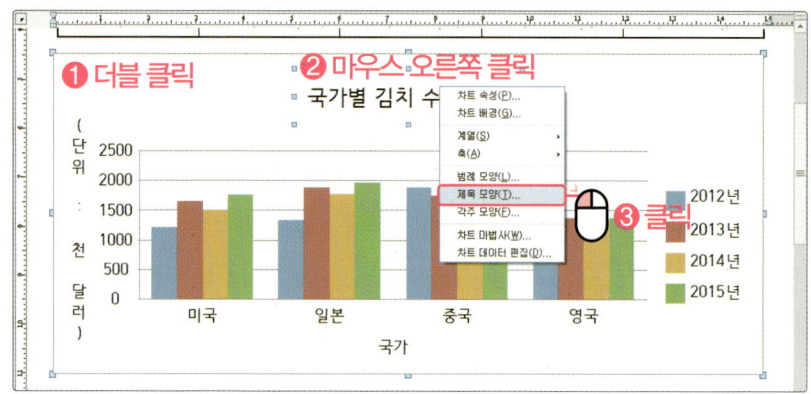

2 [제목 모양] 대화상자의 [배경] 탭에서 '색'을 선택한 다음 면 색은 '흰색'으로 설정한 다음 선 모양 종류를 '두 줄로'로 선택합니다.

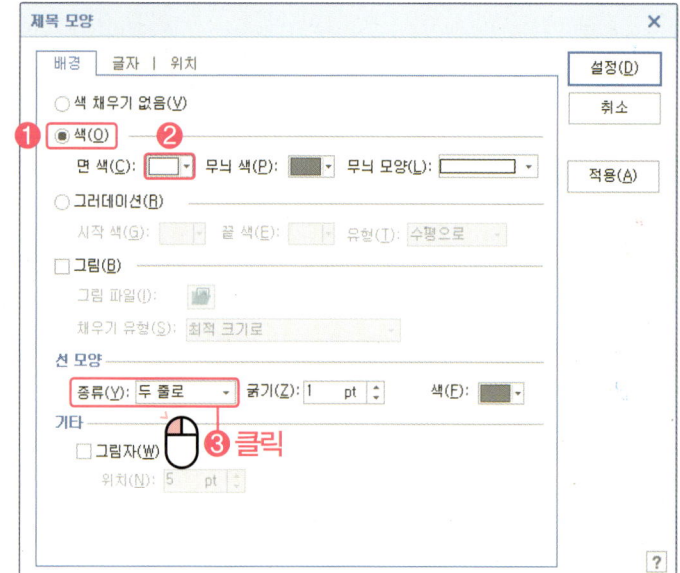

3 [글자] 탭에서 글꼴은 '새굴림', 크기는 '13pt'로 지정하고 [설정]을 클릭합니다.

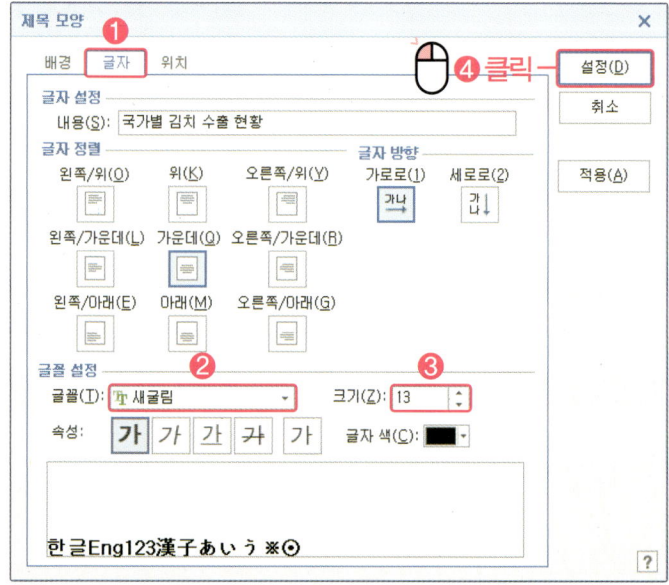

④ 이번에는 값 축 제목에서 마우스 오른쪽 단추를 클릭하여 [축]-[제목]을 선택합니다.

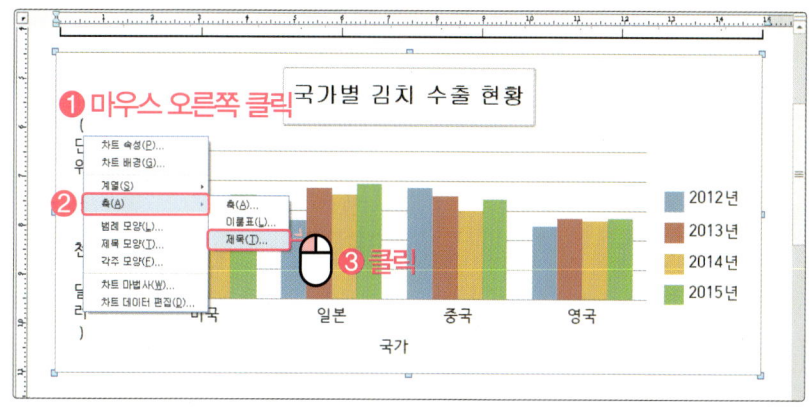

⑤ [축 선택] 대화상자에서 '세로 값 축'을 선택한 후 [선택]을 클릭합니다.

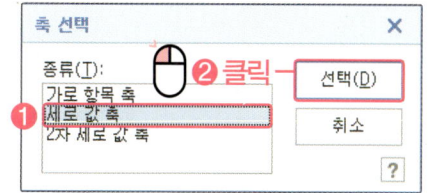

⑥ [축 제목 모양] 대화상자의 [글자] 탭에서 글자 방향을 '가로로'를 선택한 다음 [설정]을 클릭합니다.

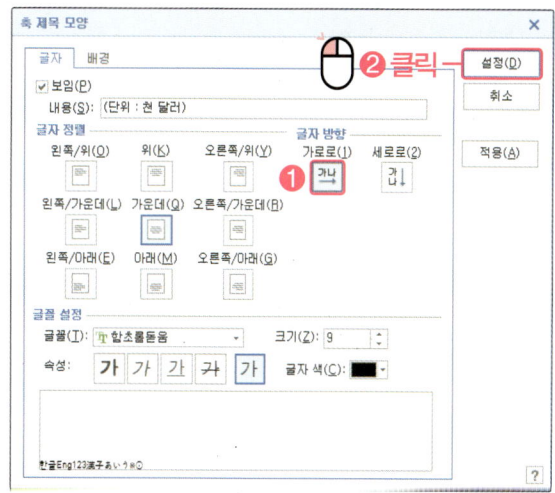

⑦ 차트 영역에서 마우스 오른쪽 단추를 클릭하여 [차트 배경]을 클릭합니다. [차트 배경] 대화상자의 [배경] 탭에서 '그러데이션'을 선택한 후 시작 색과 끝 색, 유형을 지정하고 [설정]을 클릭합니다.

"혼자 풀어 보세요"

1 다음과 같이 표를 작성한 후 차트를 삽입하고 "과목통계.hwp"로 저장해 보세요.

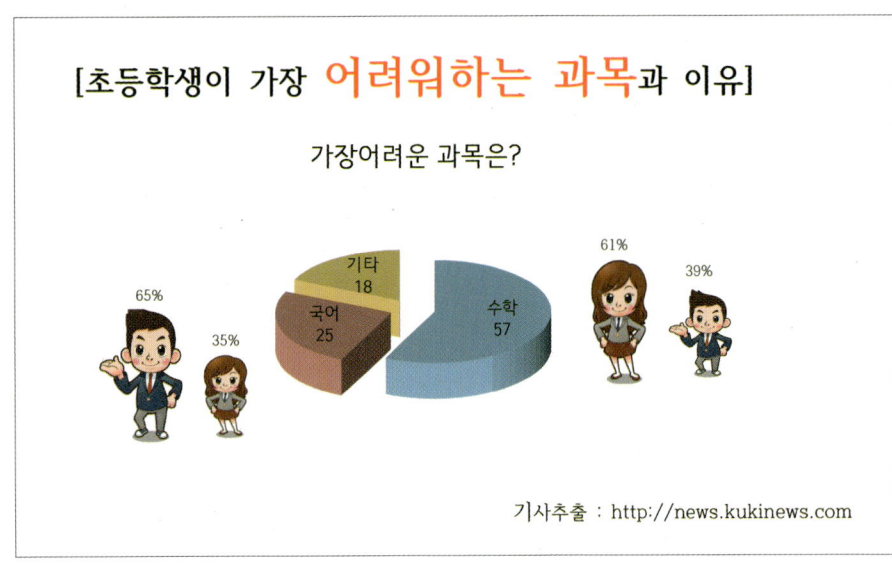

삽입 그림
- 남학생.jpg
- 여학생.jpg

2 그림과 차트 기능을 이용하여 다음과 같이 문서를 작성하고 "방과후 현황.hwp"로 저장해 보세요.

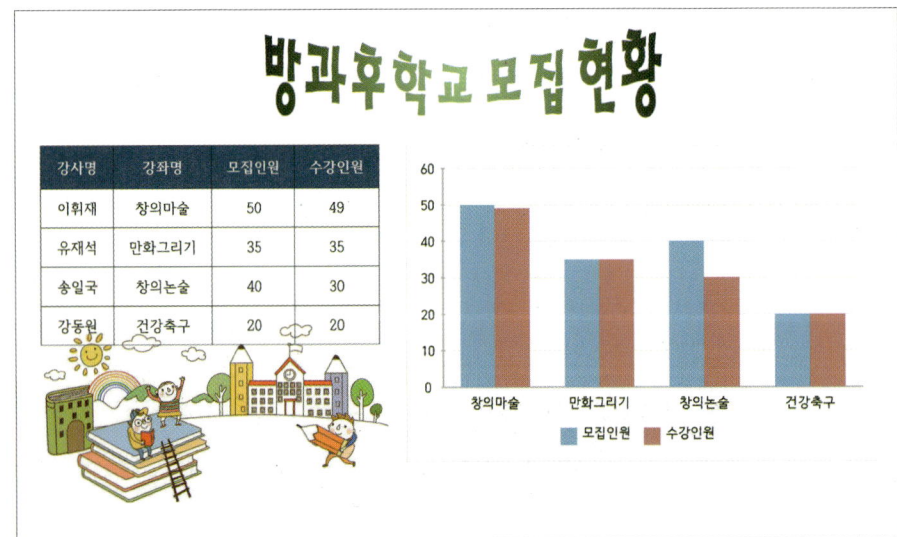

삽입 그림
- 배경.jpg

"혼자 풀어 보세요"

3 타자 속도 현황표를 만들고 "타자속도현황.hwp"로 저장해 보세요.

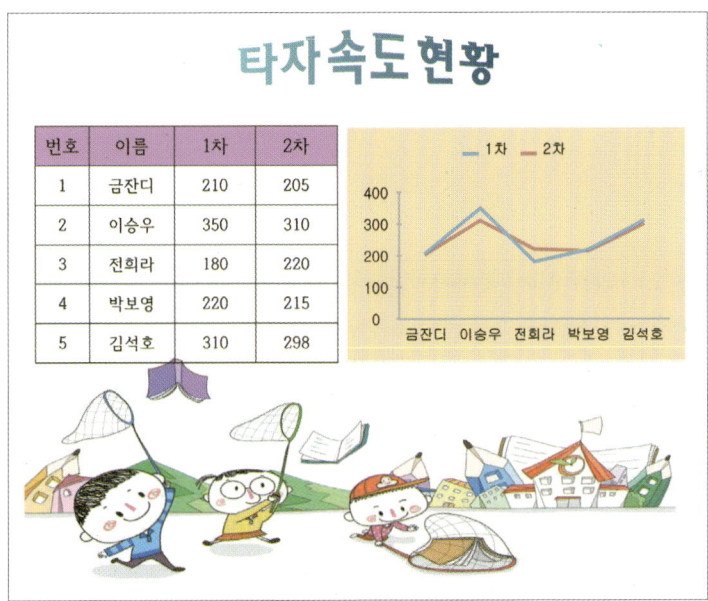

 삽입 그림
- 이미지.jpg

4 그림과 차트를 만들어 다음과 같이 문서를 작성하고 "초등학교통계.hwp"로 저장해 보세요.

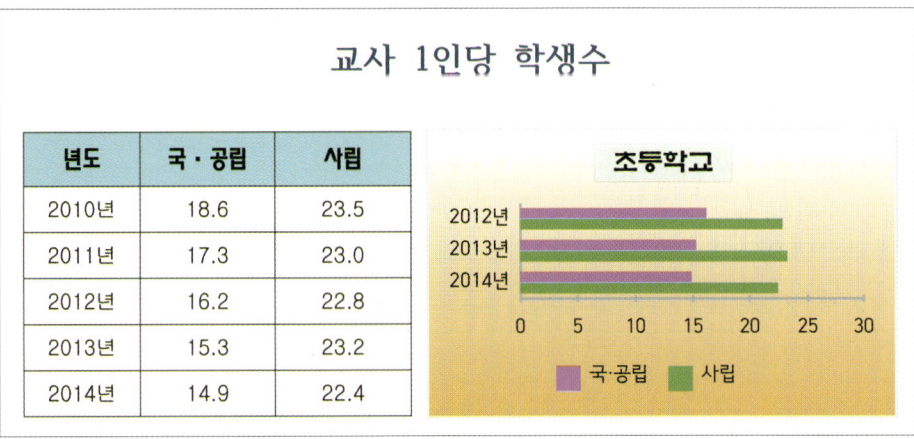

16 다단과 수식 입력하기

다단은 신문이나 잡지와 같이 한 페이지를 하나 이상의 단으로 나누어 보다 많은 내용을 한눈에 볼 수 있으며, 수식 기능으로 복잡한 수식을 손쉽게 작성할 수 있습니다.

➡➡ 페이지를 2단으로 나눌 수 있습니다.
➡➡ 수식을 입력하는 방법에 대해 알 수 있습니다.

배울 내용 미리보기

수학	2015 학년도 제 1학기 수학 평가
	학년 반 이름

● 아래 문제를 푸시오.

1. $5 \div \dfrac{1}{11} =$

2. $4\dfrac{2}{5} \div 1\dfrac{2}{9} =$

3. $\dfrac{7}{5} \div \dfrac{1}{5} =$

4. $\dfrac{16}{10} \div \dfrac{4}{10} =$

5. $\dfrac{1}{4} \div \dfrac{1}{12} =$

6. $\dfrac{7}{18} \times \dfrac{9}{14} =$

7. $\dfrac{1}{3} \times \dfrac{6}{7} \times \dfrac{14}{19} =$

9. $\dfrac{4}{5} \times \dfrac{10}{11} \times \dfrac{11}{8} =$

▲ 파일명 : 수학문제.hwp

01 다단 설정하기

1 F7 을 눌러 용지 종류를 'B5(46배판) [182 × 257 mm]'로 설정하고, [쪽]-[다단 설정]을 클릭합니다. [단 설정] 대화상자에서 다음과 같이 속성을 지정한 후 [설정]을 클릭합니다.

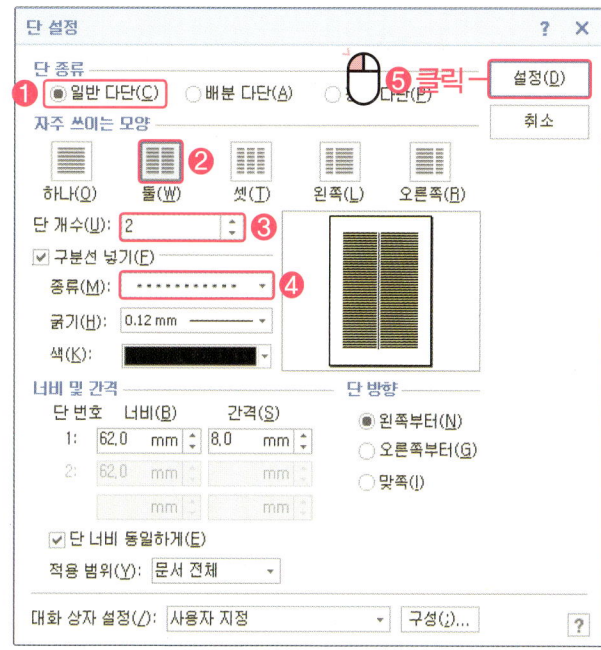

2 다음과 같이 표를 작성한 후 표 테두리에서 마우스 오른쪽 단추를 클릭하여 [개체 속성]을 선택합니다.

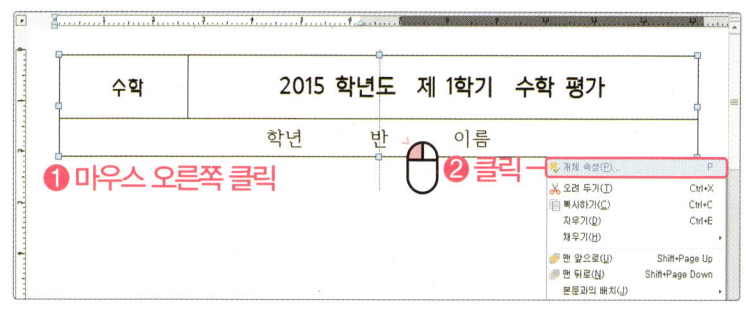

3 [표/셀 속성] 대화상자의 [기본] 탭에서 본문과의 배치를 '자리 차지'로 선택한 후 [설정]을 클릭합니다.

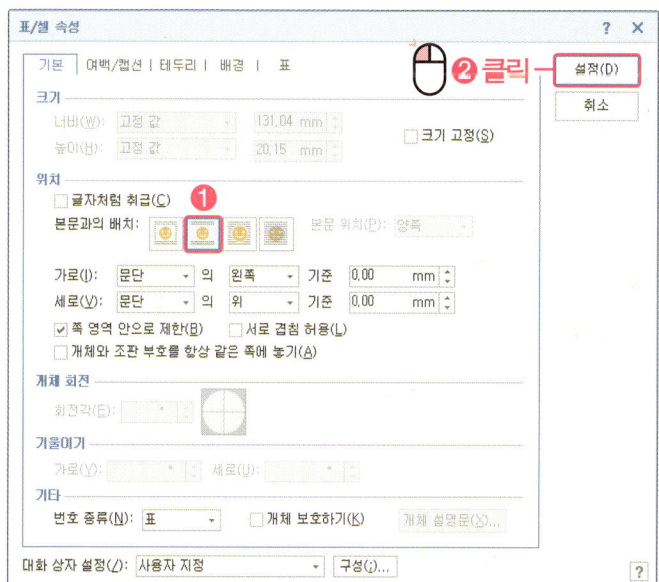

02 수식 입력하기

1 다음과 같이 내용을 입력합니다.

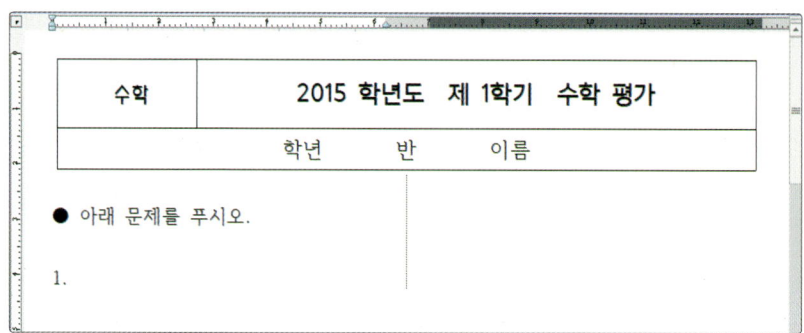

2 [입력]-[개체]-[수식]을 입력합니다. [수식 편집기] 대화상자에서 "5"를 입력하고 ± ▼(연산, 논리 기호)를 클릭하여 "÷"를 선택합니다.

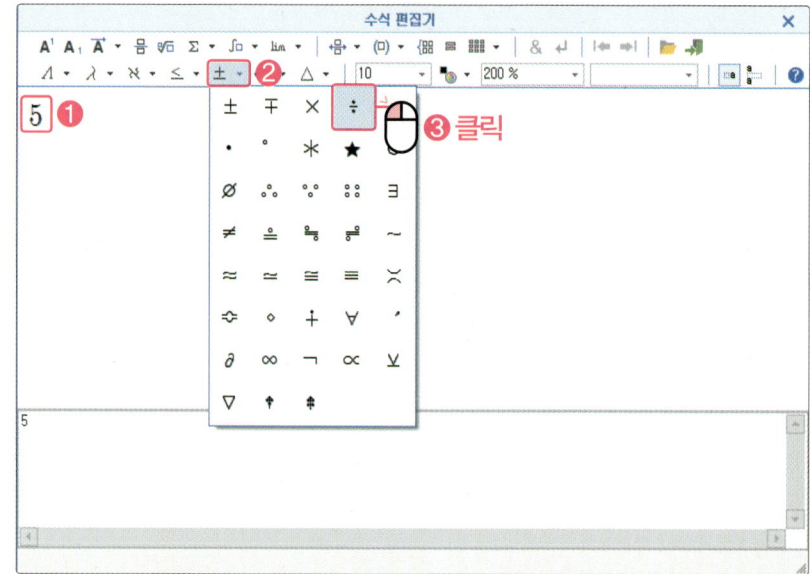

3 믐(분수)를 클릭한 다음 "1"을 입력합니다.

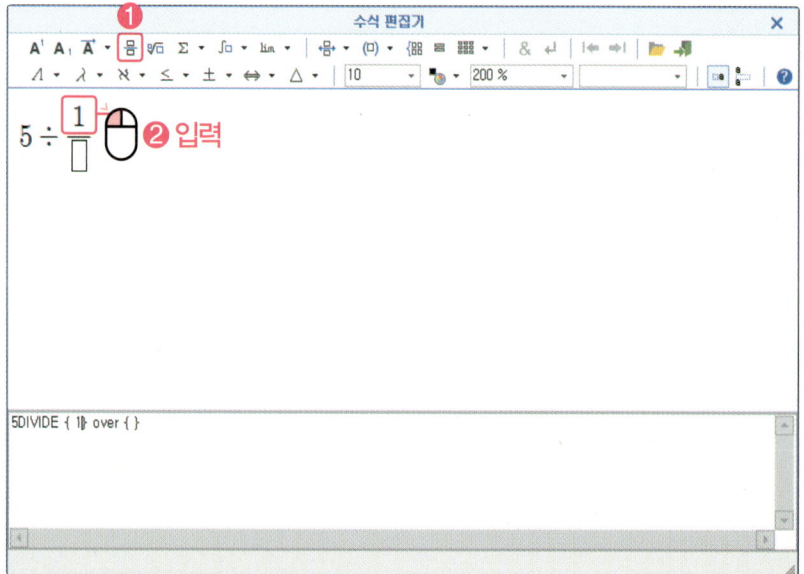

④ Tab 을 눌러 커서를 이동 시킨 다음 "11"을 입력합니다.

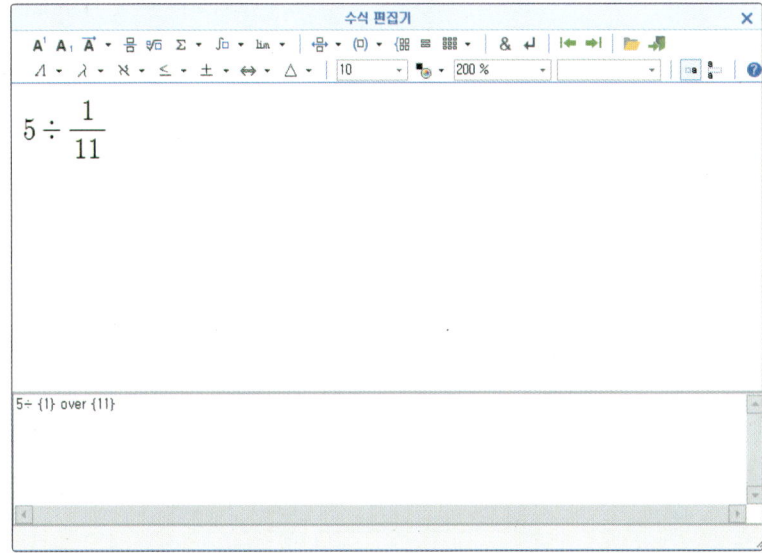

⑤ Tab 을 눌러 커서를 이동 시킨 다음 "="을 입력하고 (넣기)를 클릭합니다.

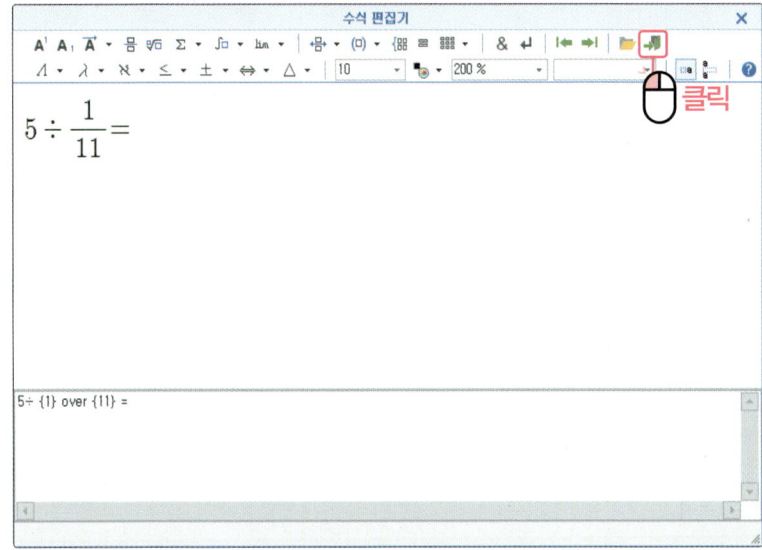

⑥ 같은 방법으로 다음과 같이 수식을 입력합니다.

"혼자 풀어 보세요"

1 다음과 같이 그리기 도구와 그림을 이용하여 가족 신문을 만들고 "여행 신문.hwp"로 저장해 보세요.

 **삽입 그림**

- 기차.jpg, 나.jpg, 엄마.jpg, 아빠.jpg 사진1.jpg~사진3.jpg, 음식.jpg

"혼자 풀어 보세요"

2 다음과 같이 다단을 이용하여 맛있는 레시피 문서를 만들어 보세요.

국물 떡볶이 만들기

◐ **필수재료**
 ▸ 떡볶이떡 2컵(320g)
 ▸ 사각어묵(1장), 대파(약간)

◐ **양념장**
 ▸ 고운 고춧가루 1.2
 ▸ 간장 2T
 ▸ 고추장 2T
 ▸ 올리고당 3T

◐ **조리 순서**
 1) 그릇에 고운 고춧가루, 간장, 고추장, 올리고당을 섞어줍니다.
 2) 떡은 물에 데쳐 찬물에 헹궈주세요.(말랑할 정도로)
 3) 어묵은 길쭉하게 썰고, 대파는 송송 썰어주세요.
 4) 냄비에 물(2컵 정도)에 양념장을 풀어주세요.
 5) 냄비에 떡을 넣고 중간 불로 끓여주세요.
 6) 국물이 약간 걸쭉해지면 어묵과 대파를 넣고 조금 더 끓여 마무리합니다.

떡 꼬치 만들기

◐ **필수재료**
 ▸ 떡볶이떡 16개(250g)
 ▸ 달걀 1개, 빵가루 2컵, 검은깨 약간, 식용류 5컵, 꼬치 4개

◐ **소스 양념**
 칠리소스 2T
 고추장 1T
 물엿 1T

◐ **조리 순서**
 1) 그릇에 양념 재료를 넣고 골고루 썩으세요
 2) 그릇에 달걀을 넣고 잘 풀어서 달걀 물을 만드세요.
 3) 꼬치에 떡볶이 떡을 4개씩 꽂으세요.
 4) 꼬치에 꽂은 떡볶이에 디갈물을 묻히고 빵가루를 꾹꾹 눌러가며 골고루 묻히세요.
 5) 냄비에 식용류를 넣고 온도를 160℃로 올려 떡꼬치를 넣고 노릇하게 튀기세요.
 6) 튀긴 떡꼬치를 치킨타월에 올려 기름기를 제거한 후에 앞뒤로 양념을 바르고 검은깨를 뿌리면 맛있는 떡꼬치가 완성됩니다.

▲ 파일명 : 맛있는레시피.hwp

삽입 그림
• 오리.png

17 편지지 디자인하기

바탕쪽 기능을 이용하여 문서 전체 쪽에 공통으로 적용되는 페이지 모양은 설정할 수 있습니다. 또한 쪽 테두리 / 배경으로 문서의 배경 색과 테두리를 설정할 수 있습니다.

- 문서에 배경을 설정하는 방법에 대해 알 수 있습니다.
- 바탕쪽 설정하는 방법에 대해 알 수 있습니다.

배울 내용 미리보기

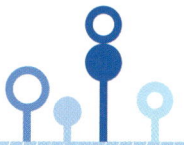

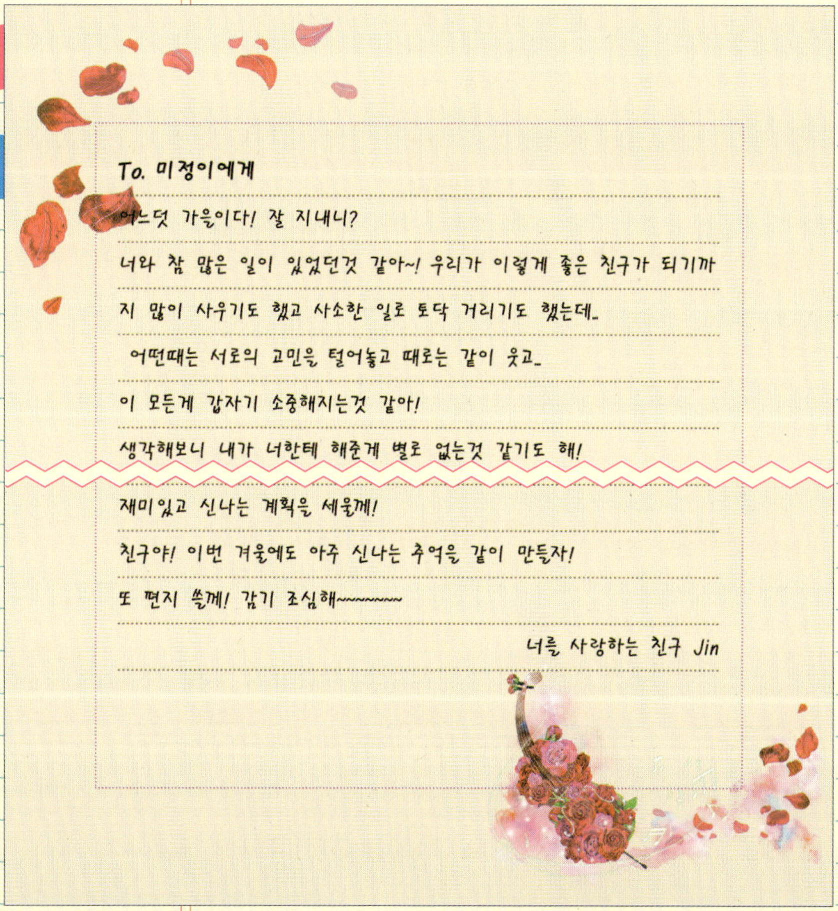

▲ 파일명 : 예쁜 편지지.hwp

01 쪽 테두리 / 배경 설정하기

1 F7 을 눌러 편집 용지 종류를 'B5(46배판 [182 × 257mm]'로 지정하고 [설정]을 클릭합니다.

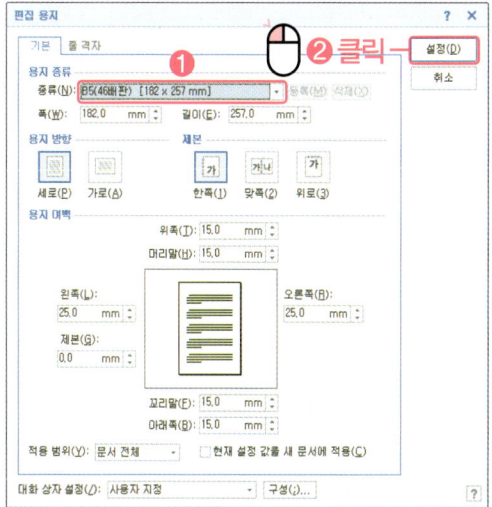

2 [쪽]-[쪽 테두리/배경]을 클릭합니다. [쪽 테두리/배경] 대화상자의 [테두리] 탭에서 테두리 종류와 색을 지정하고 (모두) 단추를 클릭합니다.

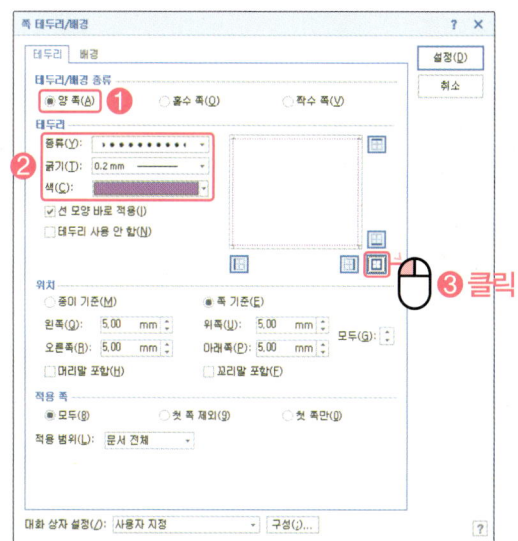

3 [배경] 탭에서 채우기의 '색'을 선택하고 면 색 목록 단추(▼)를 클릭하여 원하는 색을 지정하고 [설정]을 클릭합니다.

02 바탕쪽 설정하기

1 [쪽]-[바탕쪽]을 클릭합니다. [바탕쪽] 대화상자에서 종류를 '양 쪽'으로 선택하고 [만들기]를 클릭합니다.

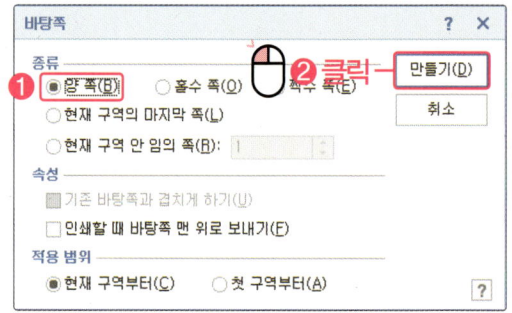

2 [입력]-[그림]-[그림]을 클릭합니다. [그림 넣기] 대화상자에서 '꽃-1.png'를 선택하고 '문서에 포함'을 클릭한 후 [넣기]를 선택합니다.

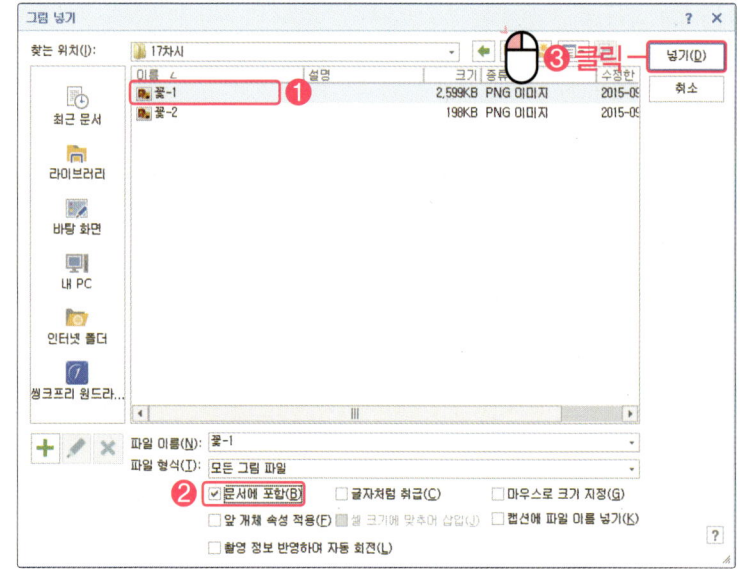

3 삽입한 그림을 더블 클릭합니다. [개체 속성] 대화상자에서 위치의 가로와 세로를 각각 '종이'로 선택하고 [설정]을 클릭합니다.

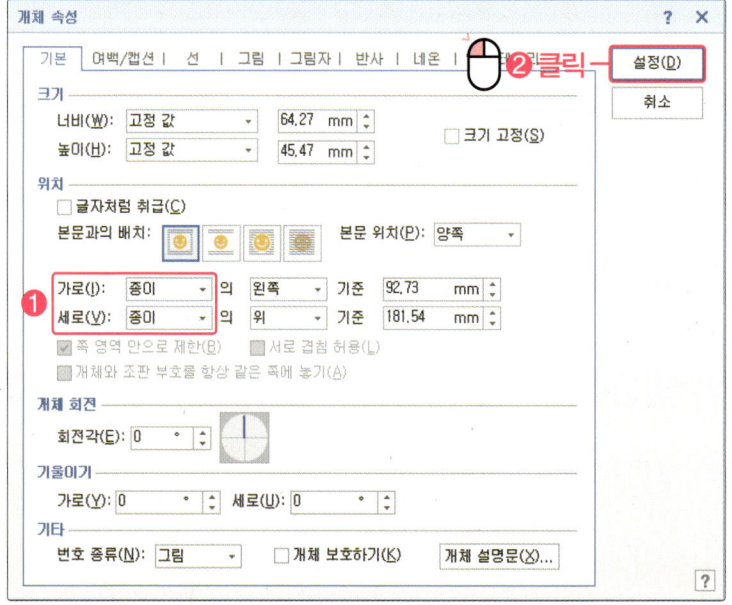

④ 같은 방법으로 [입력]-[그림]-[그림]을 클릭합니다. [그림 넣기] 대화상자에서 '꽃-2.png'를 선택하고 '문서에 포함'을 클릭한 후 [넣기]를 선택합니다.

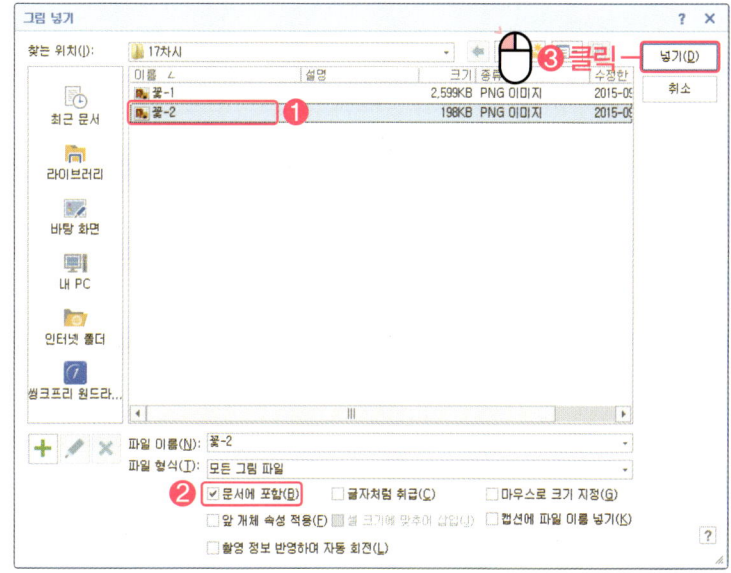

⑤ 삽입한 그림을 더블 클릭합니다. [개체 속성] 대화상자에서 위치의 가로와 세로를 각각 '종이'로 선택하고 개체 회전각을 "180"으로 지정한 다음 [설정]을 클릭합니다.

⑥ Shift + Esc 또는 메뉴 표시줄에 [바탕쪽] 메뉴의 ❌(닫기)를 클릭합니다.

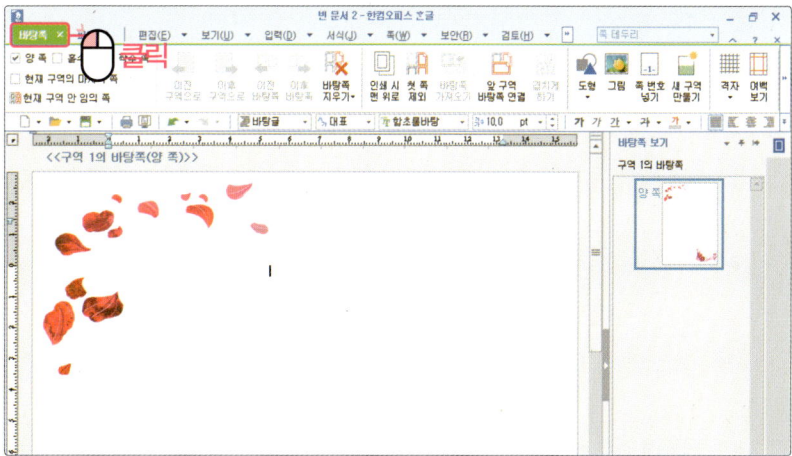

123

03 문단 테두리로 줄 표시하기

1. [서식]-[문단 모양]을 클릭합니다. [문단 모양] 대화상자의 [기본] 탭에서 문단 위 간격은 '7pt'로 지정합니다.

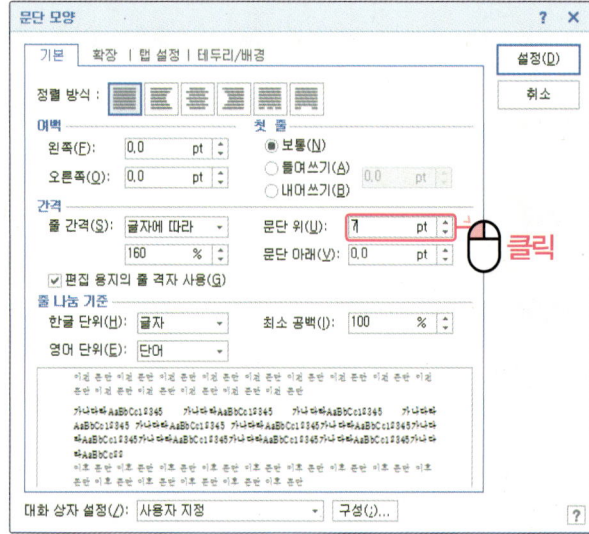

2. [테두리/배경] 탭에서 테두리 종류와 색을 지정하고 ▦(아래) 단추를 클릭하고 [설정]을 클릭합니다.

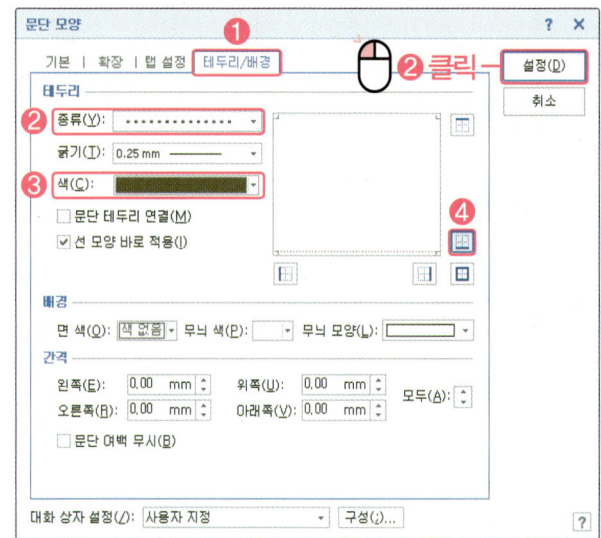

3. 다음과 같이 글꼴을 지정하고 친구에 편지를 작성한 후 "예쁜 편지.hwp"로 저장해 보세요.

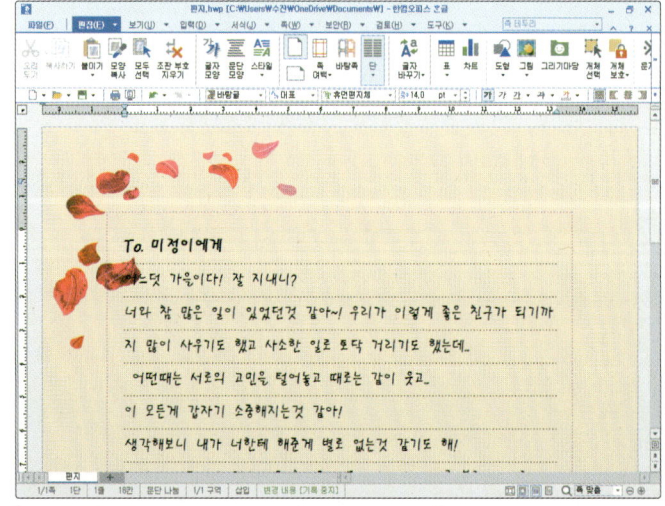

"혼자 풀어 보세요"

1 그림과 다단을 이용하여 다음과 같이 엽서를 만들어 보세요.

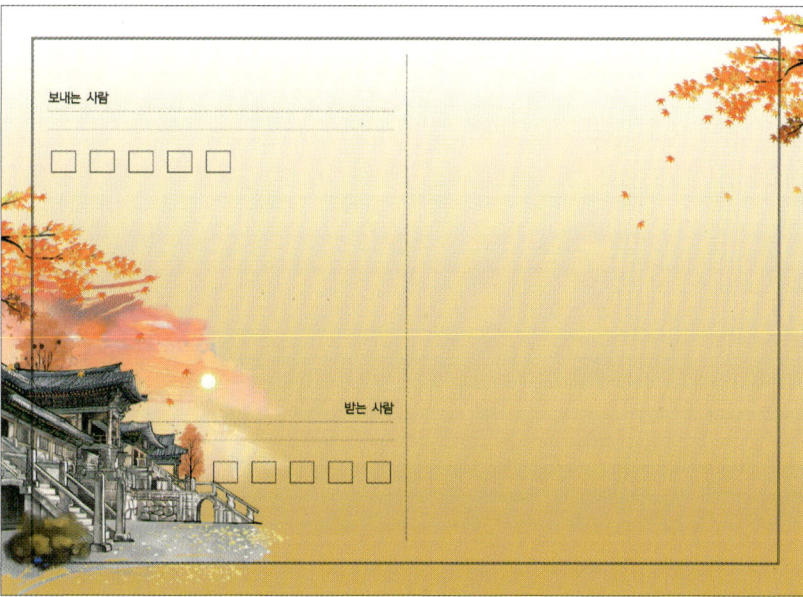

삽입 그림
- 엽서그림-1.png, 엽서그림-2.png

◀ 파일명 : 엽서.hwp

2 그리기 도구와 글맵시를 이용하여 추석 엽서를 만들어보세요.

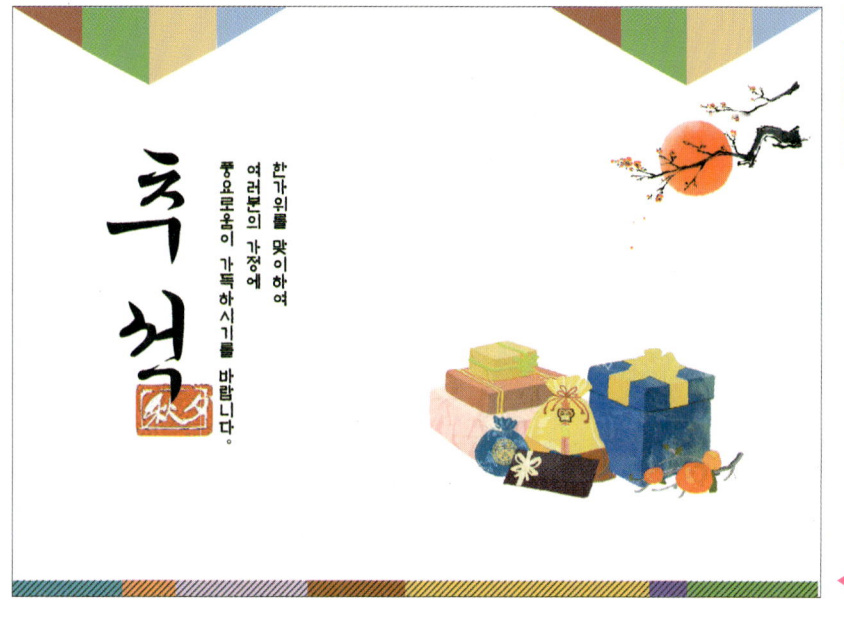

삽입 그림
- 추석그림-1.png ~추석그림-2.png, 도장.jpg

◀ 파일명 : 추석카드.hwp

"혼자 풀어 보세요"

3 쪽 테두리/배경과 바탕쪽을 이용하여 편지지를 만들어 인쇄해 보세요.

▲ 파일명 : 가을편지지.hwp

 삽입 그림
- 자전거.png, 하늘.png

"혼자 풀어 보세요"

4 그리기 도구과 문단 테두리을 이용하여 다이어트 일기 문서를 만들어 보세요.

다이어트 일기

날짜 :

나의 목표 체중 :   kg

■ 오늘의 일과

_____
_____
_____

■ 오늘의 운동 및 소모 칼로리

_____
_____
_____

■ 오늘 섭취 음식

아침
_____

점심
_____

저녁
_____

비고
_____

▲ 파일명 : 다이어트 일기.hwp

 **조건**
- 그리기 도구 : 호, 타원 이용

 **삽입 그림**
- 이미지.png

18 동의보감 보고서 만들기

머리글과 바닥글을 이용하여 여러 페이지에 동일한 내용이 들어가는 방법에 대해 알아보고, 본문에 대한 보충 내용을 각주로 삽입하는 방법에 대해 알아봅니다.

- 머리말과 꼬리말을 삽입하는 방법에 대해 알 수 있습니다.
- 각주를 삽입할 수 있습니다.
- 쪽 번호를 표시할 수 있습니다.

배울 내용 미리보기

대한민국 구석구석

서울 허준박물관
유네스코 세계기록유산

◐ 우리 한의학의 상징 [동의보감[1]]

구암 허준은 양천 허씨다. 조선의 양천은 지금의 서울 강서구와 양천구에 해당하는 지역. 강서구의 구암공원 일대는 허준이 태어났고, [동의보감]을 집필했으며, 세상을 떠난 곳으로 알려져 있다. 그래서 지난 2005년 이곳에 허준박물관이 문을 열었다.
허준과 [동의보감]은 자타가 공인하는 우리 한의학의 상징이다. 책과 드라마뿐 아니라 일상생활에서도 끊임없이 마주치게 된다. 그러니 허준과 [동의보감]에 대해 정확하게 아는 것은 꼭 필요한 상식일 뿐 아니라 역사적 지식을 쌓는 일이다. [동의보감]은 400년이 지난 지금도 여전히 유효한 한의학 지식을 담고 있고, 그것이 태어난 시대적 배경을 아는 것은 바로 그 당시의 역사를 아는 일이기 때문이다. 더불어 허준박물관은 당시 우리 한의학이 어떠했고, 왕실과 일반 백성들은 어떤 방식으로 병을 고쳤는지 알 수 있게 도와준다.

◐ 우리 풍토와 체질에 맞는 의학서

임진왜란이 남긴 각종 질병으로 고통 받는 백성을 구하기 위해 선조는 허준에게 새로운 의서의 편찬을 명했다. 그것은 허준이라는 탁월한 의원이자 의학자가 있었기에 가능한 일이었다. 그는 선조가 내

---
[1] 허준 찬, 활자본, 1613, 25권 25책, 보물 제1085-2호, 장서각. 1596년에 허준이 왕명을 받고 편찬을 시작하여 1610년에 완성한 백과사전적 의서

자료출처 : http://korean.visitkorea.or.kr

- 1 -

▲ 파일명 : 동의보감_완성.hwp

머리말과 꼬리말 넣기

1 '동의보감.hwp' 파일을 불러옵니다. [쪽]-[머리말/꼬리말]을 클릭합니다. [머리말/꼬리말] 대화상자에서 '머리말'을 선택하고 [만들기]를 클릭합니다.

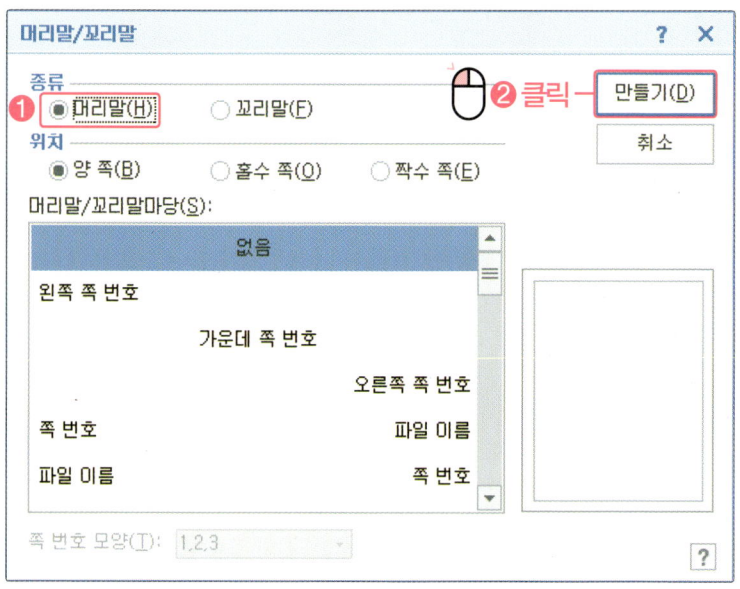

2 "대한민국 구석구석"을 입력하고 블록을 설정한 다음 서식 도구 상자에서 글꼴은 '굴림', 글자 크기는 '10pt', 정렬을 '오른쪽 정렬'을 설정하고 (머리말/꼬리말 닫기)를 클릭합니다.

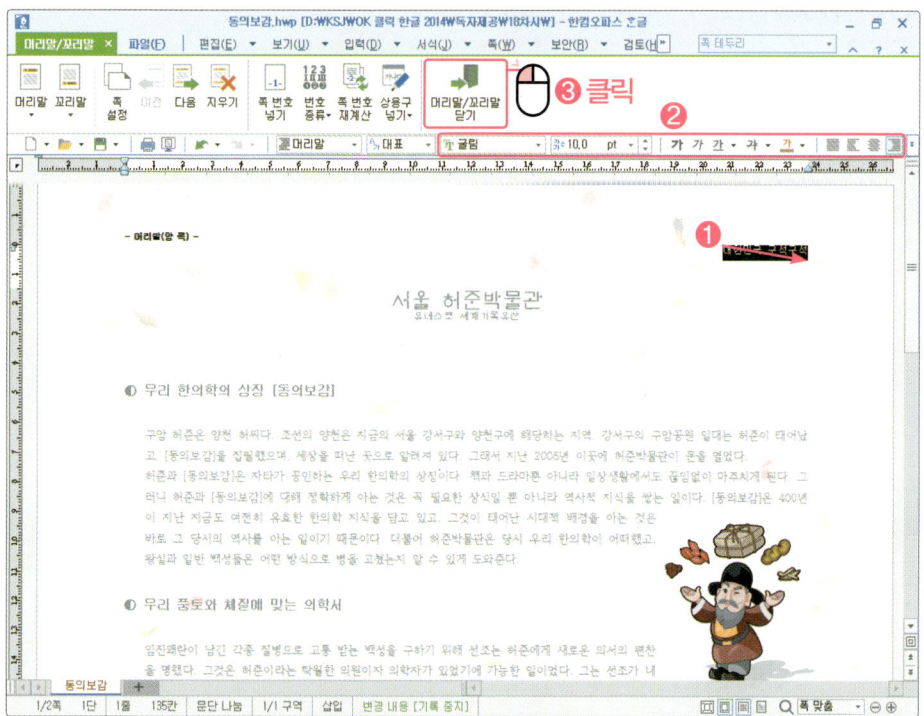

③ 꼬리말을 삽입하기 위해 [쪽]-[머리말/꼬리말]을 클릭합니다. [머리말/꼬리말] 대화상자에서 '꼬리말'을 선택하고 [만들기]를 클릭합니다.

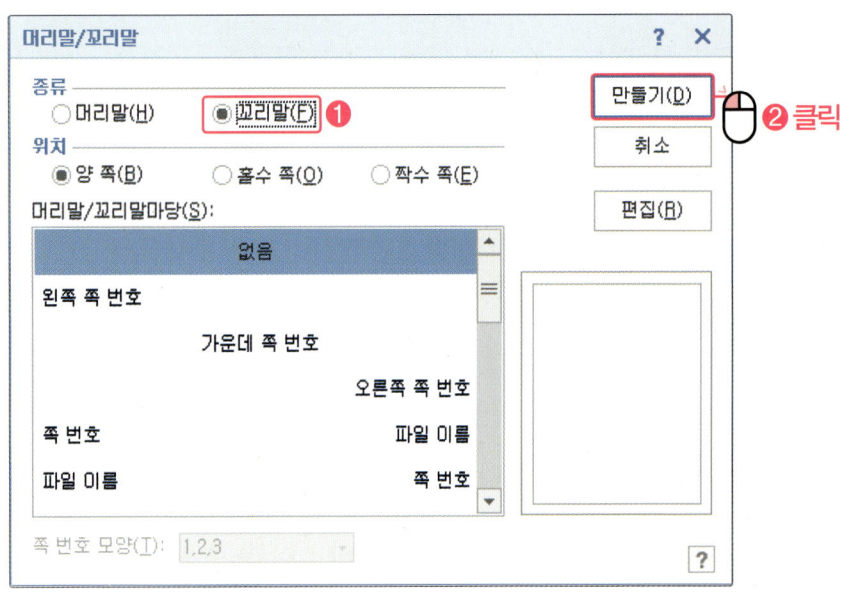

④ "자료출처 : http://korean.visitkorea.or.kr"를 입력하고 블록을 설정한 다음 서식 도구 상자에서 글자 크기를 '10pt'로 설정하고 (머리말/꼬리말 닫기)를 클릭합니다.

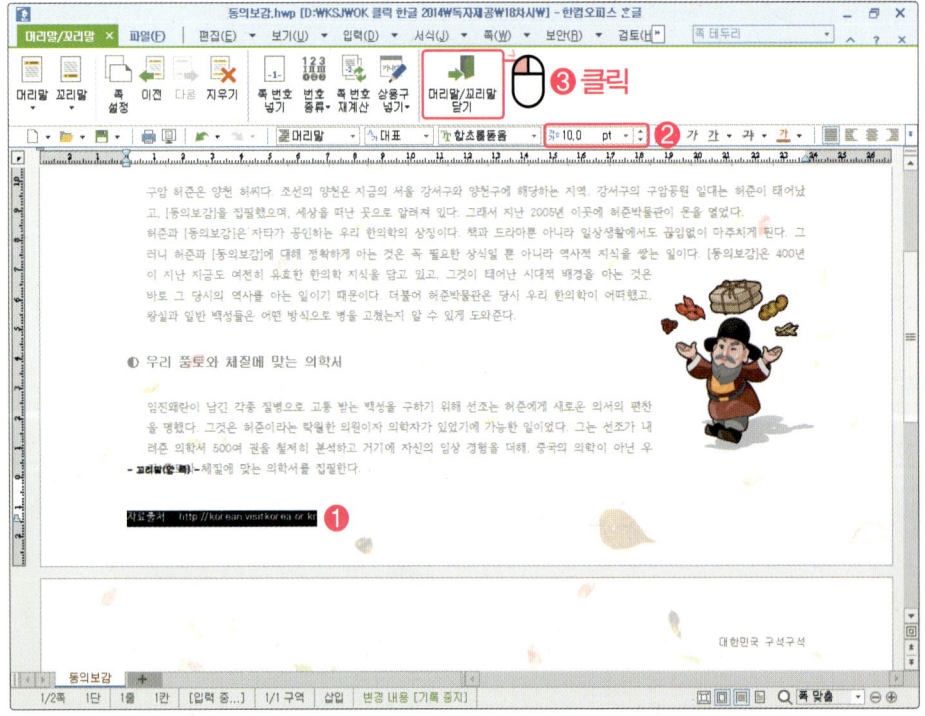

02 각주 삽입하기

1. 각주가 삽입될 '동의보감' 뒤에 커서를 위치시킨 다음 [입력]-[주석]-[각주]를 클릭합니다. 각주 화면에 다음과 같이 각주 내용을 입력합니다.

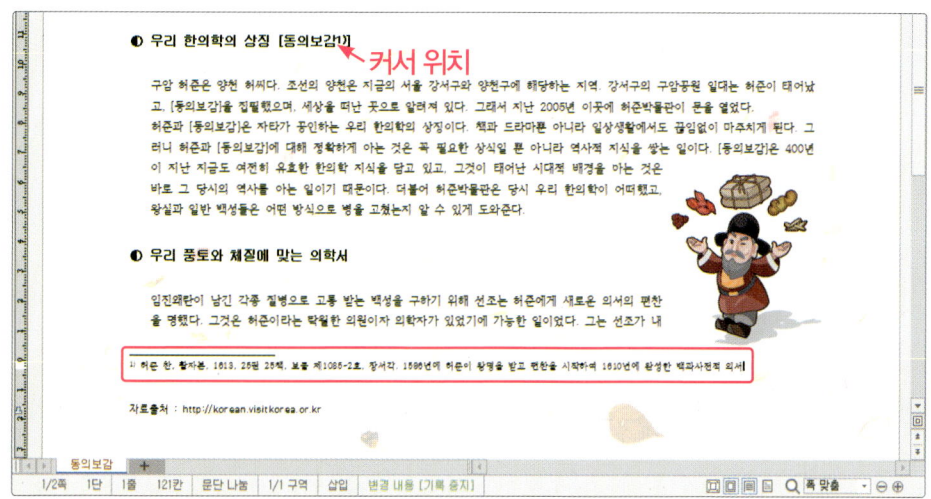

2. [주석] 탭에서 (각주/미주 모양 고치기)를 클릭합니다. [주석 모양] 대화상자에서 번호 모양은 로마 문자로, 뒷 장식 문자는 ")"로, 길이는 '단 너비의 1/3'으로 지정하고 [설정]을 클릭합니다.

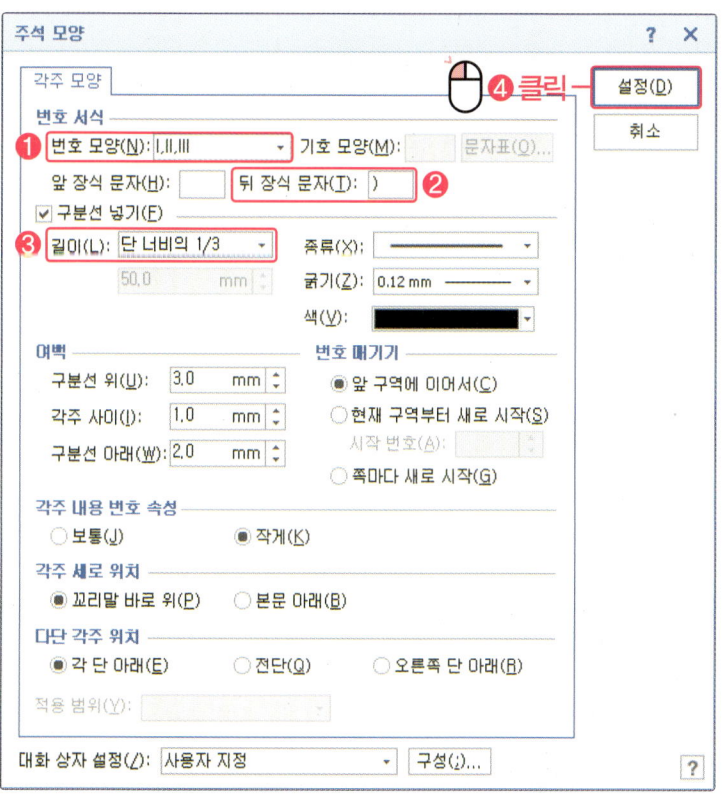

03 쪽 번호 삽입하기

1 [쪽]-[쪽 번호 매기기]를 클릭합니다. [쪽 번호 매기기] 대화상자에서 번호 위치와 번호 모양을 지정하고 [넣기]를 클릭합니다.

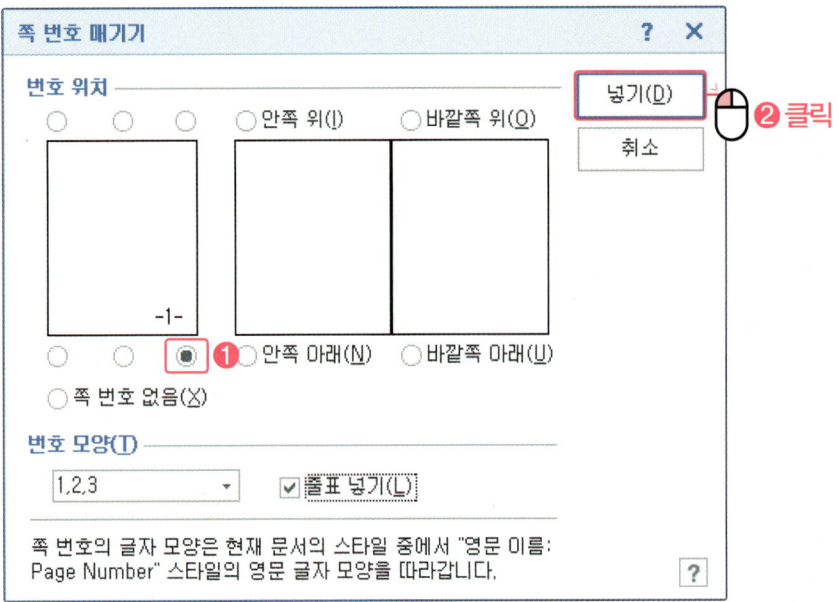

2 다음과 같이 쪽 번호가 삽입된 것을 확인할 수 있습니다.

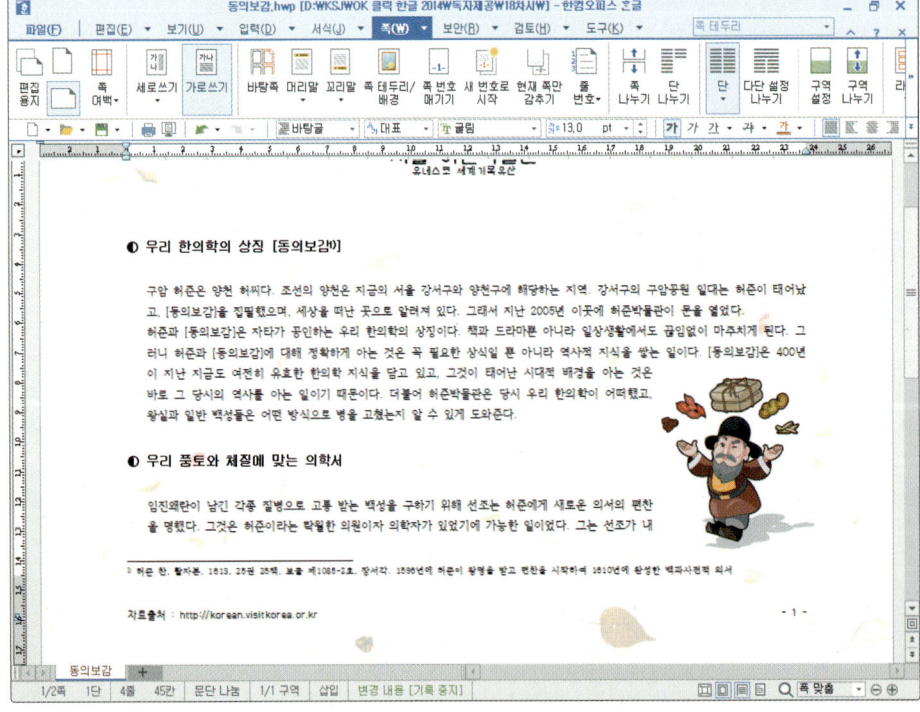

③ [파일]-[미리 보기]를 클릭합니다. [미리 보기] 탭에서 ▦(쪽 보기)-[여러 쪽]-[2줄×1칸]을 클릭합니다.

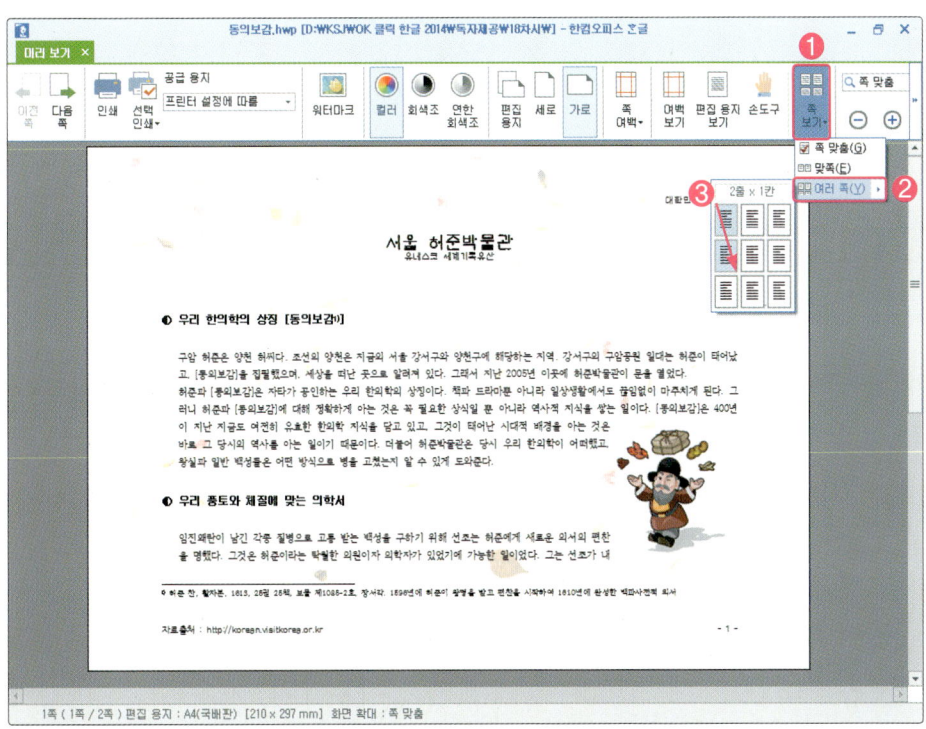

④ 다음과 같이 머리말과 꼬리말, 각주와 페이지 번호가 삽입된 것을 확인할 수 있습니다.

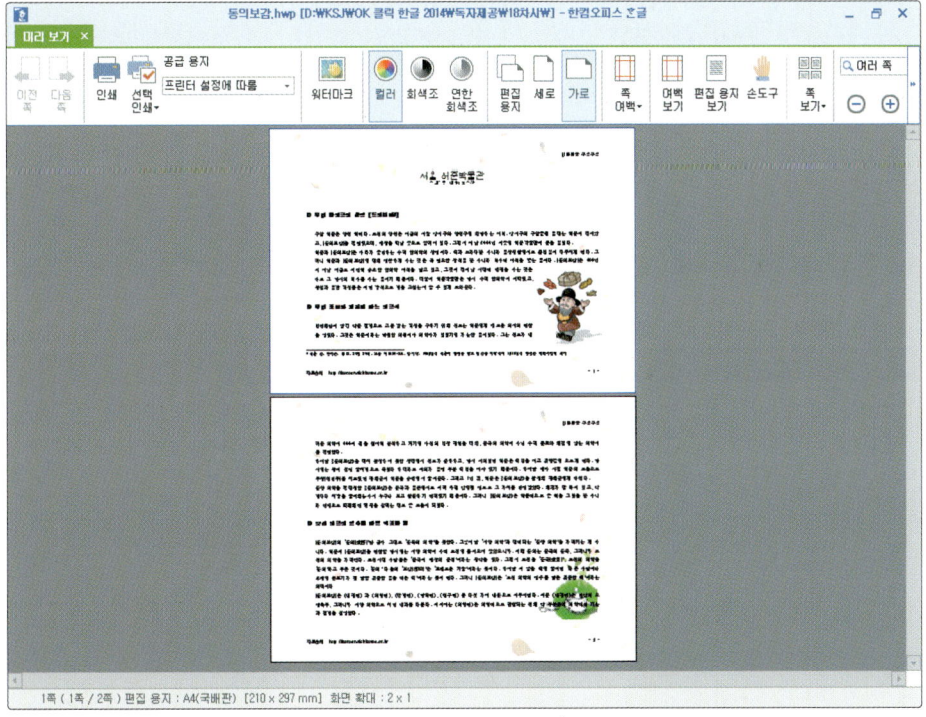

"혼자 풀어 보세요"

1 그리기 도구와 바탕쪽 기능을 이용하여 다음과 같이 문서를 만들고 "동물 등록제.hwp"로 저장해 보세요.

동물등록
Animal Protection Maagement System

동물등록제란?
동물등록제는 사랑의 끈입니다.

동물등록제 전국 확대 시행
2014년 1월 1일부터 개를 소유한 사람은 전국 시·군·구청에 반드시 동물등록을 해야합니다. 단, 동물등록 업무를 대행할 수 있는 자를 지정할 수 없는 읍·면 및 도서(島嶼) 지역은 제외되며, 등록하지 않을 경우 40만원이하의 과태료가 부과됩니다.

등록대상 : 3개월 이상 개

동물등록 방법
① 내장형 무선식별장치 개체 삽입
② 외장형 무선식별장치 부착
③ 등록인식표 부착

동물등록은 왜 해야하나요?
반려동물을 잃어버렸을 때 동물보호관리시스템(www.animal.go.kr)에서 동물등록 정보를 이용하여 주인을 쉽게 찾을 수 있습니다.

자료추출 : 동물보호관리시스템(http://www.animal.go.kr)

삽입 이미지
- 강아지-1.png~강아지-41.png, 인식표.png

"혼자 풀어 보세요"

2 "동물 등록제.hwp" 파일을 열어 다음과 같이 내용을 추가한 다음 각주와 쪽 번호를 삽입하고 "동물등록제_완성.hwp"로 저장해 보세요.

🐾 강아지와 함께 외출할 때
주인의 성명, 전화번호, 동물등록번호가 표시된 인식표를 착용시키고, 반드시 목줄을 합니다.

🐾 등록제등록 절차

🐾 마이크로칩은 안전한가요?
동물들록에 사용되는 마이크로칩(RFID[1], 무선전자개체식별장치)은 체내 이물 반응이 없는 재질로 코팅된 쌀알만한 크기의 동물용의료기기로, 동물의료용기기 기준규격과 국제규격에 적합한 제품만 사용되고 있습니다.

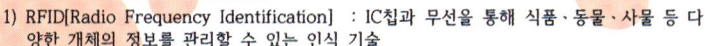

1) RFID[Radio Frequency Identification] : IC칩과 무선을 통해 식품·동물·사물 등 다양한 개체의 정보를 관리할 수 있는 인식 기술

II   자료출처 : 동물보호관리시스템(http://www.animal.go.kr)

19 책갈피와 하이퍼링크

본문의 여러 곳에 책갈피를 표시해 놓고 표시해 둔 책갈피로 바로 이동시킬 수 있습니다. 또한 하이퍼링크를 이용하여 문서의 특정한 위치에서 현재 문서나 다른 문서, 웹 페이지 등으로 연결하여 쉽게 참조하거나 이동할 수 있습니다.

▶▶ 표 스타일 설정할 수 있습니다.
▶▶ 책갈피 설정하는 방법에 대해 알 수 있습니다.
▶▶ 하이퍼링크를 설정하는 방법에 대해 알 수 있습니다.

배울 내용 미리보기 ➕

한국의 세계유산
(문화, 자연, 복합유산)

창덕궁	남한산성	경주역사지구
하회와 양동	종묘	고창, 화순, 강화의 고인돌 유적
해인사 장경판전	백제역사유적지구	석굴암과 불국사
화성	백제역사유적지구	제주 화산섬과 용암 동굴

■ 창덕궁

위 치	서울시(Seoul City)
등재연도	1997년

■ 경주역사지구

위 치	경기도 광주시·성남시·하남시
등재연도	2014년
요 약	조서울에서 남동쪽으로 25km 떨어진 산지에 축성된 남한산성은 조선시대(1392~1910)에 유사시를 대비하여 임시 수도로서 역할을 담당하도록 건설된 산성이다. 남한산성의 초기 유적에는 7세기의 것들도 있지만 이후 수차례 축성되었으며 그중에서도 특히 17세기 초, 중국 만주족이 건설한 청(淸)나라의 위협에 맞서기 위해 여러 차례 개축되었다.

▲ 파일명 : 한국의 세계유산_완성.hwp

책갈피 설정하기

1. '한국의 세계유산.hwp' 파일을 불러옵니다. 셀 전체를 블록 설정한 다음 [표]-[표마당]을 클릭합니다.

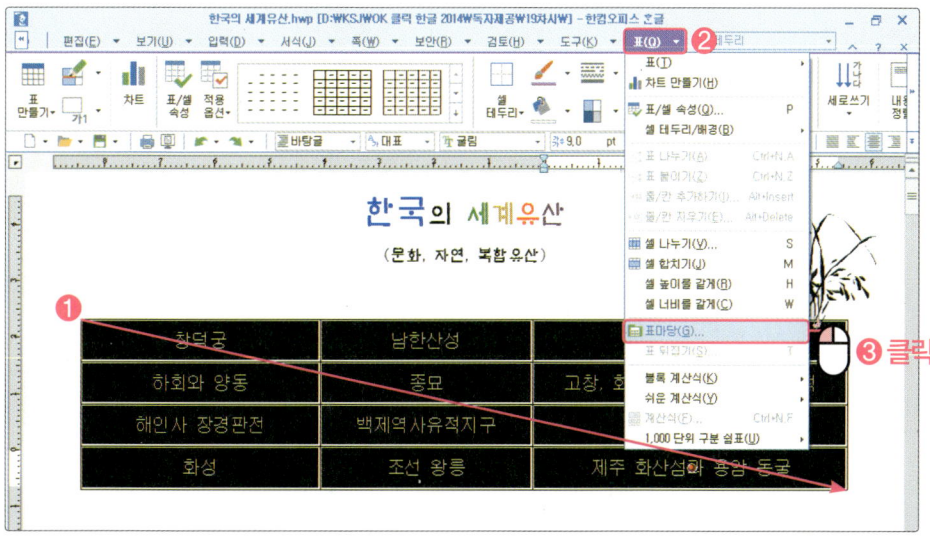

2. [표마당] 대화상자에서 '밝은 스타일 3 - 분홍 색조'를 선택한 후 적용 대상의 체크 표시를 모두 해제한 다음 [설정]을 클릭합니다.

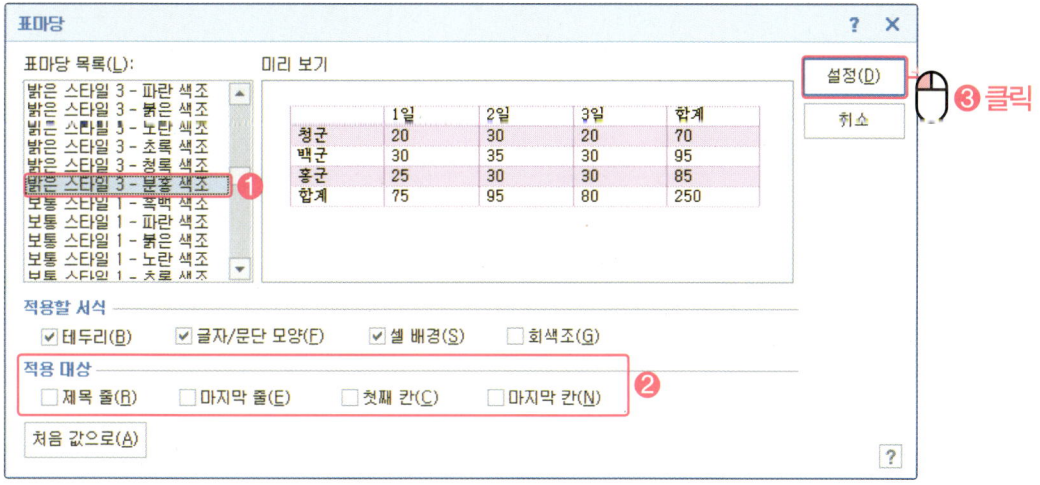

③ '창덕궁' 앞에 커서를 놓고 [입력]-[책갈피]를 클릭합니다.

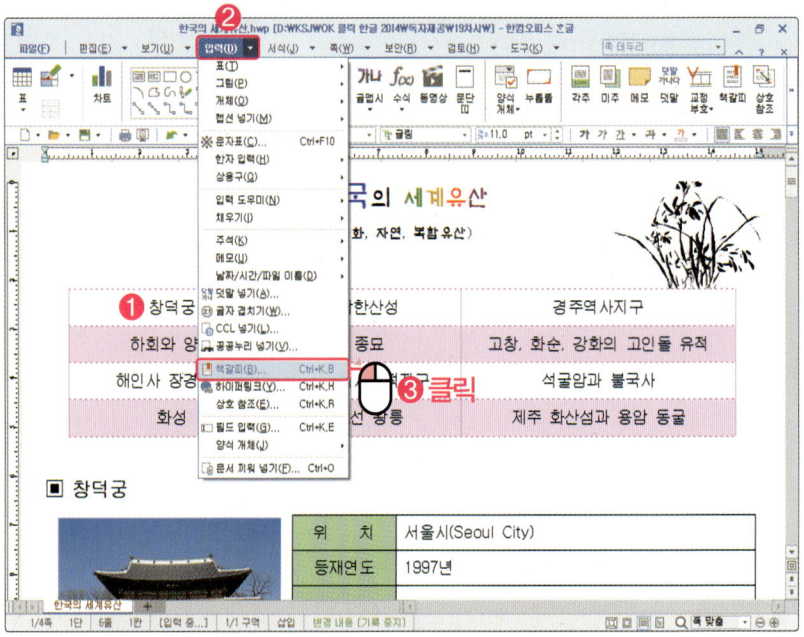

④ [책갈피] 대화상자에서 책갈피 이름을 입력하고 [넣기]를 클릭합니다.

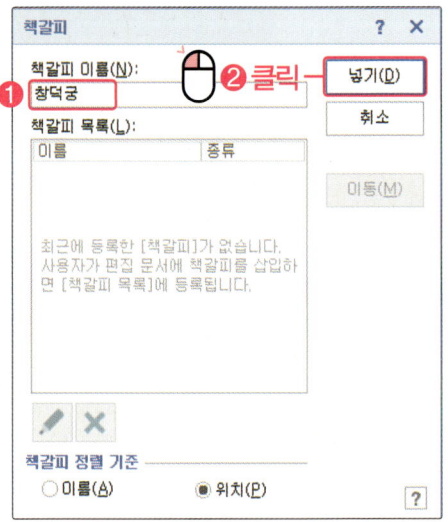

⑤ '남한산성(南漢山城)' 앞에 커서를 위치시키고 [입력]-[책갈피]를 클릭합니다. [책갈피] 대화상자에서 책갈피 이름을 '남한산성'으로 입력하고 [넣기]를 클릭합니다.

6 같은 방법으로 다음과 같이 모든 소제목을 책갈피로 등록합니다. [책갈피] 대화상자에서 '석굴암과 불국사'를 선택한 후 [이동]을 클릭합니다.

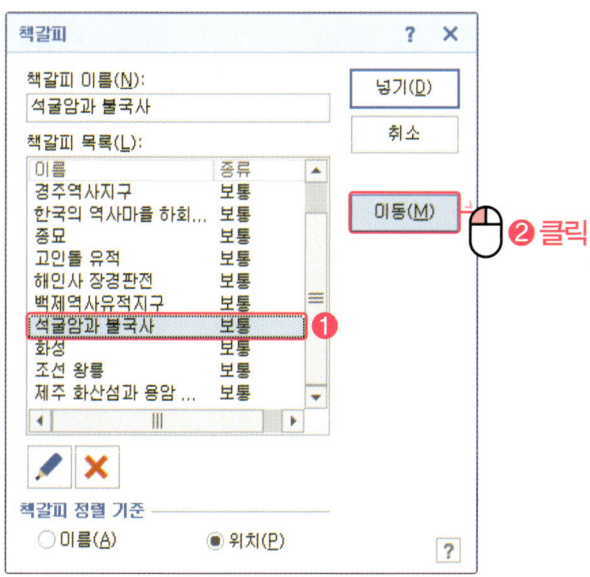

7 다음과 같이 '석굴암과 불국사' 위치로 커서가 이동됩니다.

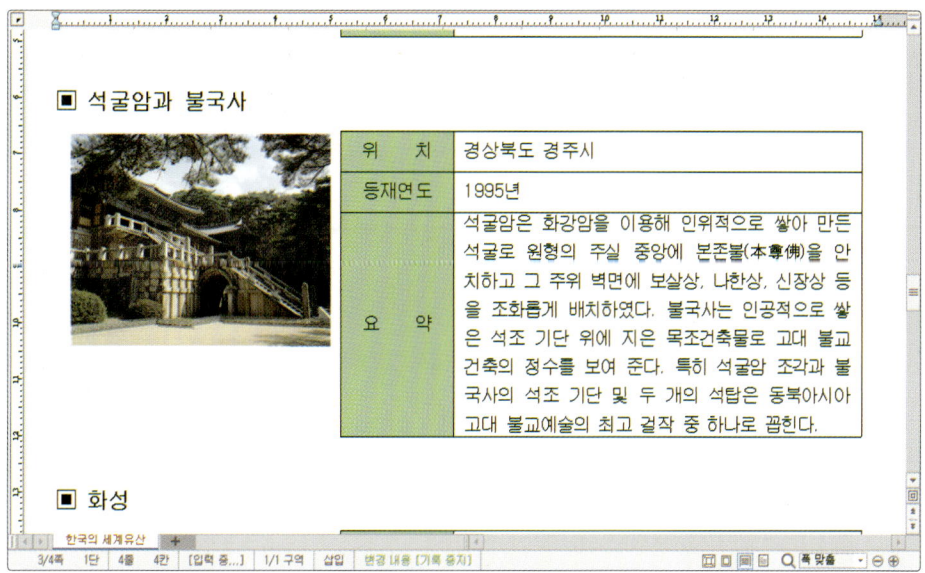

하이퍼링크 설정하기

1. 표에서 '창덕궁'을 블록 설정한 다음 [입력]-[하이퍼링크]를 클릭합니다.

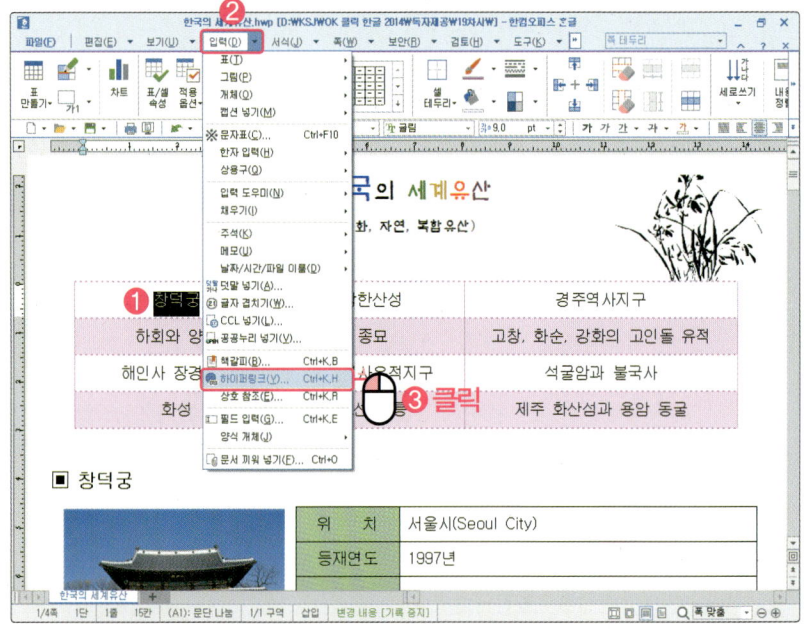

2. [하이퍼링크] 대화상자에서 연결 종류는 '흔글 문서', 연결 대상은 '[현재 문서]'로 설정한 후 '창덕궁'을 선택한 다음 [넣기]를 클릭합니다.

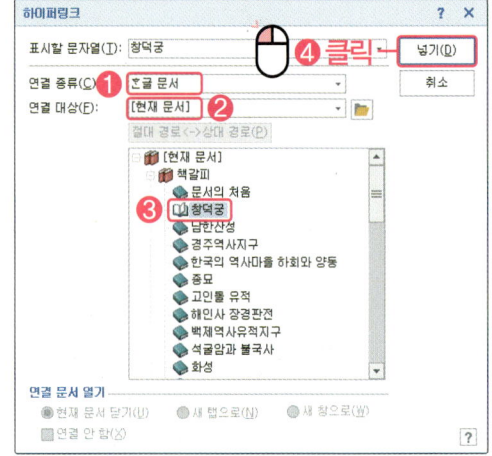

3. 같은 방법으로 '남한산성'을 블록 설정한 다음 [입력]-[하이퍼링크]를 클릭합니다. [하이퍼링크] 대화상자에서 '남한산성'을 선택한 다음 [넣기]를 클릭합니다.

④ 같은 방법으로 다음과 같이 표에 입력한 내용과 책갈피로 설정한 곳에 하이퍼링크를 설정합니다.

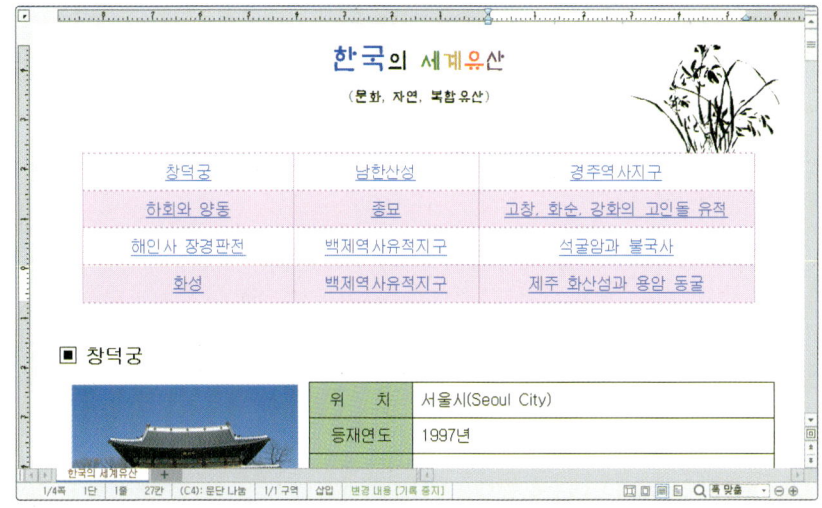

⑤ 문서 맨 아래 'http://heritage.unesco.or.kr'을 블록 설정한 다음 마우스 오른쪽 단추를 클릭하여 [복사하기]를 클릭합니다.

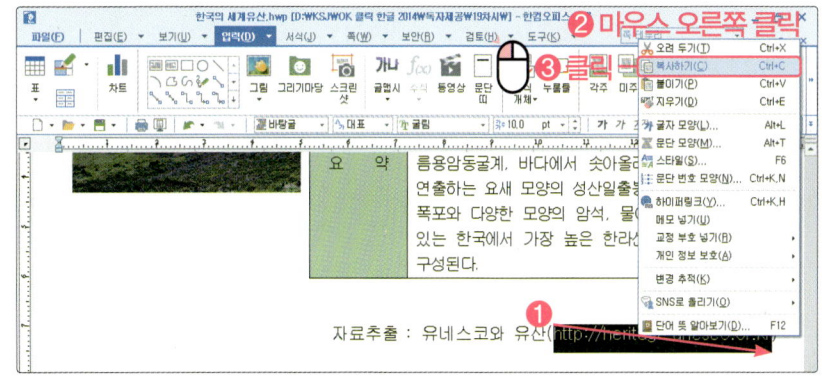

⑥ '유네스코와 유산'을 블록 설정한 다음 [입력]-[하이퍼링크]를 클릭합니다.

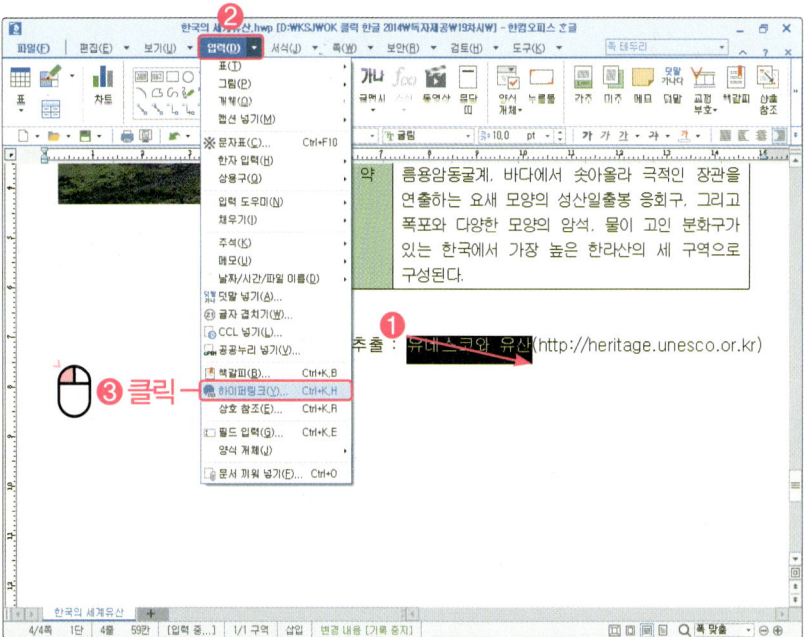

7 [하이퍼링크] 대화상자에서 연결 종류를 '웹 주소'로 지정하고 연결 대상란에서 마우스 오른쪽 단추를 클릭하여 [붙이기]를 클릭합니다.

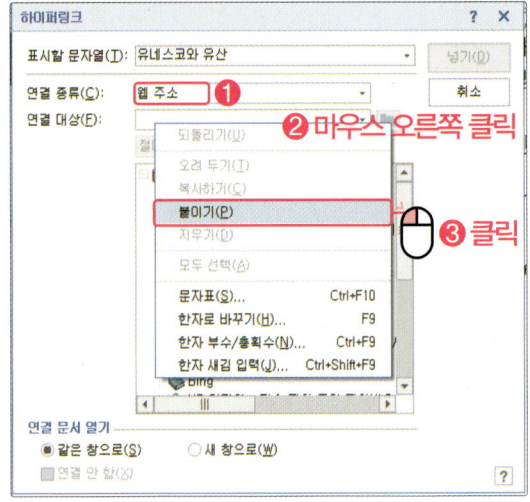

8 다음과 같이 주소가 붙이기가 되면 [넣기]를 클릭합니다.

9 '유네스코와 유산'을 클릭하면 'http://heritage.unesco.or.kr' 인터넷 창이 열립니다.

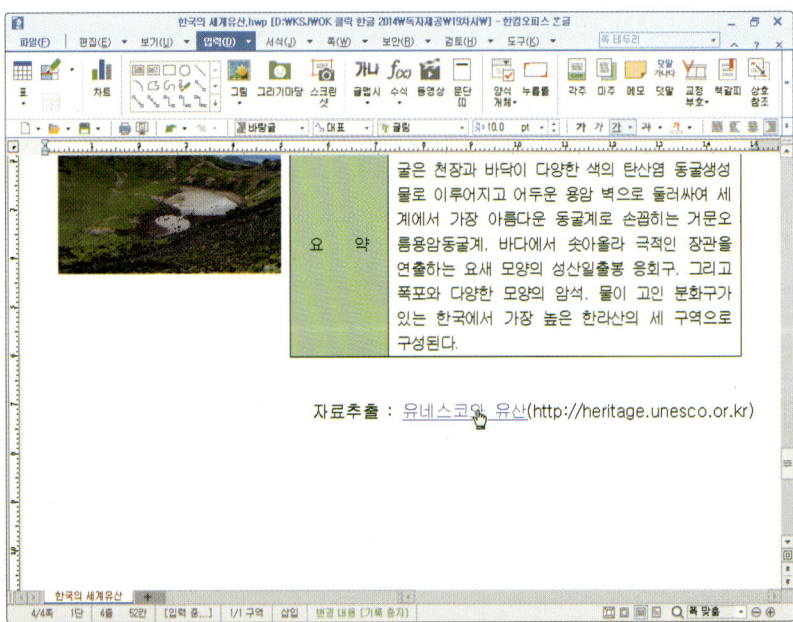

 **Tip**

하이퍼링크 수정하기

하이퍼링크가 설정된 위치에서 마우스 오른쪽 단추를 클릭하여 [하이퍼링크 고치기]를 클릭하면 하이퍼링크를 수정할 수 있는 [하이퍼링크 고치기] 대화상자가 열립니다.

하이퍼링크 삭제하기

하이퍼링크가 설정된 위치에서 마우스 오른쪽 단추를 클릭하면 [하이퍼링크 삭제]를 클릭합니다.

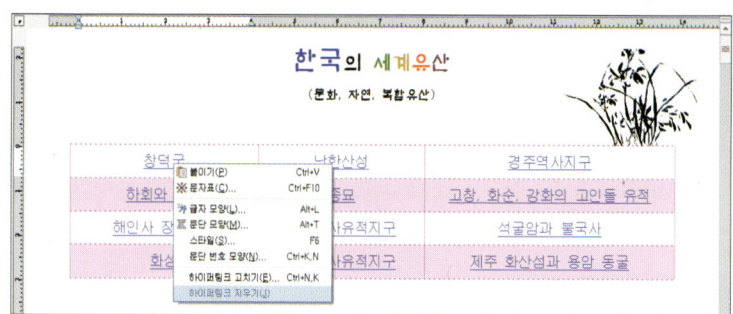

하이퍼링크 색 변경하기

[도구]-[환경 설정]을 클릭하여 [환경 설정] 대화상자의 [기타] 탭에서 하이퍼링크 글자 모양 항목에서 글꼴과, 열어 본 링크 색, 열어 보지 않은 링크 색을 설정할 수 있습니다.

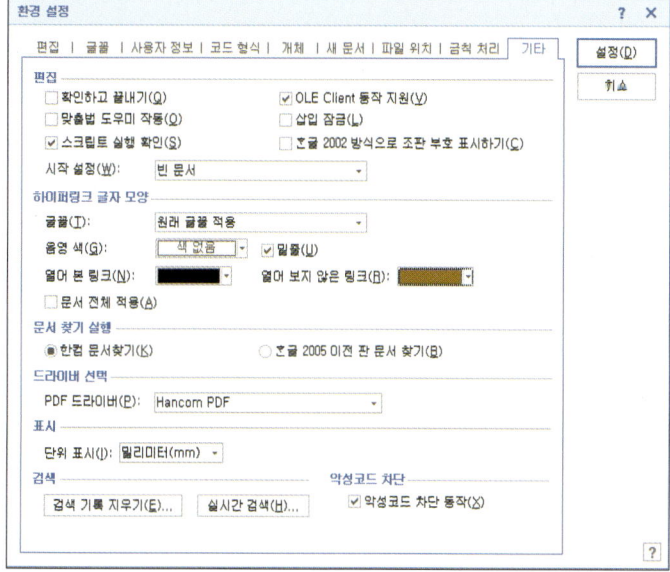

"혼자 풀어 보세요"

1 "바다백리길.hwp"를 불러와 표를 삽입하여 하이퍼링크를 설정하고 머리말을 삽입하여 "바다백리길_완성.hwp"로 저장해 보세요.

자료추출 : http://ecotour.knps.or.kr

바 다 백 리 길

미륵도 달아길   비진도 산호길   매물도 해풍길
한산도 역사길   연대도 지겟길   소매물도 등대길

§ 미륵도 달아길

◆ 경사가 심하지 않고 풍광이 빼어나 탐방하기 좋으며 바다와 산길이 어우러진 경관을 자랑한다. 쪽빛바다와 짙은 편백 숲, 탐방로가 3박자를 이뤄 환상적인 전경을 보여준다.

◆ 볼거리 & 느낄꺼리

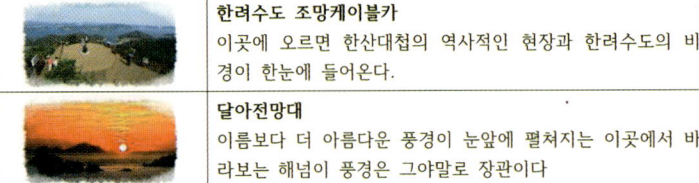

	한려수도 조망케이블카
	이곳에 오르면 한산대첩의 역사적인 현장과 한려수도의 비경이 한눈에 들어온다.
	달아전망대
	이름보다 더 아름다운 풍경이 눈앞에 펼쳐지는 이곳에서 바라보는 해넘이 풍경은 그야말로 장관이다

§ 한산도 역사길

◆ 한려해상의 과거와 현재를 잇는 단 하나의 코드, 충무공 이순신 장군, 바다가 만들어낸 놀라운 기적은 한국역사의 한 페이지를 장식했다. 역사와 걷기라는 두 가지 테마가 만나 특별한 시간을 만들었다. 시간을 가둔 이곳으로 이충무공의 자취를 따라 걸어본다.

◆ 볼거리 & 느낄꺼리

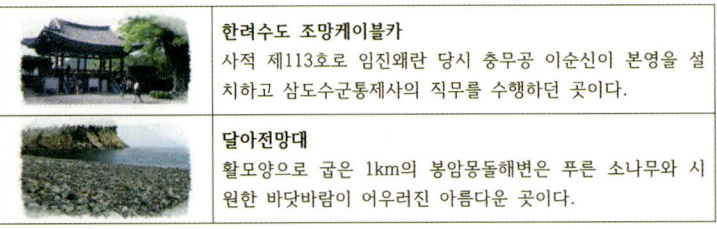

	한려수도 조망케이블카
	사적 제113호로 임진왜란 당시 충무공 이순신이 본영을 설치하고 삼도수군통제사의 직무를 수행하던 곳이다.
	달아전망대
	활모양으로 굽은 1km의 봉암몽돌해변은 푸른 소나무와 시원한 바닷바람이 어우러진 아름다운 곳이다.

"혼자 풀어 보세요"

2 "난중일기.hwp" 파일을 불러와 하이퍼링크를 설정하고, 표와 그림을 이용하여 다음과 같이 꾸미고 "난중일기_완성.hwp"로 저장해 보세요.

난중일기(亂中日記)

『난중일기(亂中日記)』는 이순신(李舜臣, 1545~1598) 장군의 진중일기(陣中日記)로, 한국 사람들에게 가장 존경 받는 영웅 중 한 사람인 이순신 장군이 일본의 조선 침략 당시였던 임진왜란(1592~1598) 때에 진중에서 쓴 친필일기이다. 『난중일기』는 임진왜란이 발발한 1592년 1월부터 이순신 장군이 마지막으로 치른 노량(露梁) 해전에서 결정적인 승리를 앞두고 전사하기 직전인 1598년 11월까지 거의 날마다 적은 기록으로 총 7책 205장의 필사본으로 엮어져 있다.

히데요시(豊臣秀吉, 1536~1598)의 조선침략전쟁 (Hideyoshi invasion)이라고도 알려진 7년 전쟁은 중국 명(明) 왕조의 패권에 도전하고, 아시아 대륙으로 진출하고자 했던 일본의 야욕으로 인해 빚어진 전쟁이었다. 일본과 중국은 대량으로 생산된 무기를 이 전쟁에서 사용하였으며 조선은 세계 최초로 알려진 '장갑선(裝甲船)'을 건조하였다. 이 전쟁에는 동남아시아 여러 국가와 유럽의 용병이 참전하였다는 증거도 발견되었다.

『난중일기』는 군 사령관이 전장에서 겪은 이야기를 서술한 기록으로서 세계사에서 그 유례를 찾아보기 힘들다. 개인의 일기 형식으로 기록되었지만 날마다의 교전 상황이나 이순신 장군의 개인적 소회, 그리고 당시의 날씨

자료출처 : http://heritage.unesco.or.kr

- 1 -

🖼 삽입 이미지
- 난중일기-1.jpg, 난중일기-2.jpg
- 그리기 조각 : 전통(사군자)

문단 번호와 차례 만들기

여러 개의 항목을 나열할 때 문단 앞에 번호를 매겨 가면서 입력할 수 있습니다. 차례는 본문의 제목, 표, 그림, 수식 등이 들어 있는 줄을 한 곳에 모아, 줄마다 본문 중에서 어느 쪽에 있는지 쪽 번호를 붙여 주는 기능입니다.

▶▶ 문단 번호를 설정할 수 있습니다.
▶▶ 문서의 차례를 만들 수 있습니다.

배울 내용 미리보기

◀ 파일명 : 경주보고서_완성.hwp

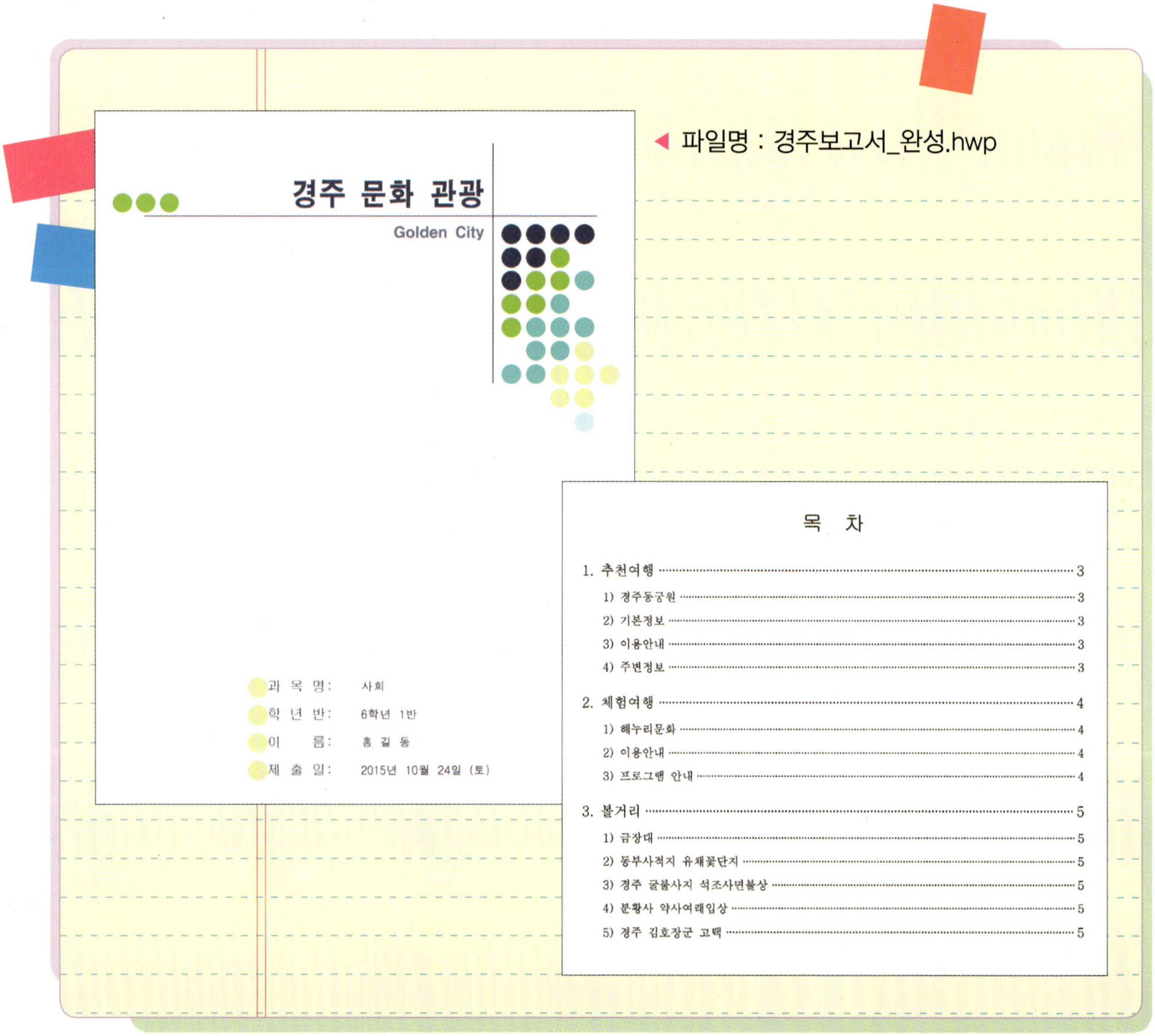

01 문단 번호 설정하기

1. '경주보고서.hwp' 파일을 불러옵니다. 다음과 같이 문단 번호를 설정할 내용을 블록 설정한 다음 [서식]-[문단 번호 모양]을 클릭합니다.

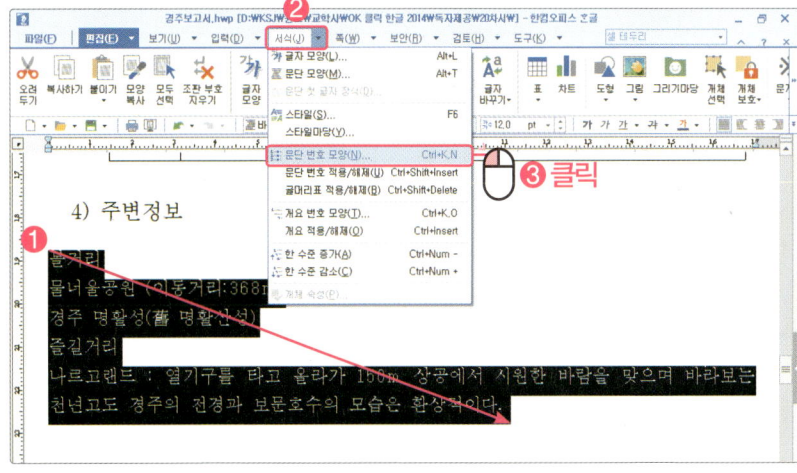

2. [문단 번호/글머리표] 대화상자에서 다음과 같이 문단 번호 모양을 선택하고 [사용자 정의]를 클릭합니다.

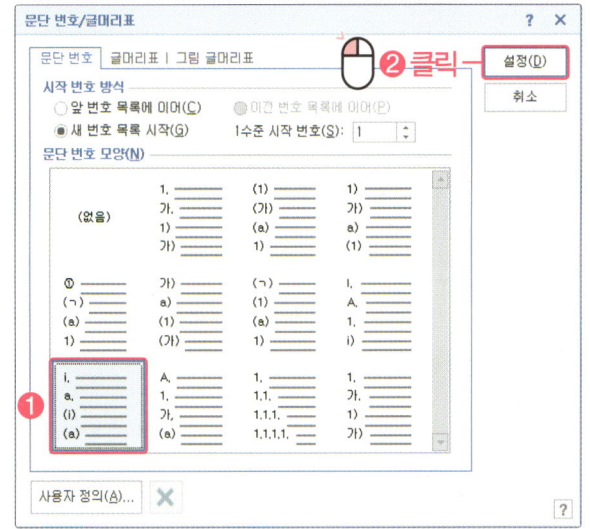

3. [문단 번호 사용자 정의 모양] 대화상자의 수준 목록에서 '1 수준'을 선택하고 너비 조정 값을 "40pt"로 입력하고 정렬은 '오른쪽'으로 설정합니다.

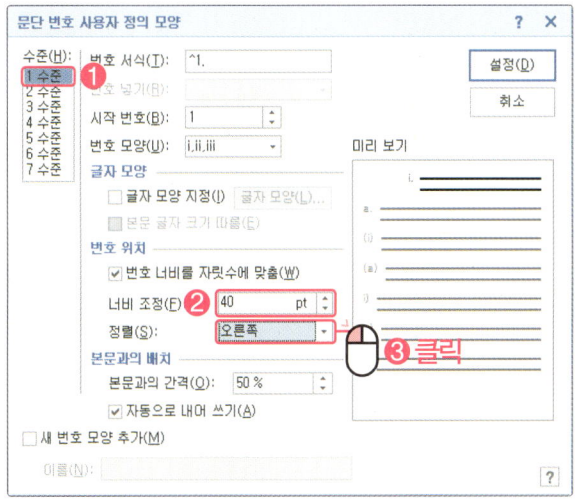

147

④ 수준 목록에서 '2 수준'을 선택하고 너비 조정 값을 "60pt"로 입력하고 정렬은 '오른쪽'을 선택한 다음 [설정]을 클릭합니다.

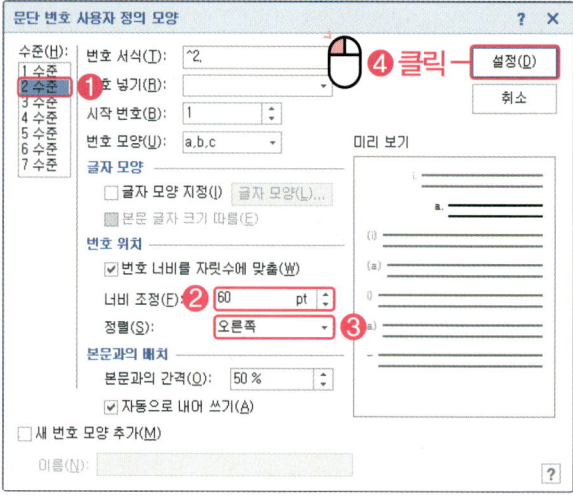

⑤ [문단 번호/글머리표] 대화상자에서 [설정]을 클릭합니다.

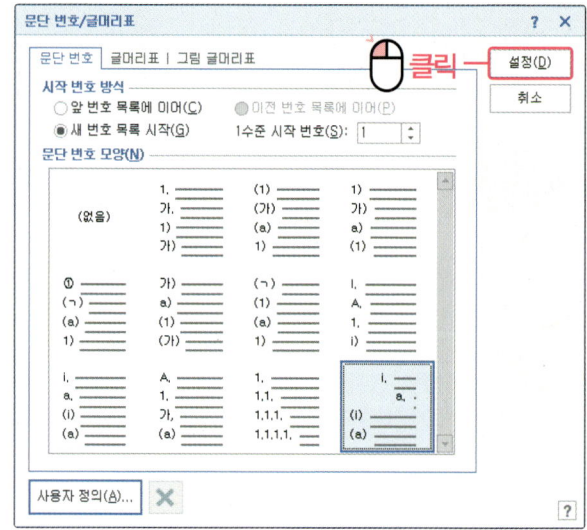

⑥ 문단의 수준을 감소시키기 위해 다음과 같이 내용을 블록 설정한 다음 [서식]-[한 수준 감소]를 클릭합니다.

- 한 수준 감소 : Ctrl + Num+
- 한 수준 증가 : Ctrl + Num-

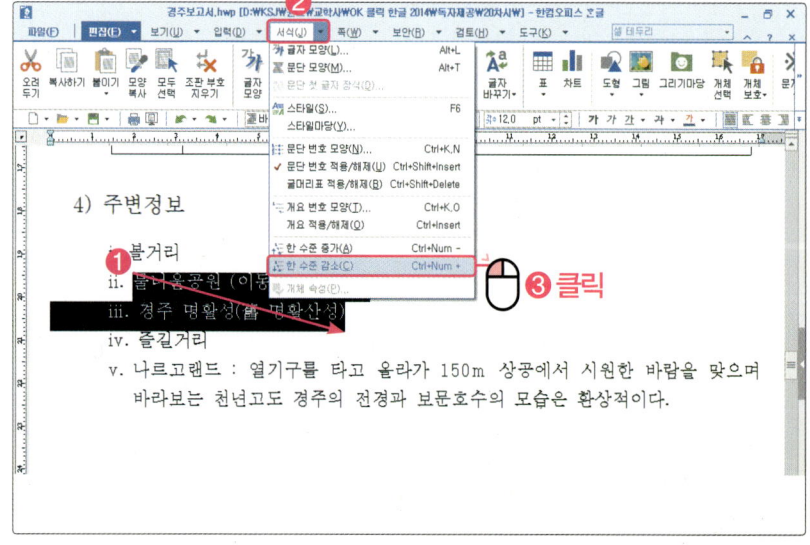

7 같은 방법으로 다음과 같이 문의 수준을 한 단계 내립니다.

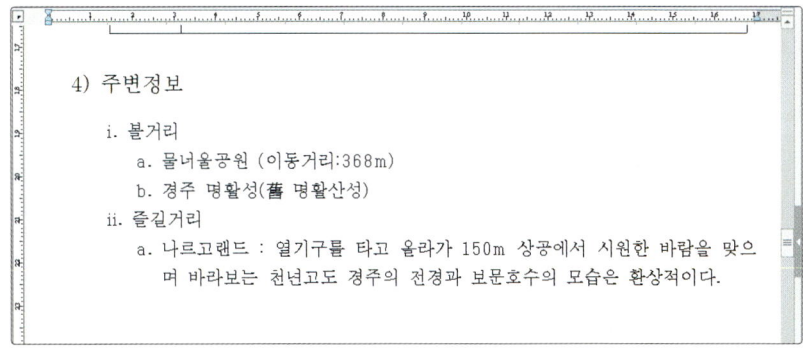

8 4페이지로 이동하여 다음과 같이 블록을 설정한 다음 [서식]-[문단 번호 모양]을 클릭합니다.

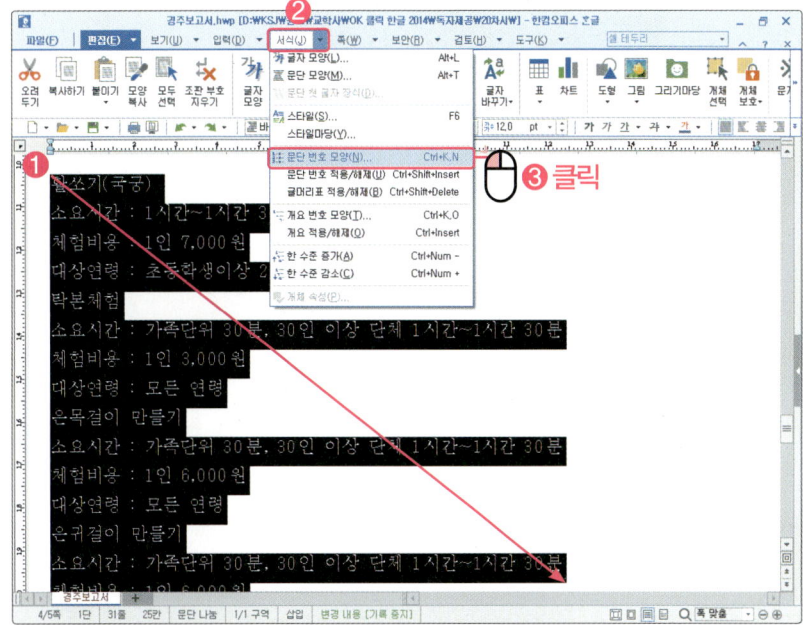

9 [문단 번호/글머리표] 대화상자에서 마지막 문단 번호 모양을 선택하고 [설정]을 클릭합니다.

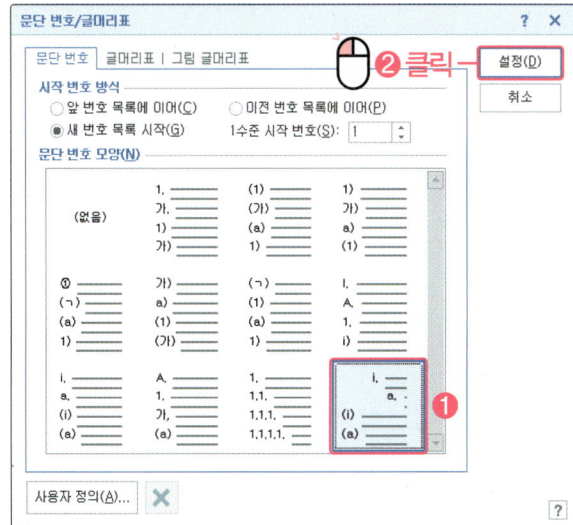

10 문단의 수준을 감소시키기 위해 다음과 같이 내용을 블록 설정한 다음 [서식]-[한 수준 감소]를 클릭합니다.

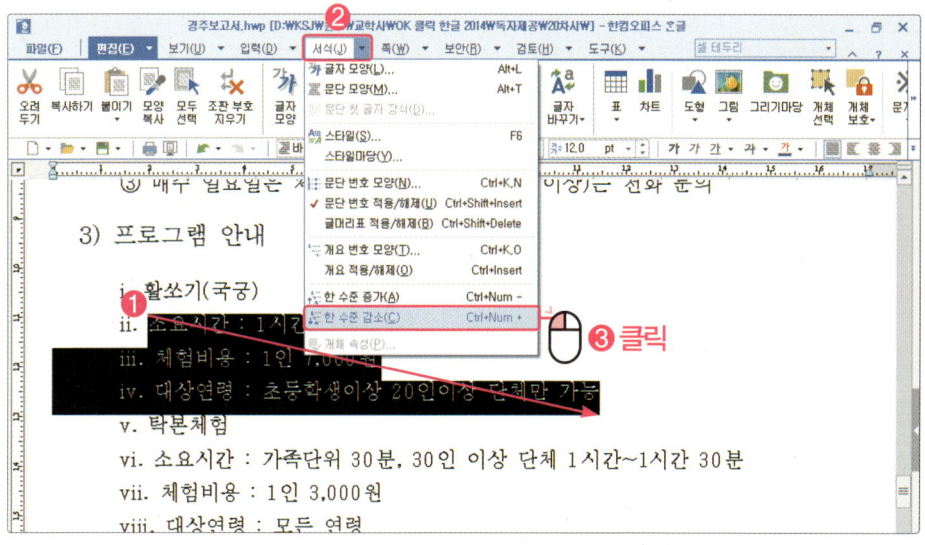

11 같은 방법으로 문단의 수준을 감소시켜 문서를 완성합니다.

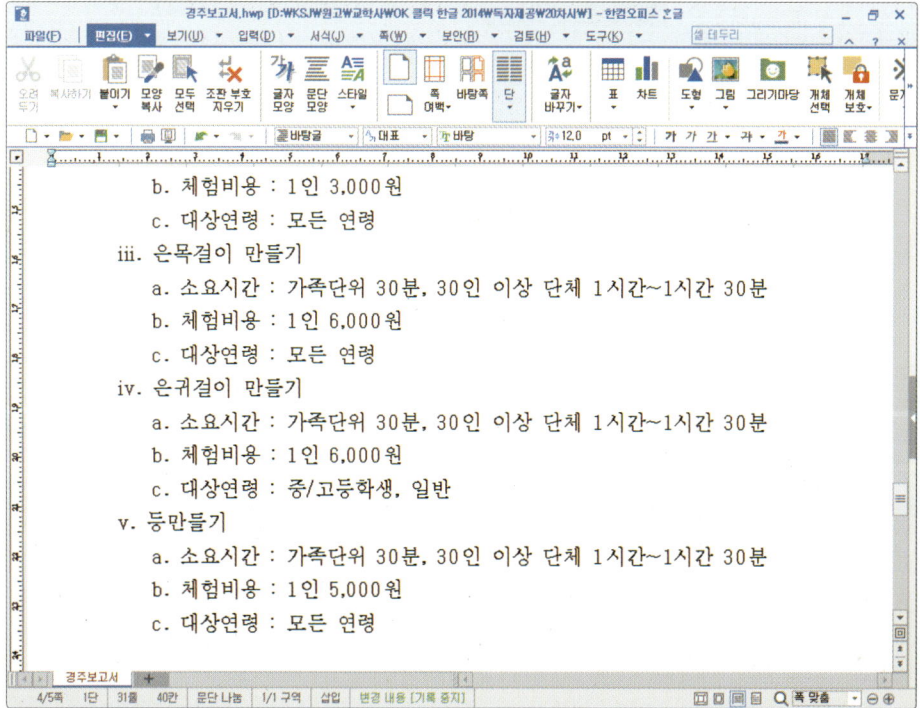

02 차례 만들기

1 제목 차례를 표시하기 위해 '1. 추천여행' 앞에 커서를 위치 시키고 [도구]-[차례/색인]-[제목 차례 표시]를 클릭합니다.

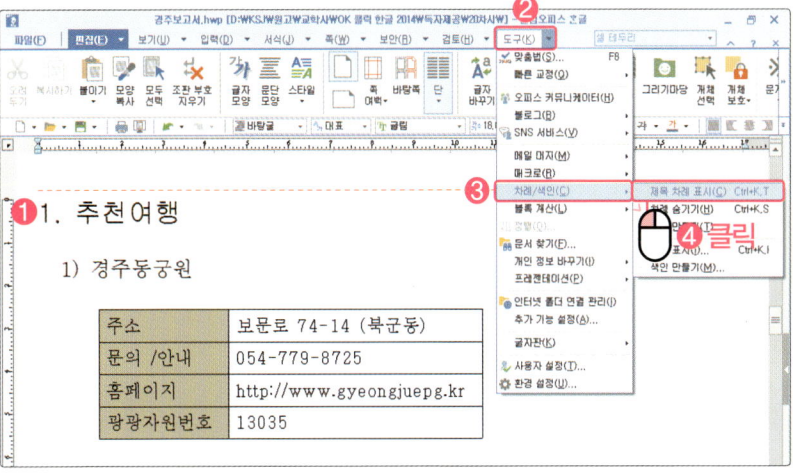

2 '1) 경주동궁원' 앞에 커서를 위치 시키고 [도구]-[차례/색인]-[제목 차례 표시]를 클릭합니다.

Tip

[보기]-[표시/숨기기]-[조판 부호]를 클릭하면 제목 차례 표시된 곳이 화면에 표시됩니다.

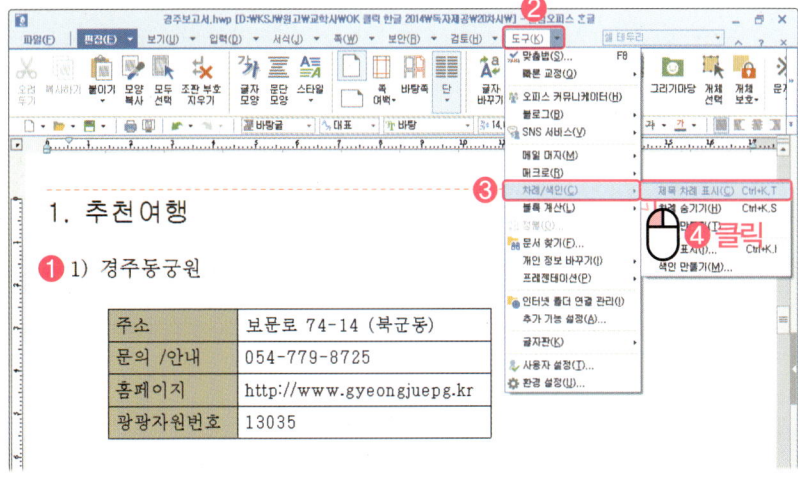

3 같은 방법으로 각 페이지의 제목 앞에 커서를 위치 시키고 제목 차례 표시를 합니다. 커서를 목차 페이지로 이동 시킨 다음 [도구]-[차례/색인]-[차례 만들기]를 클릭합니다.

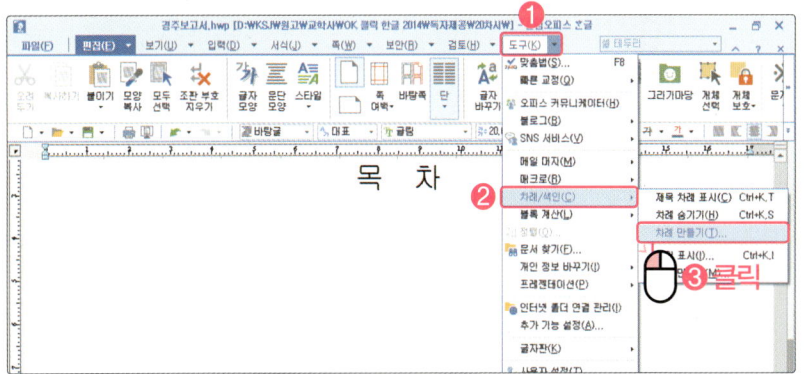

④ [차례 만들기] 대화상자에서 '제목 차례'와 '차례 코드로 모으기'를 선택한 다음 만들 위치를 '현재 문서의 커서 위치'로 선택합니다. 탭 모양은 '오른쪽 탭'을 선택하고 채울 모양을 원하는 스타일로 지정하고 [만들기]를 클릭합니다.

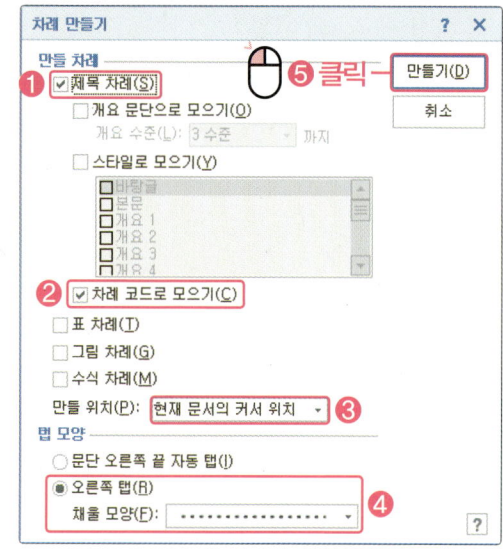

⑤ 차례를 모두 블록 설정한 다음 서식 도구 상자에서 글자 크기를 '12pt'로 설정합니다.

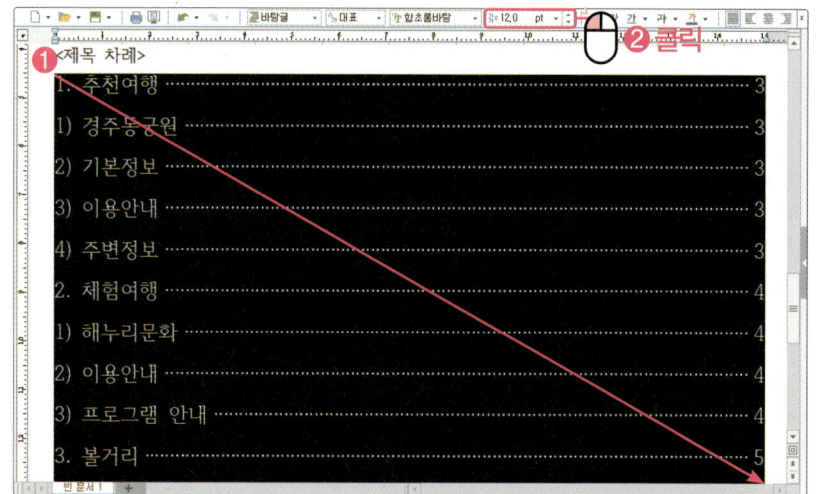

⑥ 다음과 같이 소제목을 블록 설정한 다음 [서식]-[문단 모양]을 클릭합니다. [문단 모양] 대화상자에서 왼쪽 여백을 '20pt'로 지정하고 [설정]을 클릭합니다.

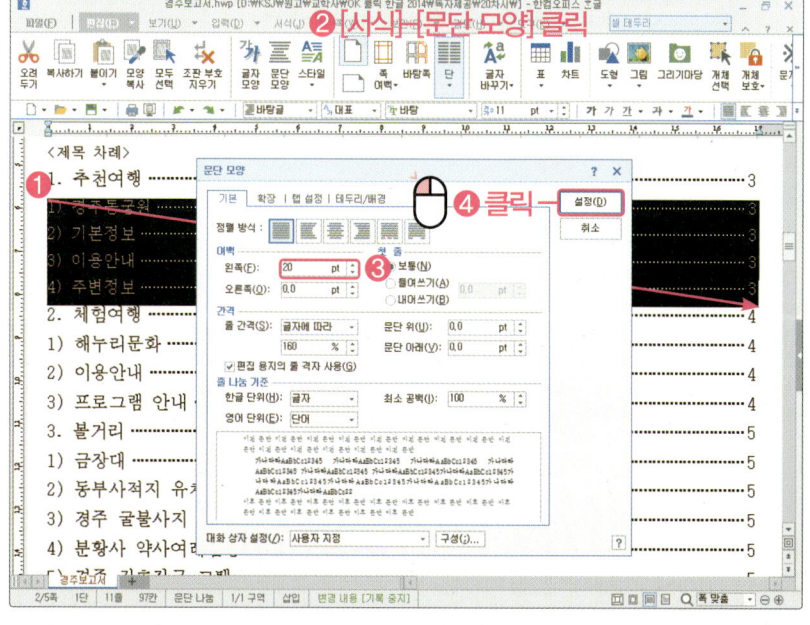

7 '1) 경주동궁원' 위치에 커서를 놓고 Alt + C 를 누릅니다. [모양 복사] 대화상자에서 '글자 모양과 문단 모양 둘 다 복사'를 선택하고 [복사]를 클릭합니다.

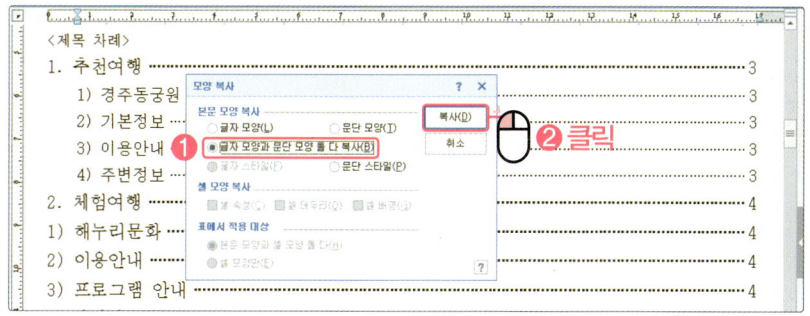

8 다음과 같이 블록을 설정한 다음 Alt + C 를 누릅니다.

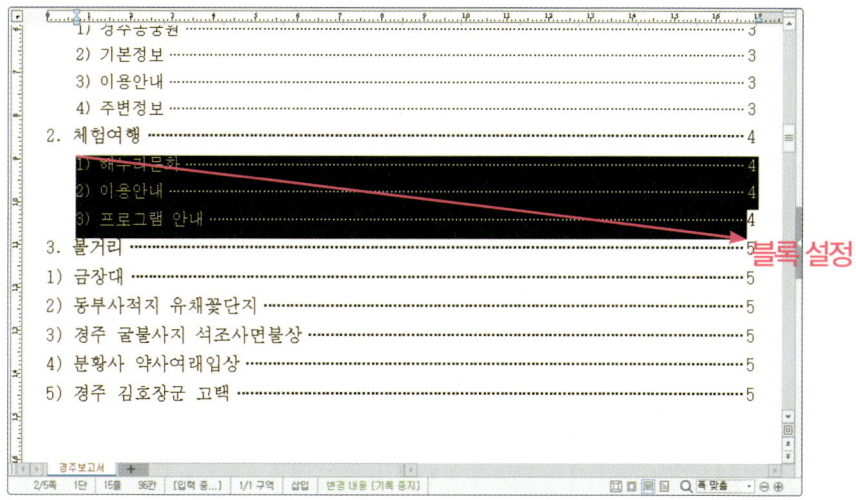

9 같은 방법으로 제목 차례의 문단 서식을 설정하여 차례를 완성합니다.

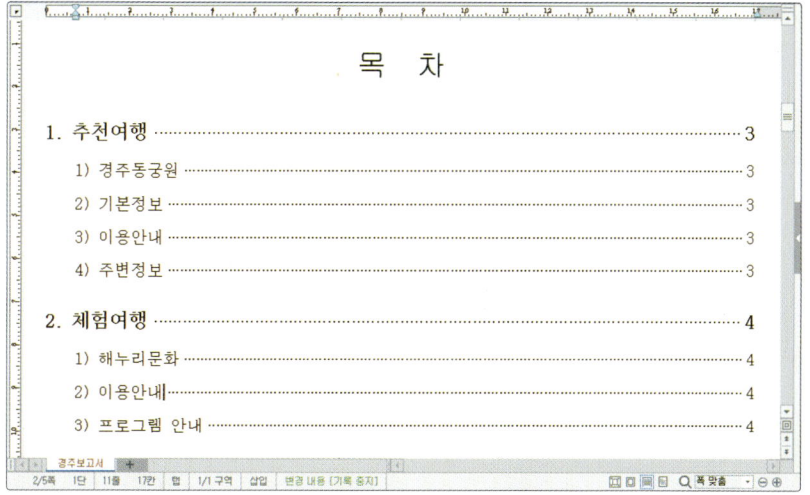

"혼자 풀어 보세요"

1 바탕쪽과 문단 번호 모양을 이용하여 다음과 같이 문서를 만들고 "요리 레시피.hwp"로 저장해 보세요.

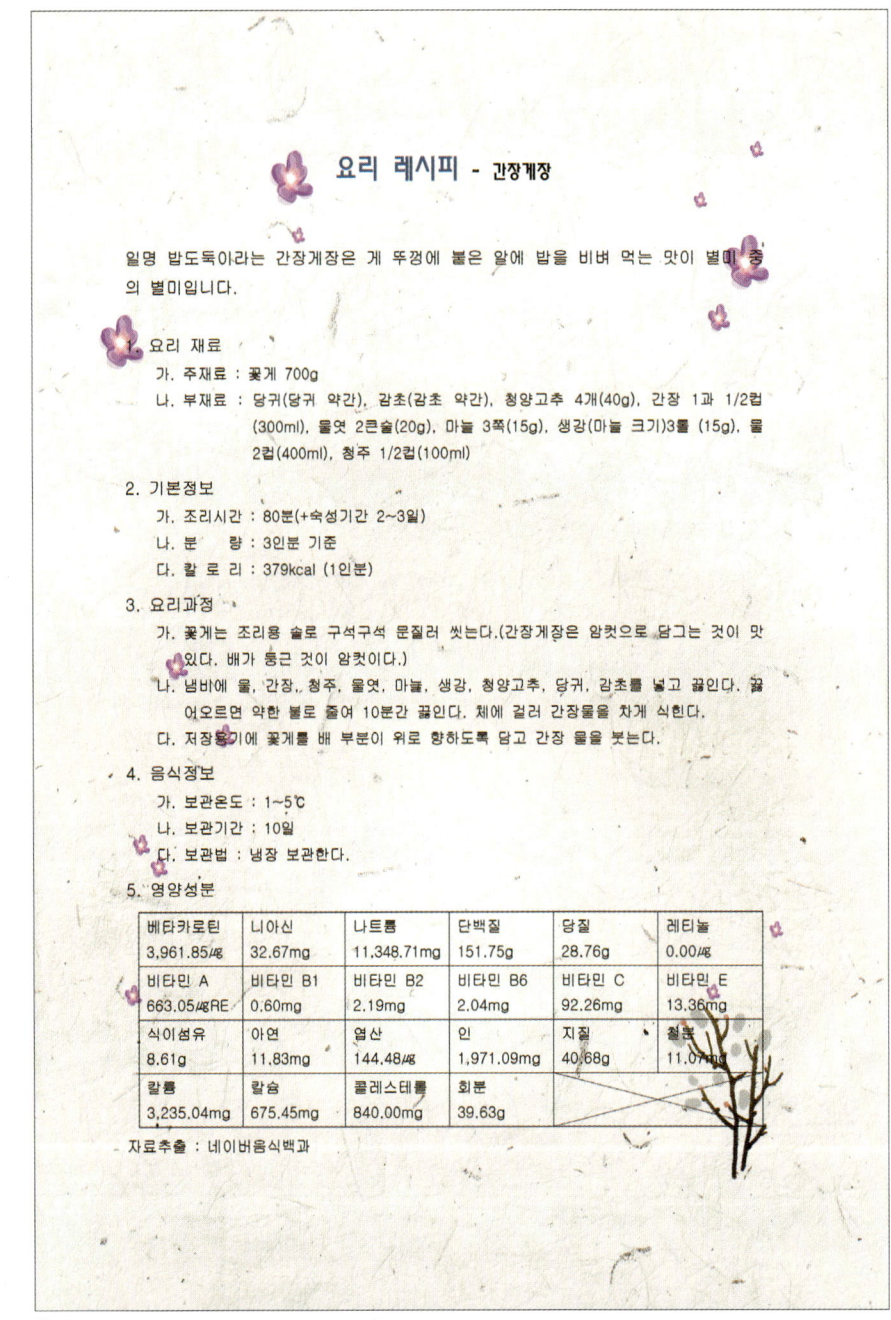

삽입 이미지
- 꽃.png, 나무.png

"혼자 풀어 보세요"

2 "북촌이야기.hwp" 파일을 불러와 차례를 문서를 "북촌이야기_완성.hwp"로 저장해 보세요.

자료추출 : http://bukchon.seoul.go.kr

목 차

1. 북촌의 역사 ·· 3

    1) 복촌의 형성과 변화 ··························· 3

    2) 조선시대 ·· 3

    3) 일제강점기 ·· 3

2. 북촌의 현황 ·· 4

3. 북촌의 문화유산 ······································ 4

4. 전통과 서구문와의 북촌 ························· 5

- 2 -

라벨을 이용하여 명함 만들기

라벨은 볼펜이나, 파일 등을 분류나 구분하기 위해 각각의 특색을 간단히 표시하기 위해 달아 두는 이름표를 말합니다. 라벨 문서 만들기를 이용면 엽서나 명함 등을 간단히 만들 수 있습니다.

▶▶ 라벨 문서 만들기에 대해 알아 볼 수 있습니다.
▶▶ 표 자동 채우기를 이용하여 라벨 문서에 같은 내용을 빠르게 입력할 수 있습니다.

배울 내용 미리보기

기호 2	기호 2
성 춘 양 6악년 1반	**성 춘 양** 6악년 1반
M 010-123-4567 *E* abc@naver.com *F* abc.facebook.com *B* blag.naver.com/abc	*M* 010-123-4567 *E* abc@naver.com *F* abc.facebook.com *B* blag.naver.com/abc
기호 2	기호 2
성 춘 양 6악년 1반	**성 춘 양** 6악년 1반
M 010-123-4567 *E* abc@naver.com *F* abc.facebook.com *B* blag.naver.com/abc	*M* 010-123-4567 *E* abc@naver.com *F* abc.facebook.com *B* blag.naver.com/abc
기호 2	기호 2
성 춘 양 6악년 1반	**성 춘 양** 6악년 1반
M 010-123-4567 *E* abc@naver.com	*M* 010-123-4567 *E* abc@naver.com

▲ 파일명 : 명함.hwp

01 명함 만들기

1 [쪽]-[라벨]-[라벨 문서 만들기]를 클릭합니다.

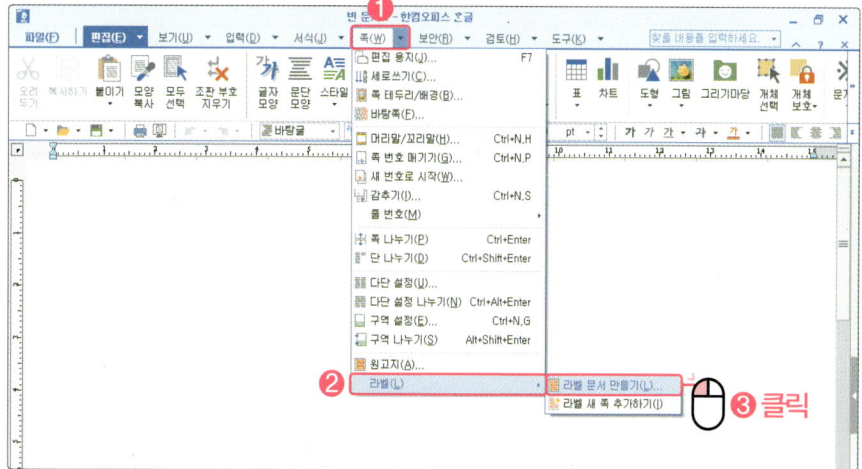

2 [라벨 문서 만들기] 대화상자의 [라벨 문서 꾸러미] 탭에서 '명함 용지(10칸)-V5110'을 선택한 후 [열기]를 클릭합니다.

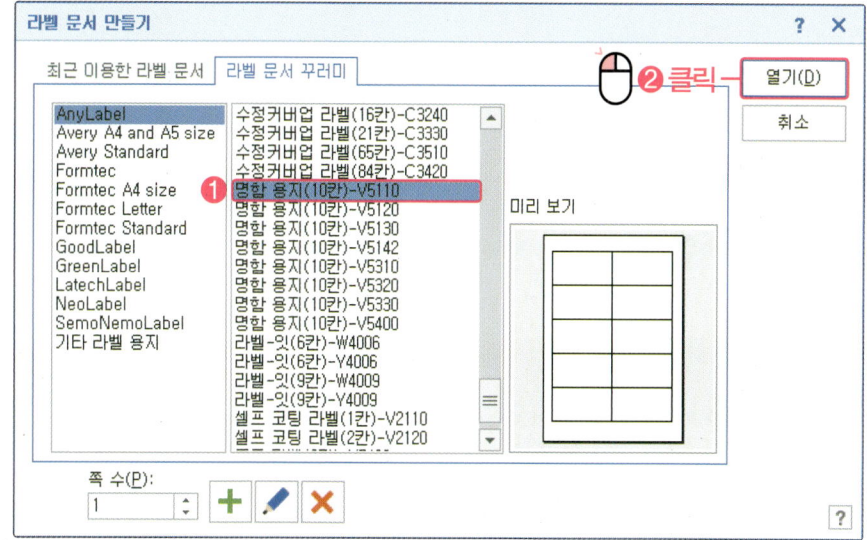

3 다음과 같이 내용을 입력한 다음 원하는 모양으로 글꼴 서식을 설정합니다.

④ '기호 2'반 블록 설정한 다음 [서식]-[문단 모양]을 클릭합니다. [문단 모양] 대화상자에서 왼쪽 여백을 '10pt'로 지정하고 [설정]을 클릭합니다.

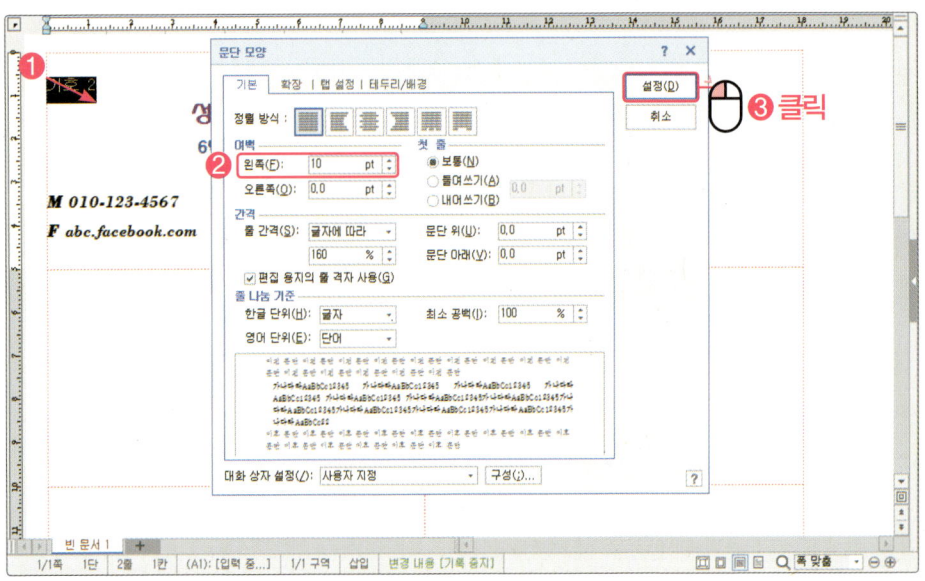

⑤ 같은 방법으로 다음과 같이 블록 설정한 다음 [서식]-[문단 모양]을 클릭합니다. [문단 모양] 대화상자에서 왼쪽과 오른쪽 여백을 각각 '10pt'로 지정하고 [설정]을 클릭합니다.

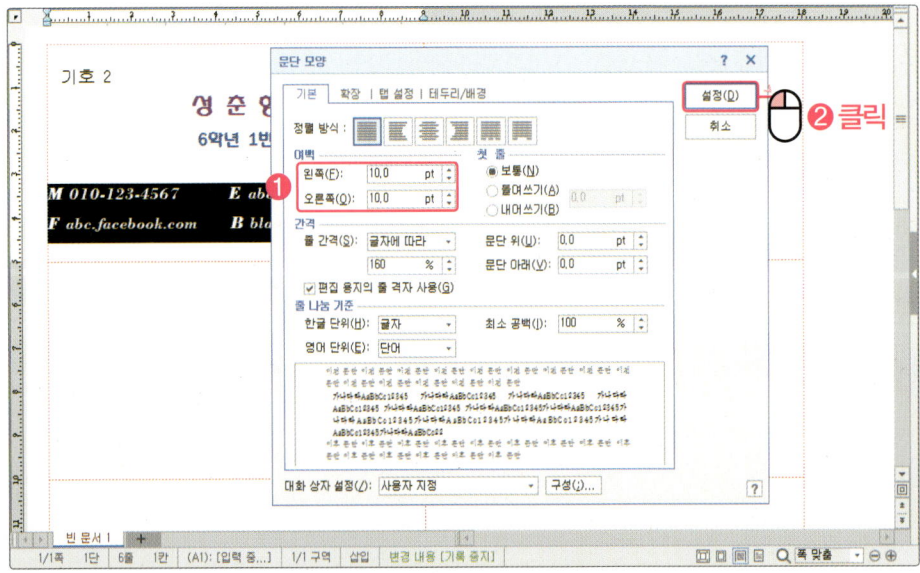

02 자동 채우기

1 셀 전체를 블록 설정한 다음 [입력]-[채우기]-[표 자동 채우기]를 클릭합니다.

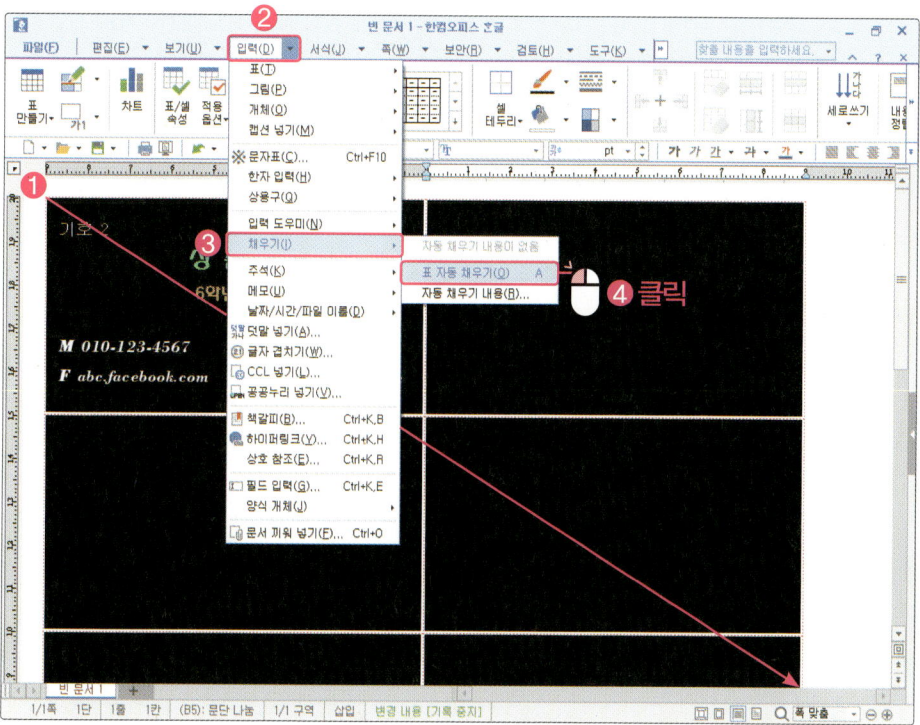

2 다음과 같이 표 전체에 같은 내용이 채워진 것을 확인할 수 있습니다. 다시 셀 전체를 블록 설정한 다음 마우스 오른쪽 단추를 클릭하여 [셀 테두리/배경]-[각 셀마다 적용]을 클릭합니다.

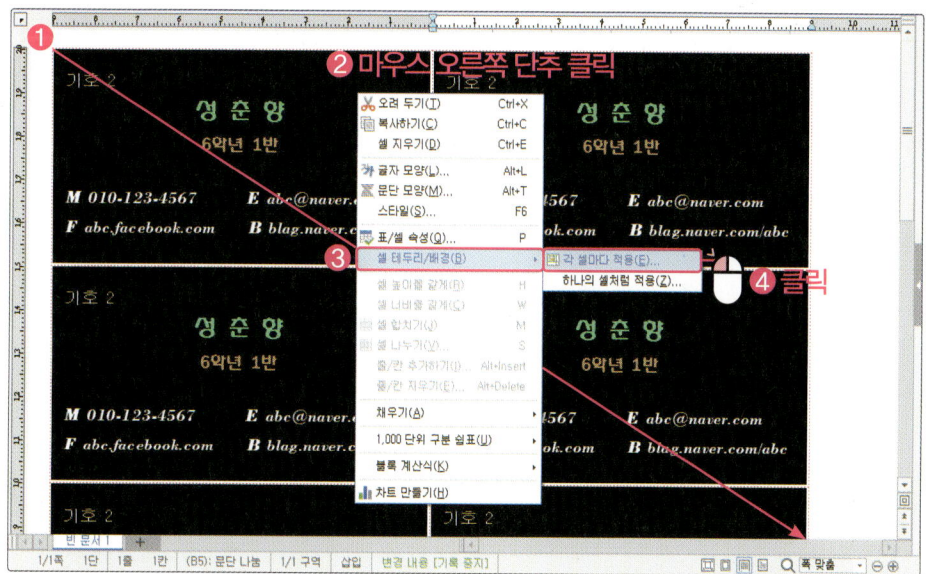

③ [셀 테두리/배경] 대화상자의 [테두리] 탭에서 테두리 종류와 색을 지정한 다음 ⊞ (모두) 단추를 클릭한 다음 [설정]을 클릭합니다.

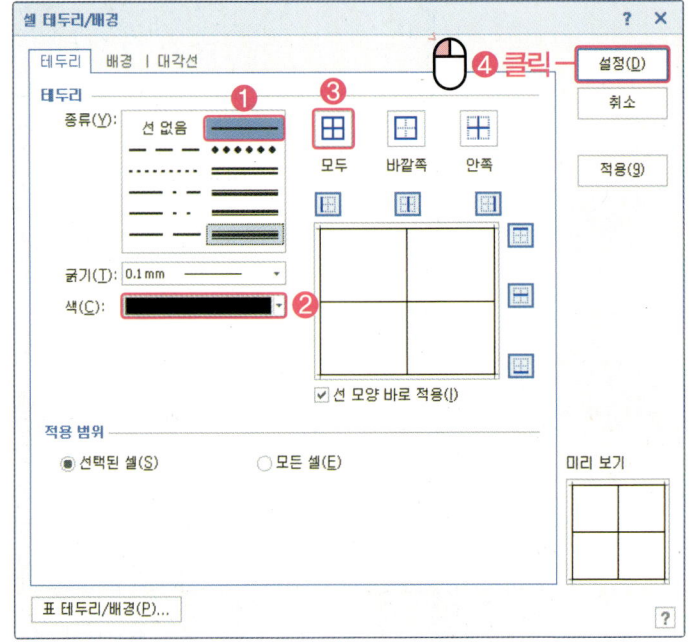

④ [입력]-[그림]-[그림]을 클릭합니다. [그림 넣기] 대화상자에서 'two.jpg'를 선택한 다음 '문서에 포함'과 '마우스로 크기 지정'을 선택한 다음 [넣기]를 클릭합니다.

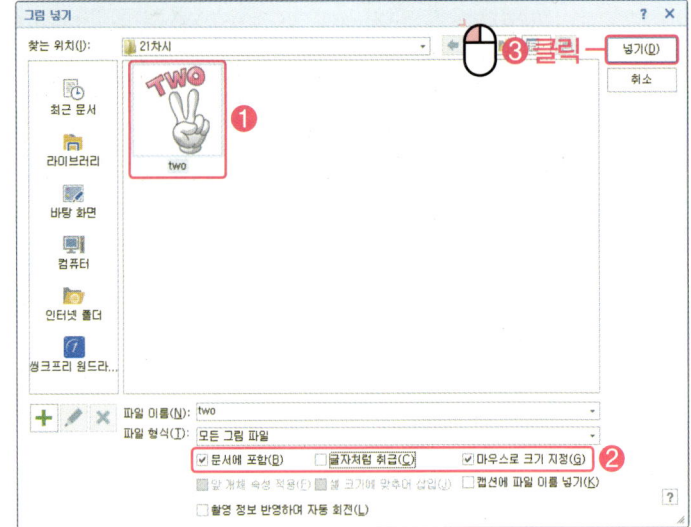

⑤ 그림이 삽입될 위치에서 드래그하여 다음과 같이 그림을 삽입합니다.

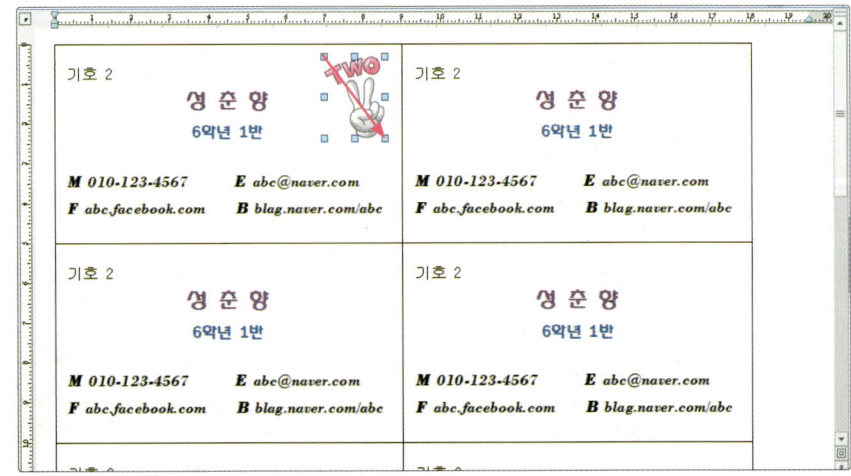

6 삽입한 그림을 Ctrl 을 누른 상태로 드래그하여 복사합니다.

7 같은 방법으로 그림을 복사하여 다음과 같이 명함을 완성합니다.

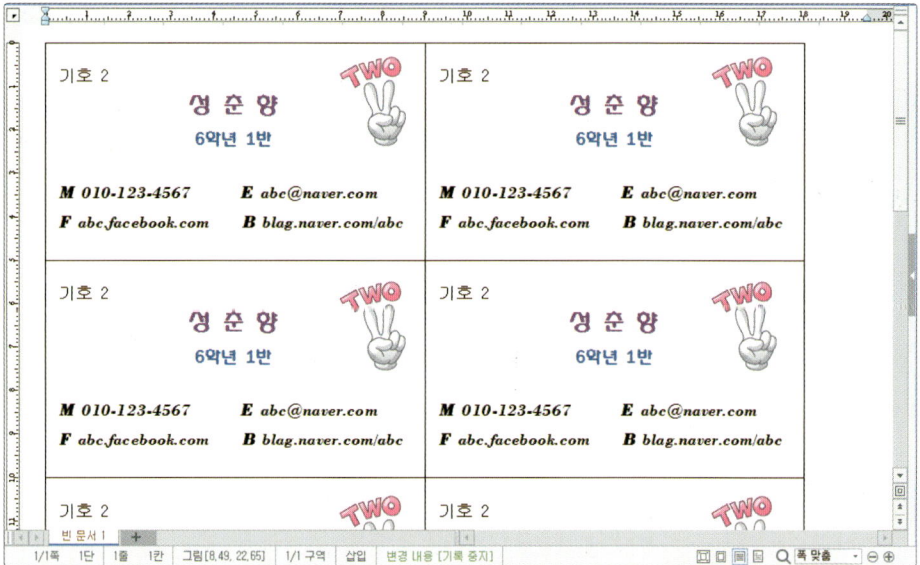

"혼자 풀어 보세요"

1 다음과 같이 라벨 기능을 이용하여 주소라벨을 만들어 보세요.

보내는 사람
서울시 종로구 세종대로 123
홍길동

보내는 사람
서울시 종로구 세종대로 123
홍길동

보내는 사람
서울시 종로구 세종대로 123
홍길동

보내는 사람
서울시 종로구 세종대로 123
홍길동

보내는 사람
서울시 종로구 세종대로 123
홍길동

보내는 사람
서울시 종로구 세종대로 123
홍길동

◀ 파일명 : 주소라벨.hwp

"혼자 풀어 보세요"

2 인텍스 라벨을 이용하여 다음과 같이 만들어 "인덱스라벨.hwp"로 저장해 보세요.

 다 쓴 물건은 제자리에 가져다 놓아주세요.
6학년 10반

 다 쓴 물건은 제자리에 가져다 놓아주세요.
6학년 10반

 다 쓴 물건은 제자리에 가져다 놓아주세요.
6학년 10반

 다 쓴 물건은 제자리에 가져다 놓아주세요.
6학년 10반

 다 쓴 물건은 제자리에 가져다 놓아주세요.
6학년 10반

 다 쓴 물건은 제자리에 가져다 놓아주세요.
6학년 10반

 다 쓴 물건은 제자리에 가져다 놓아주세요.
6학년 10반

삽입 그림
- 그림1.jpg~그림3.jpg

메일 머지를 이용하여 초대장 만들기

메일 머지는 여러 사람의 이름, 주소 등이 들어 있는 '데이터 파일'과 '서식 파일'을 합쳐서 문서의 일부분만 다르고 나머지 내용이 같은 문서를 한번에 만드는 기능입니다. 회원이나 친구들에게 정기적으로 안내장이나 초대장을 보낼 때 유용한 기능입니다.

▶▶ 메일 머지 표시를 달 수 있습니다.
▶▶ 데이터 파일을 만들어 데이터 파일과 서식 파일을 합칠 수 있습니다.

배울 내용 미리보기 ➕

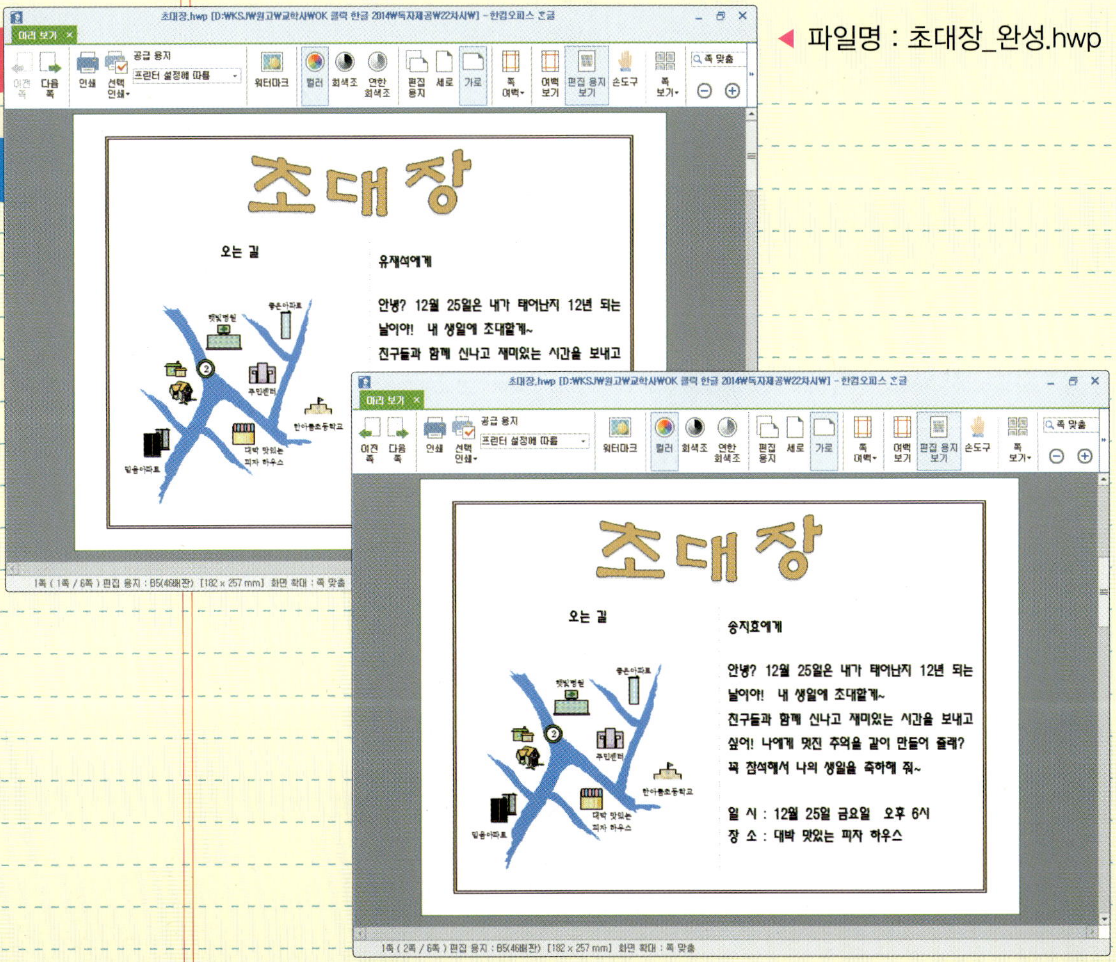

◀ 파일명 : 초대장_완성.hwp

01 메일 머지 표시 달기

1. '초대장.hwp' 파일을 불러온 다음 받는 사람이 표시될 위치에 커서를 놓고 [도구]-[메일 머지]-[메일머지 표시 달기]를 클릭합니다.

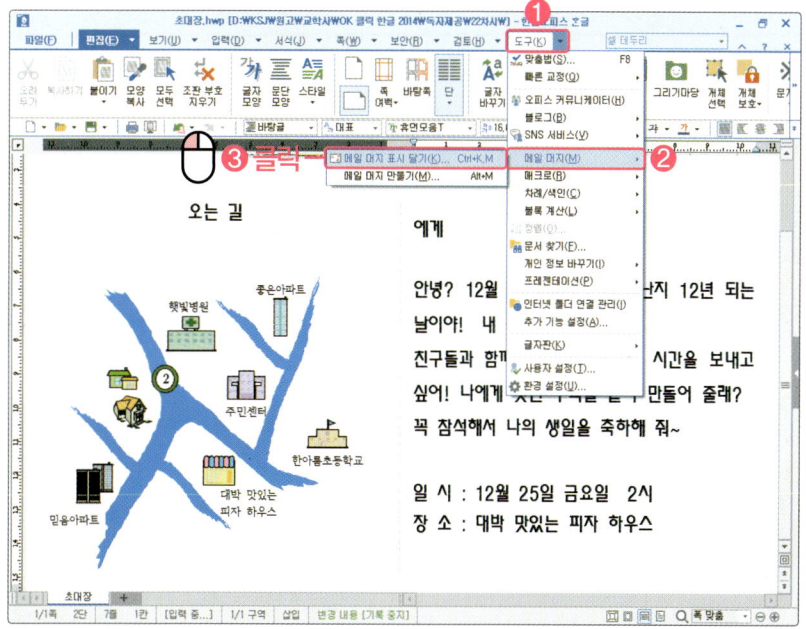

2. [메일 머지 표시 달기] 대화상자의 [필드 만들기] 탭에서 필드 번호 "1"을 입력하고 [넣기]를 클릭합니다.

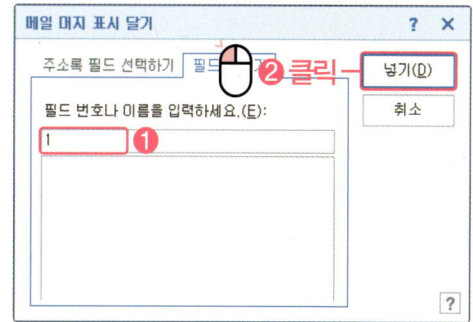

3. 이번에는 '시' 앞에 커서를 위치시키고 [도구]-[메일 머지]-[메일 머지 표시 달기]를 클릭합니다. [메일 머지 표시 달기] 대화상자의 [필드 만들기] 탭에서 필드 번호 "2"를 입력하고 [넣기]를 클릭합니다.

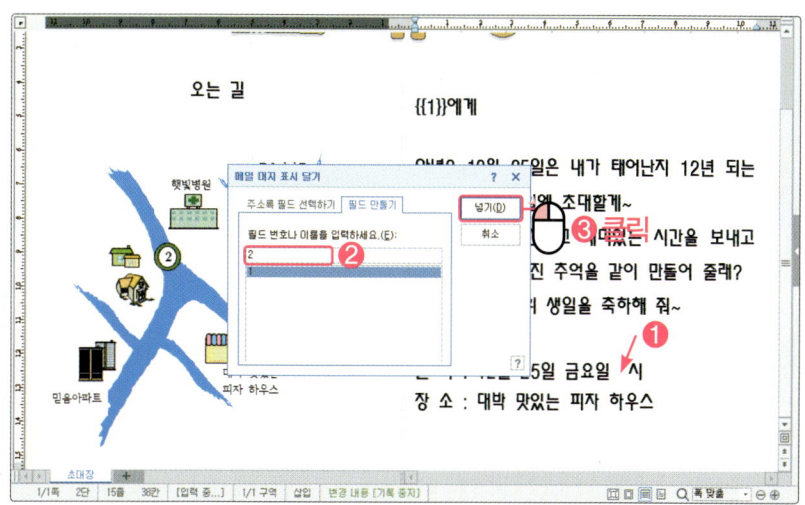

 ## 데이터 파일 만들기

1 [파일]-[새 문서]를 클릭합니다. 맨 윗줄에 데이터 항목 수 "2"를 입력하고 다음과 같이 받는 사람과 오는 시간을 입력합니다.

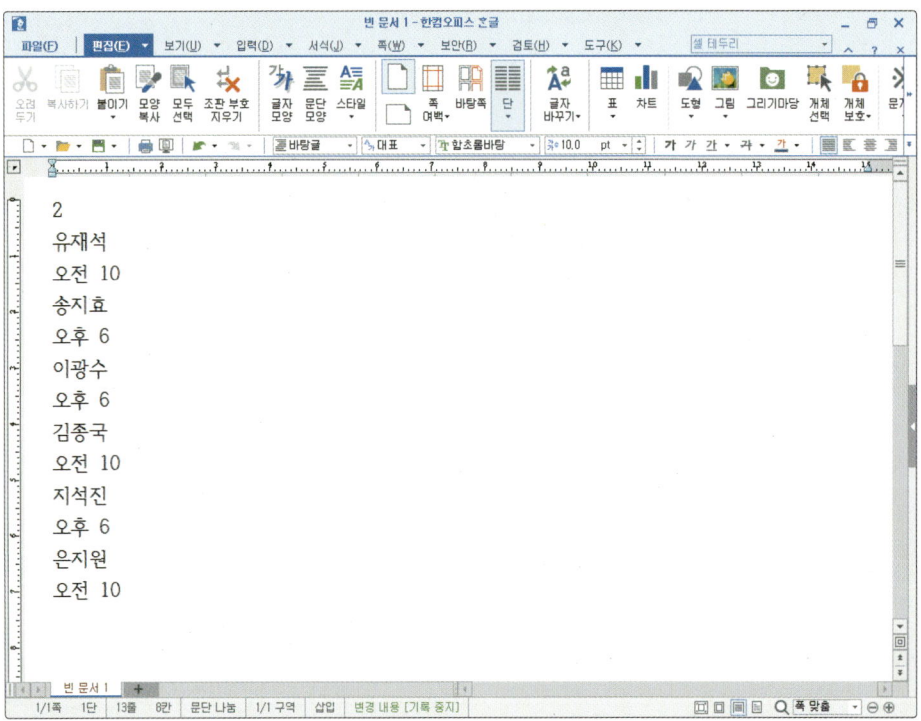

2 [파일]-[저장하기]를 클릭하여 [다른 이름으로 저장하기] 대화상자에서 파일 이름을 "초대장명단"으로 입력하고 [저장]을 클릭합니다.

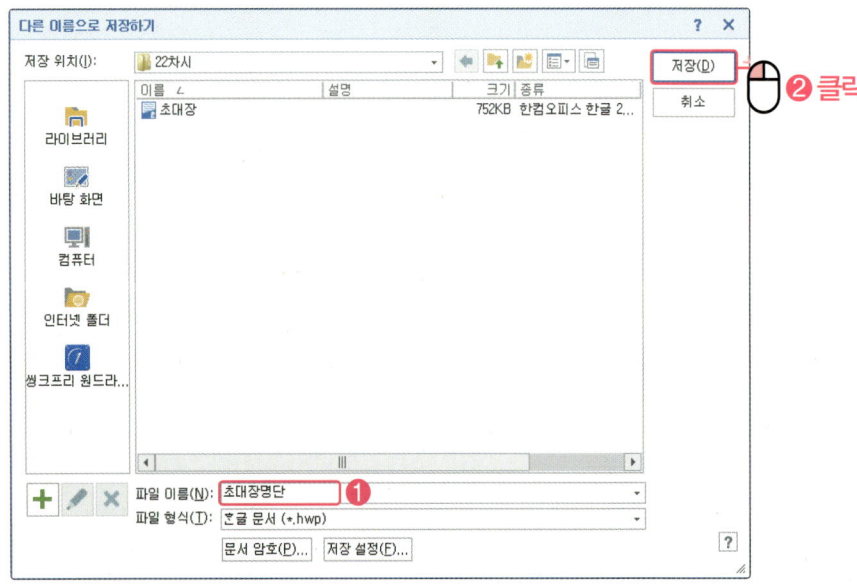

03 메일 머지 완성하기

1. [도구]-[메일 머지]-[메일 머지 만들기]를 클릭합니다.

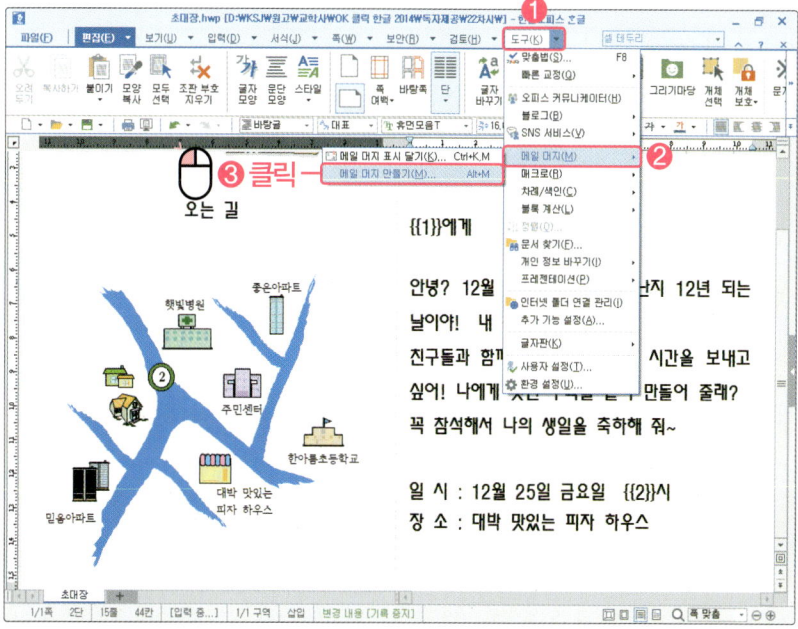

2. [메일 머지 만들기] 대화상자에서 자료 종류를 '훈글 파일'로 선택하고, 📁(파일 선택)을 클릭합니다.

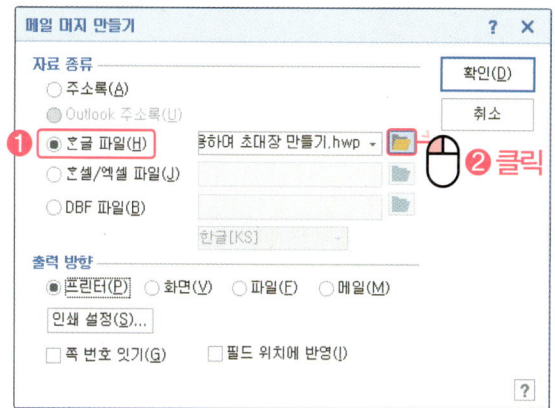

3. [훈글 파일 불러오기] 대화상자에서 '초대장명단.hwp'를 선택하고 [열기]를 클릭합니다.

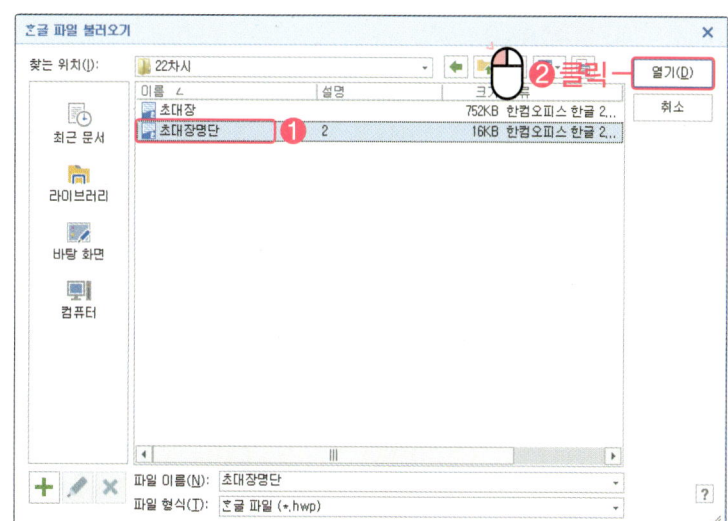

④ 출력 방향을 '화면'으로 선택하고 [확인]을 클릭합니다.

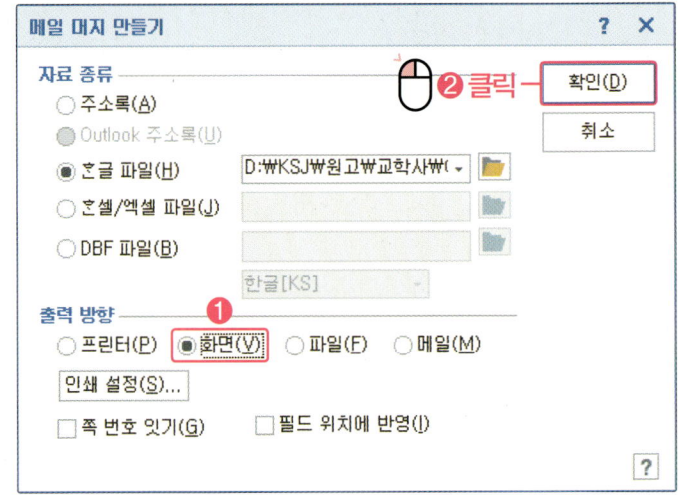

⑤ 다음과 같이 미리 보기 화면에 초대장이 나타납니다. `Pg dn` 을 누릅니다.

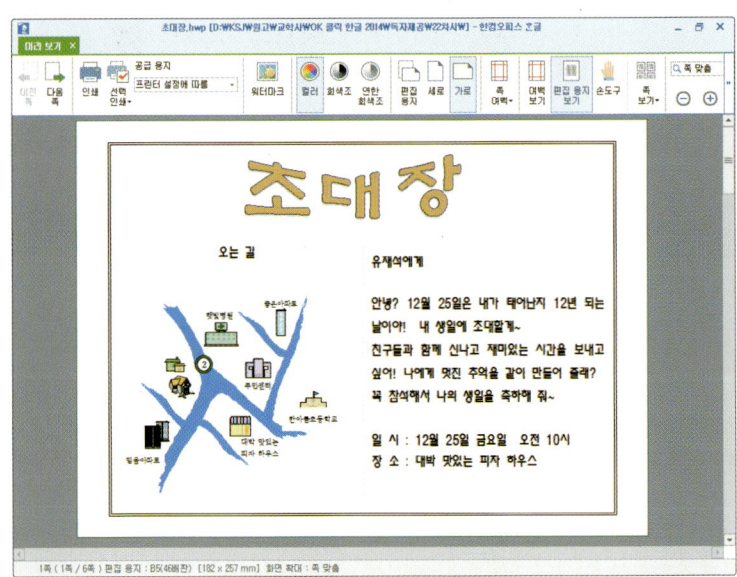

⑥ 받는 사람과 초대 시간이 변경된 것을 확인할 수 있습니다.

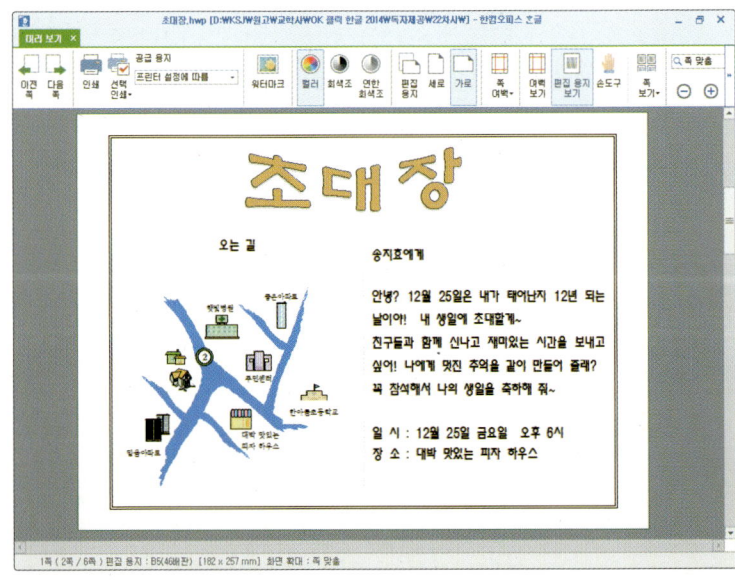

"혼자 풀어 보세요"

1 "우편봉투.hwp" 파일을 불러와 메일머지 기능을 이용하여 만들고 "우편봉투_완성.hwp"로 저장해 보세요.

2 다음과 같이 상장을 만들어 메일 머지로 완성해 보세요.

▲ 파일명 : 상자.hwp, 상장데이터.hwp

스크립트 매크로 활용하기

편집 과정에서 단순하게 반복해야 하는 동작을 특정키 Alt + Shift + 1 ~ 0 , - 또는 Alt + 1 ~ 0 , - 에 기억시킨 후 동작을 기억시킨 키를 눌러 보다 빠르게 반복되는 작업을 실행시킬 수 있습니다.

배울 내용 미리보기

몸에 좋은 제철 음식

■ 고구마 8월~10월 ‖ 칼로리 128Kcal (100g)
온 가족이 어깨에 이불을 두르고 옹기종기 모여앉아 밤참을 나눠 먹던 겨울밤에 잘 어울리는 신토불이 야식 고구마! 식이섬유소가 풍부한 고구마는 영양간식으로 손색이 없습니다.

■ 우엉 1월~3월 ‖ 칼로리 62Kcal (100g)
아삭아삭 씹는 맛이 매력인 뿌리채소 우엉! 당질의 일종인 이눌린이 풍부해 신장기능을 높여주고 풍부한 섬유소질이 배변을 촉진한답니다.

■ 꼬막 11월~3월 ‖ 칼로리 81Kcal (100g)
겨울 되면 시장에 나오기시작하는 꼬막은 겨울 입맛을 깨우는 별미로 제격입니다. 아미노산이 풍부한 꼬막으로 입맛을 회복해 보세요.

■ 삼치 10월~2월 ‖ 칼로리 178Kcal (100g)
고등어, 꽁치와 함께 대표적인 등푸른 생선의 하나인 삼치. 삼치에 함유된 DHA는 태아의 두뇌발달을 돕고 머리를 좋게 하며 노인들의 치매 예방, 기억력 증진, 암예방에 효과적인 것으로 알려져 있는데요. 10월부터 살에 기름이 오르기 시작하는 삼치는 겨우내 가장 맛있는 생선이랍니다.

 파일명 : 제철음식_완성.hwp

스크립트 매크로 정의하기

1. '제철음식.hwp' 파일을 불러옵니다. '고구마' 앞에 커서를 위치시킨 다음 [도구]-[매크로]-[스크립트 매크로 정의]를 클릭합니다.

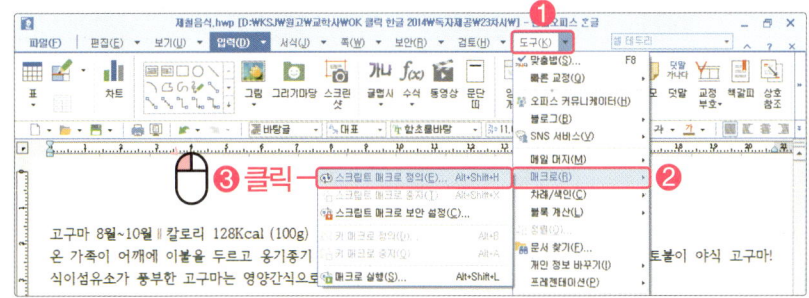

2. [스크립트 매크로 정의] 대화상자에서 'Alt+Shift+3'을 선택하고 이름을 "특수문자입력"으로 입력한 후 [정의]를 클릭합니다.

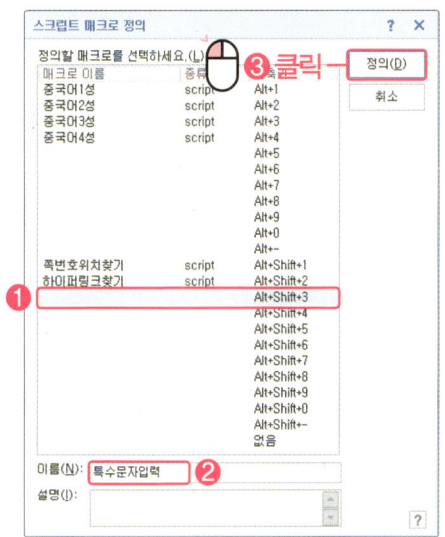

3. [입력]-[문자표]를 클릭합니다. [문자표 입력] 대화상자의 [한글 문자표] 탭에서 문자 영역을 '전각 기호(일반)'을 선택하고 "■"를 선택한 후 [넣기]를 클릭합니다.

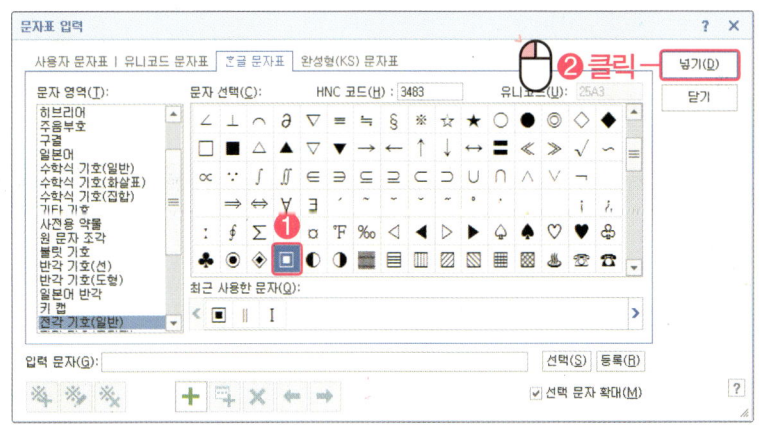

4. ■ 문자가 입력되면 Space Bar 한번 눌러 띄어쓰기를 한 후 [도구]-[매크로]-[스크립트 매크로 중지]를 클릭합니다.

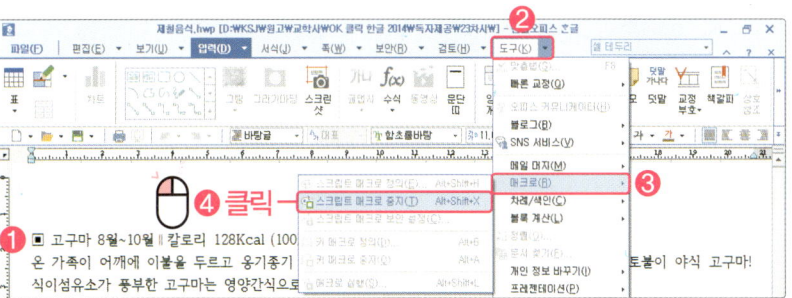

⑤ 다시 [도구]-[매크로]-[스크립트 매크로 정의]를 클릭합니다. [스크립트 매크로 정의] 대화상자에서 'Alt+Shift+4'를 선택하고 이름을 "문단제목"으로 입력한 후 [정의]를 클릭합니다.

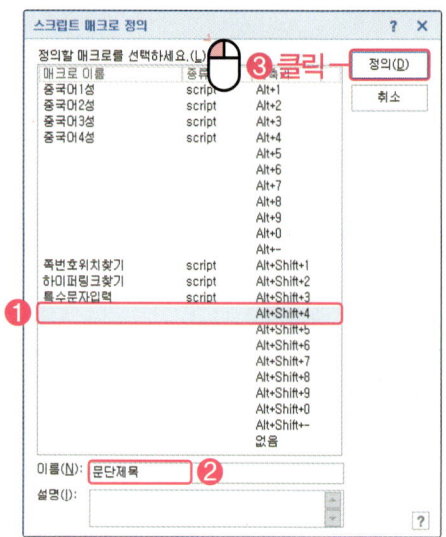

Tip

F3 을 누른 다음 방향키를 누르면 블록을 설정할 수 있습니다.

⑥ Home 을 눌러 커서를 문단 맨 앞에 커서를 위치시킨 다음 F3 을 누른 다음 End 를 눌러 블록을 설정합니다.

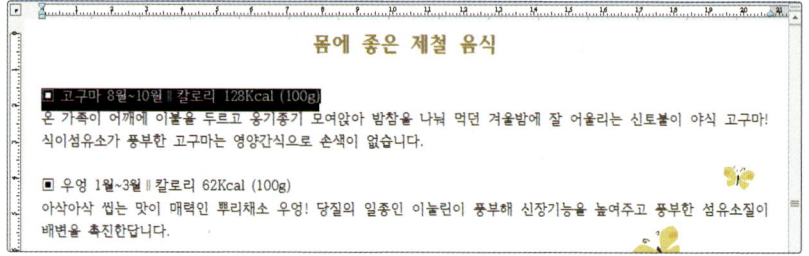

⑦ 서식 도구 상자에서 글자 크기를 '14pt'로 지정하고 가 (글자 색)을 클릭하여 원하는 색을 선택합니다.

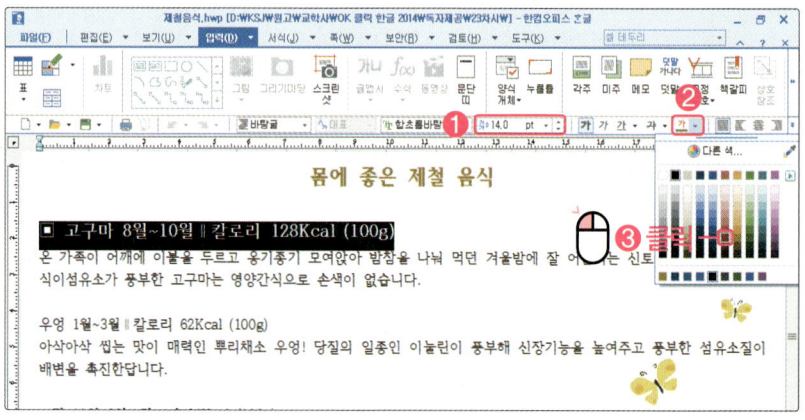

⑧ Esc 를 눌러 블록을 해제한 다음 [도구]-[매크로]-[스크립트 매크로 중지]를 클릭합니다.

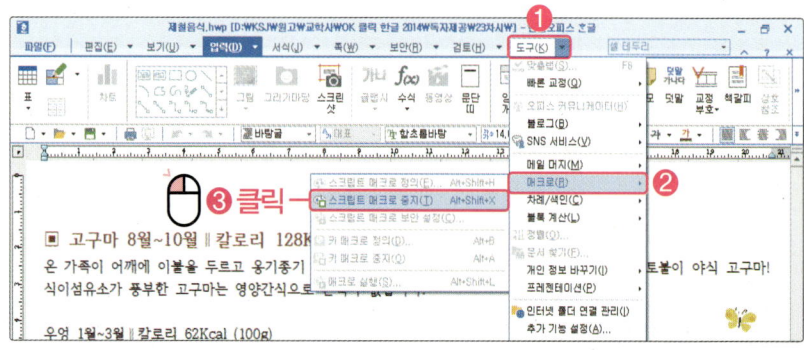

스크립트 매크로 실행하기

1 스크립트 매크로 보안을 설정하기 위해 [도구]-[매크로]-[스크립트 매크로 보안 설정]을 클릭합니다.

2 [스크립트 매크로 보안 설정] 대화상자의 [보안 수준] 탭에서 '보통'을 선택하고 [설정]을 클릭합니다.

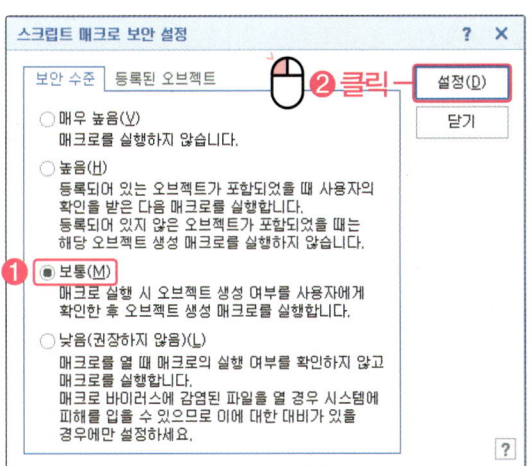

Tip

[보안 수준-매우 높음]을 선택한 후 스크립트 매크로를 실행하면, 보안 수준이 [매우 높음]으로 설정되어 있으므로 매크로를 실행할 수 없다는 [스크립트 매크로 보안 경고] 메시지가 나타납니다. 매크로를 실행하려 면 보안 수준을 [보통]이나 [낮음]으로 설정해야 합니다.

3 '우엉' 앞에 커서를 위치 시킨 다음 [도구]-[매크로]-[매크로 실행]을 클릭합니다.

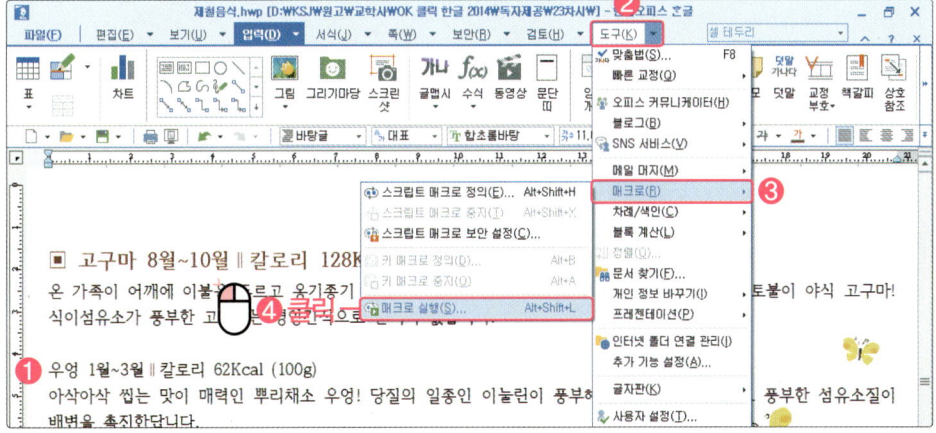

4 [매크로 실행] 대화상자에서 '특수문자입력'을 선택하고 [실행]을 클릭합니다.

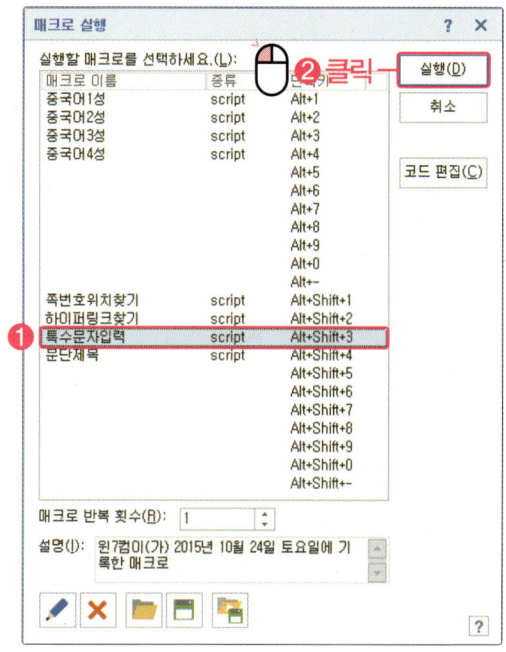

5 다시 [도구]-[매크로]-[매크로 실행]을 클릭합니다. [매크로 실행] 대화상자에서 '문단제목'을 선택하고 [실행]을 클릭합니다.

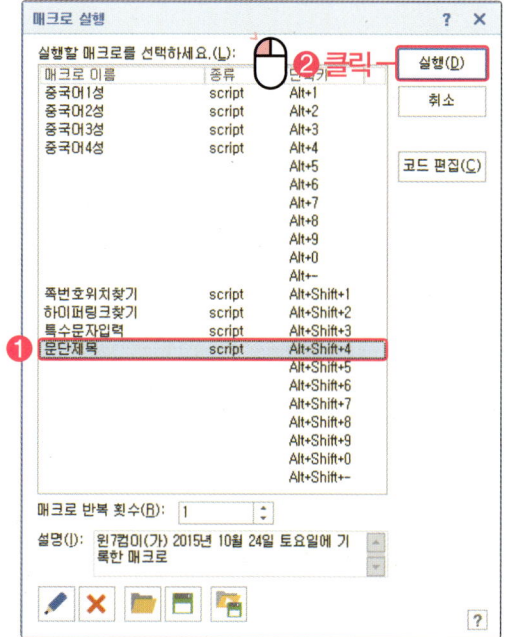

6 이번에는 등록해 놓은 키로 매크로를 수행하기 위해 '꼬막' 앞에 커서를 위치시킨 다음 Alt + Shift + 3 을 누릅니다.

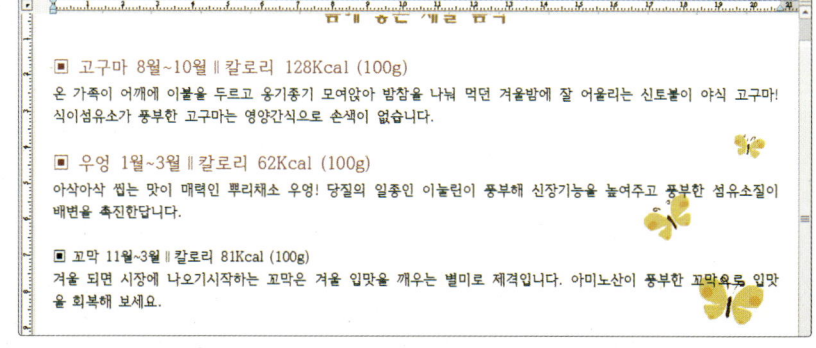

7 Alt + Shift + 4 를 누르면 문단제목 글꼴 서식이 변경되는 것을 확인할 수 있습니다.

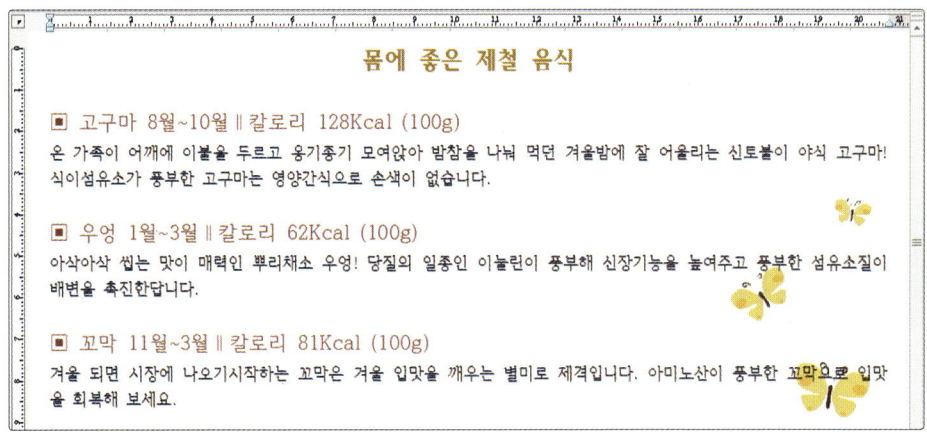

8 같은 방법으로 마지막 문단제목 앞에 커서를 위치 시키고 Alt + Shift + 3 과 Alt + Shift + 4 를 차례로 누릅니다.

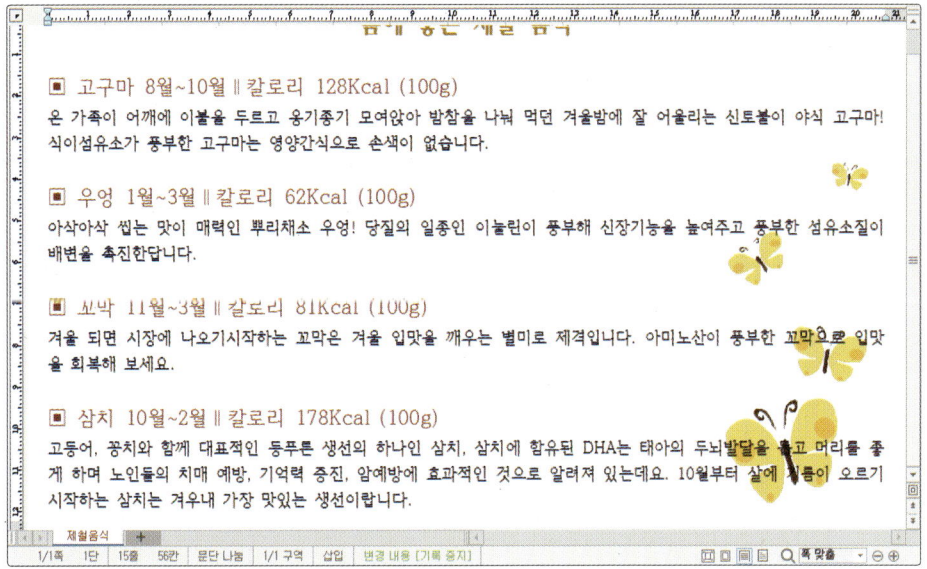

"혼자 풀어 보세요"

1 '안내장.hwp' 파일을 불러와 매크로를 이용하여 글꼴 서식을 변경하고 "안내장_완성.hwp"로 저장해 보세요.

2015 서울나눔천사 페스티벌

2015 서울나눔천사 페스티벌에 여러분을 초대합니다.

가족, 친구, 연인과 함께 가을 청계천을 따라 걷는 여러분의 한걸음이 우리 주변의 어려운 학생들에게 도움이 됩니다.

2015 서울나눔천사 페스티벌을 통해 마련된 후원금은 서울시내 초·중·고교에 재학중인 학생 중에서 의료·주거·교육 등으로 어려움을 겪는 청소을 돕기 위한 '장학금-긴급지원금'으로 소중히 사용됩니다.

1. 일시 및 접수시간

    가. 일시 : 2015년 11월 01일(일요일)

    나. 접수기간 : 2015년 09월 11일부터 선착순 5,000명

2. 장소: 본관 2층 강당

3. 참가기부금

    가. 학생 5,000원 / 일반10,000

    나. 학생은 본인 의사에 따라 참가기부금을 납부하지 않을 수 있습니다.

4. 참가자혜택

    가. 참가자 봉사활동 확인서 발급(5시간)

    나. 대회참여 후원금(참가비)은 온라인으로 국세청에 기부내역을 제출

5. 주요일정

    가. 개막식(11:00~11:30)

    나. 희망나눔 캠페인 (11:30~13:00)

    다. 희망나눔천사콘서트(13:00~15:00)

    라. 체험부스 운영(10:00~15:00)

2 '탄생석.hwp' 파일을 불러와 바탕쪽과 매크로를 이용하여 다음과 같이 문서를 완성하고 "탄생석_완성.hwp"로 저장해 보세요.

◈ 탄생석(誕生石, birthstone)

폴란드와 중부 유럽에 이주해온 유대인들에 의해 비롯된 풍습에서는 12가지 보석을 1년의 열두달과 견주어 자신이 태어난 달에 해당하는 보석으로 장식용품을 만들었다. 이러한 12개의 보석을 탄생석이라 하며, 이 보석을 가지면 행운과 장수, 명예를 얻는다고 믿어왔다.

★ 1월 가넷(Garmet, 석류석) - 의미 : 사랑, 진실

석류석은 상당히 오랜 옛날부터 알려진 돌로써, 성경에 '아론(Aaron)의 갑옷 흉패에 쓰인 열두 보석 중 하나로 첫 번째 줄에 장식됐다'라고 기록되어 있다. 이처럼 핏빛을 띠는 붉은색 가넷은 기독교에서는 예수의 희생을 상징하고, 이슬람 문화에서는 가넷이 4번째 천국을 비추고 있다고 전해지고 있다. 일반적으로 가넷이라고 하면 투명한 빨간 보석을 생각하기 쉽지만 가넷은 노랑, 주황, 초록, 자주, 무색, 검은색 등 파란색을 제외한 다양한 색깔을 자랑하는 아름다운 돌이다.

★ 2월 애머티스트(amethyst, 자수정) - 의미 : 성실, 평화

보랏빛의 맑고 투명한 2월의 탄생석 자수정은 다이아몬드, 루비, 사파이어, 에메랄드와 함께 세계 5대 보석 중의 하나로 꼽히며 품위 있는 보석으로 인정받고 있다. 자수정은 브라질에서 가장 많이 채취되지만 품질은 사계절이 뚜렷한 기후의 마사황토 진흙에서 결정된 우리나라의 자수정을 세계 최고로 친다.

★ 3월 아쿠아마린(에쿼머린, aquamarine, 남옥) - 의미: 젊음, 행복

'아쿠아(Aqua, 물), 마린(Marine, 바다)' 이름만 들어도 어떤 보석인지 상상할 수 있는 아쿠아마린. 바다에 관련된 많은 전설을 갖고 있는 연한 청록색의 아쿠아마린은 3월의 별자리인 물고기자리와 관계가 깊다. 아쿠아마린에는 '밤이 보석 중의 여왕'이라는 낭만적인 칭호가 붙어 있는데 그 이유는 어두운 밤에 아쿠아마린을 보면 밝게 반짝거리는 모양이 어두운 바다에서 보는 한줄기 등불 같은 느낌을 주기 때문이다. 바다와 관련이 깊은 아쿠아마린은 예부터 안전한 항해를 기원하는 선원들의 호신부로써 전해져 왔다.

★ 4월 다이아몬드(diamond, 금강석) - 의미: 영원한 사랑, 행복

다이아몬드가 여성의 수호석이 된 것은 사막에서 갈증에 허덕이던 어머니가 다이아몬드를 넣은 꿀을 마시자 다시 젖이 나오기 시작해 죽어가는 아이를 살릴 수 있었다는 전설 때문. 그러나 이는 단순한 전설로 그치는 이야기가 아니라 좁쌀만큼 작은 다이아몬드라도 원석을 몸에 지니고 있으면 인체의 건강에 영향을 미친다는 사실이 과학적으로 이미 검증된 바 있다. 다이아몬드는 가공한 상태보다 원석인 상태가 훨씬 더 많은 기를 방출하므로 가공 반지가 아닌, 다이아몬드 원석을 몸에 지니고 있으면 치료 효과는 물론 아름다운 피부와 싱싱한 젊음도 유지할 수 있다고 한다.

[네이버 지식백과] 탄생석 [birth stones, 誕生石] (두산백과)

24 보고서 발표하기

한글에서 편집한 문서를 간단한 프레젠테이션을 이용하여 업무 보고를 할 수 있도록 그림이나 그러데이션이 깔린 배경 화면에 문서 내용을 나타내는 기능으로 화면 전환 효과, 효과음, 적용 범위 등을 지정할 수 있습니다.

▶▶ 프레젠테이션을 설정할 수 있습니다.
▶▶ 프레젠테이션을 실행할 수 있습니다.

배울 내용 미리보기

◀ 파일명 : 인터넷 중독_완성.hwp

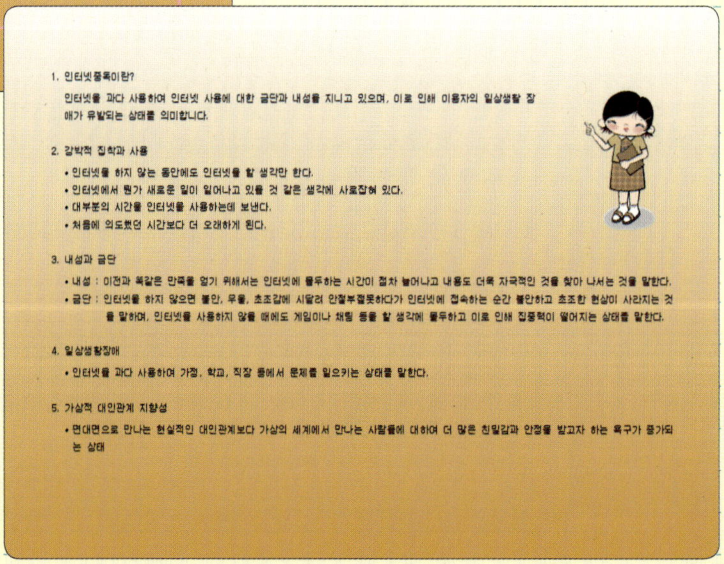

01 프레젠테이션 설정하기

1 '인터넷 중독.hwp'을 불러옵니다. 문서 맨 첫 번째 페이지에서 [도구]-[프레젠테이션]-[프레젠테이션 설정]을 클릭합니다.

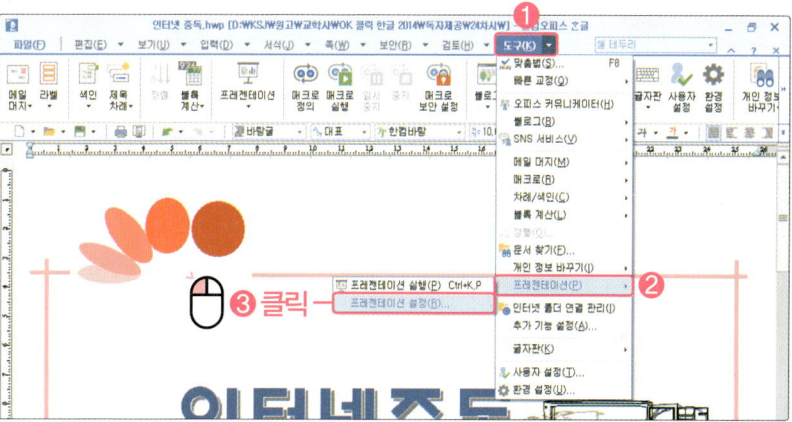

2 [프레젠테이션 설정] 대화상자의 [배경 화면] 탭에서 시작 색과 끝 색을 지정합니다.

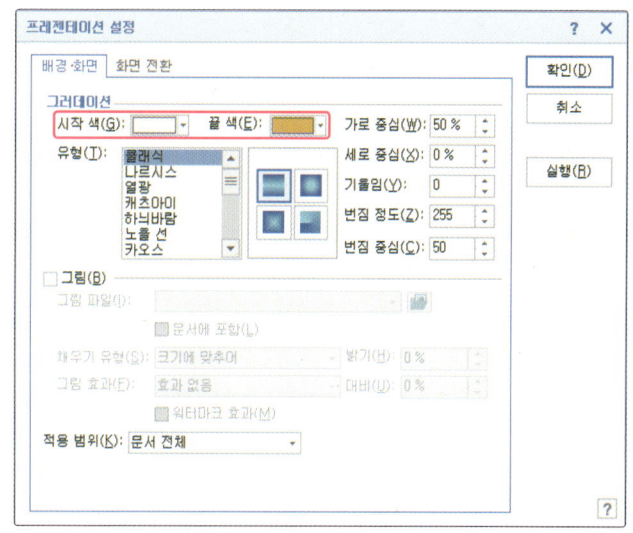

3 [화면 전환] 탭에서 화면 전환 효과를 '오른쪽 브라인드'로 지정하고 [실행]을 클릭합니다.

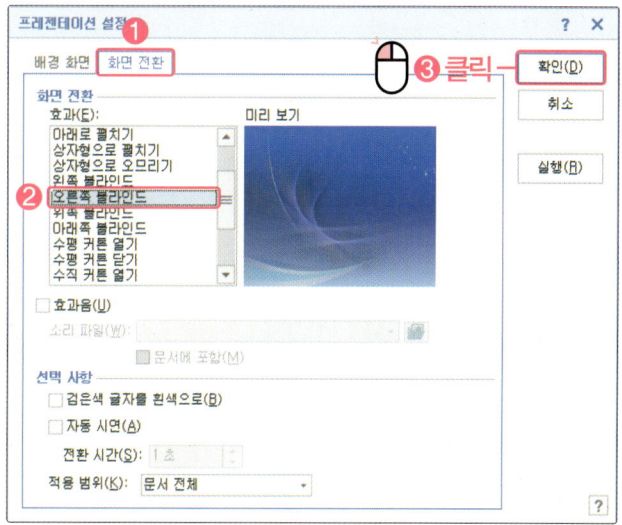

④ 다음과 같이 프레젠테이션이 실행되면 화면을 클릭하여 다음 화면으로 이동시킵니다.

⑤ 프레젠테이션을 끝내기 위해 Esc 를 누릅니다.

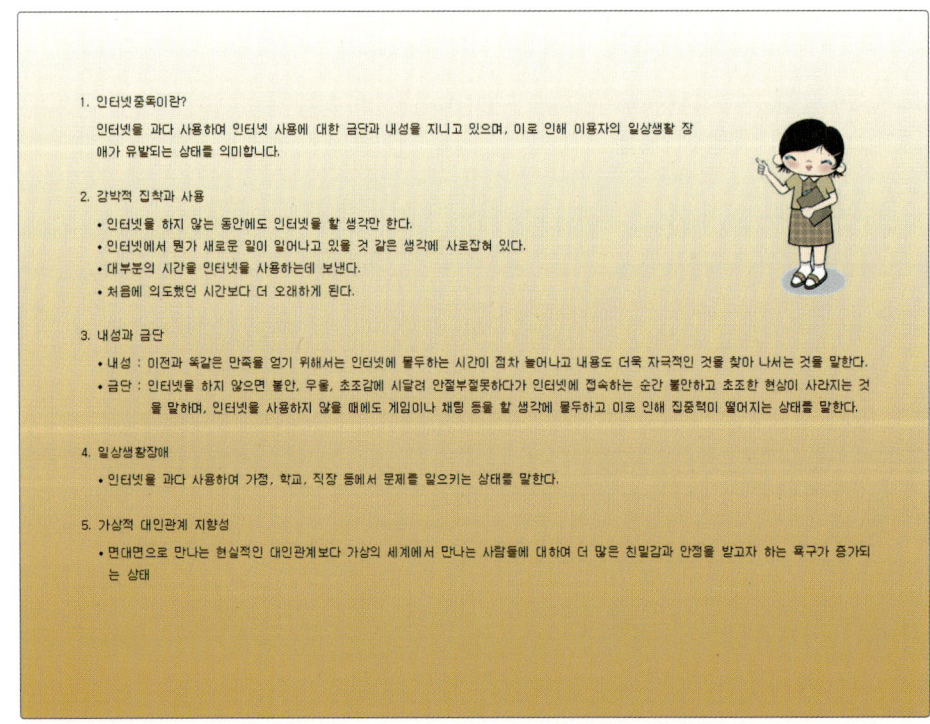

 ## 프레젠테이션 실행하기

1 문서 맨 첫 번째 페이지에서 [도구]-[프레젠테이션]-[프레젠테이션 실행]을 클릭합니다.

2 프레젠테이션이 실행되면 마우스를 클릭하여 다음 화면으로 이동시킵니다. 중요한 부분을 강조하기 위해 마우스 오른쪽 단추를 클릭하여 [선 그리기]를 선택합니다.

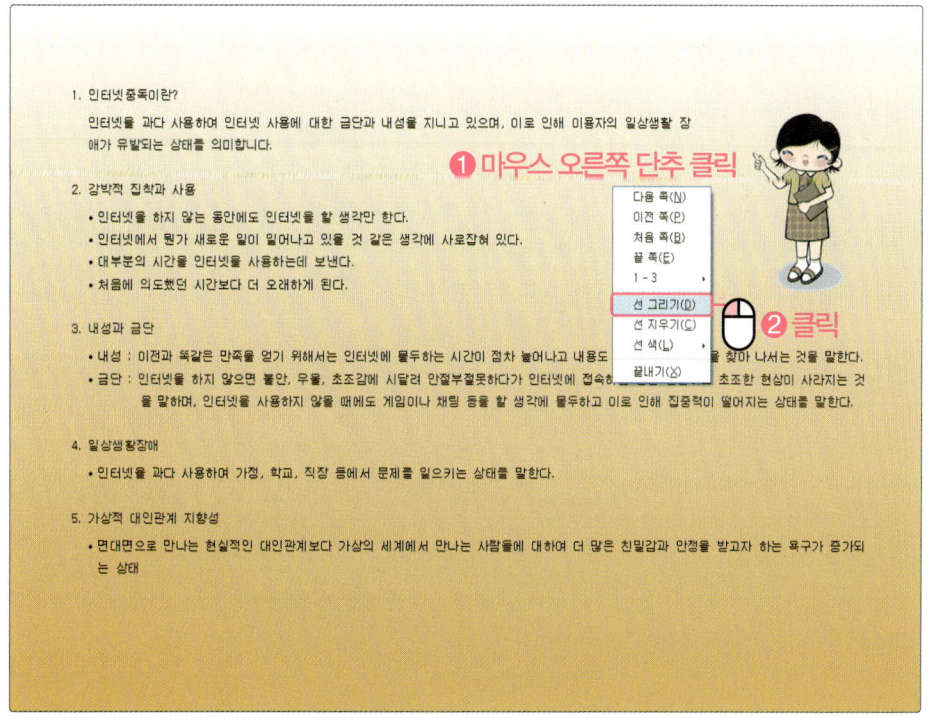

③ 마우스 포인터가 펜 모양으로 변경되면 중요한 부분을 드래그하여 강조할 수 있습니다.

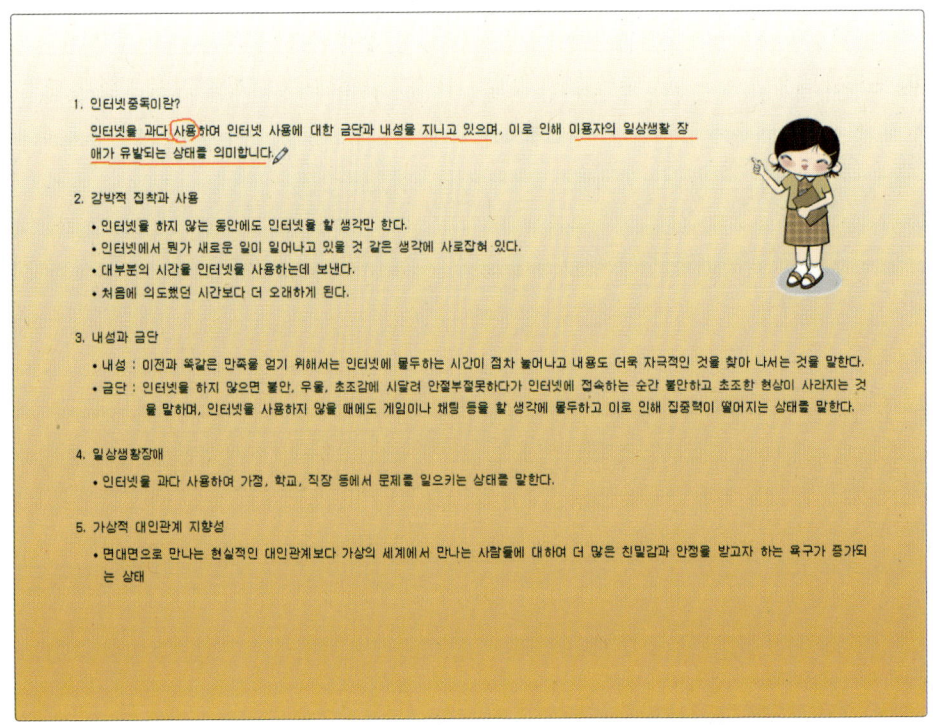

④ 선을 지우기 위해 마우스 오른쪽 단추를 클릭하여 [선 지우기]를 클릭한 다음 Esc 를 눌러 프레젠테이션을 종료합니다.

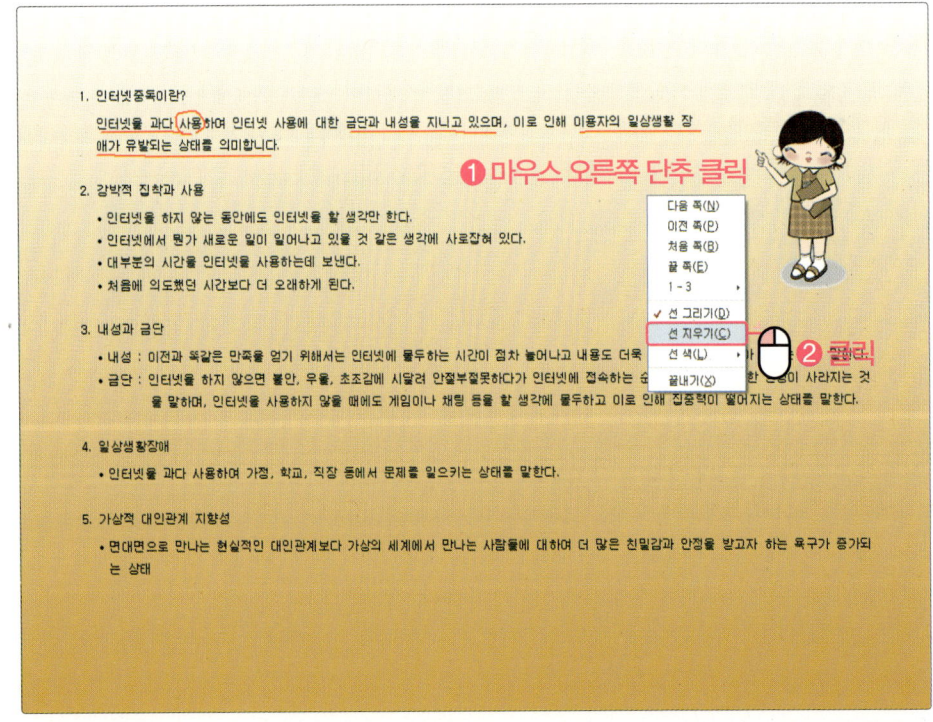

"혼자 풀어 보세요"

1 '슬로라이프 국제대회.hwp'를 불러와 다음 조건에 따라 프레젠테이션을 설정해 보세요.

 조건
- 배경화면(그러데이션, 시작 색과, 끝색은 임의의 색으로 설정)
- **화면전환** : 수평 커튼 열기

2 선그리기를 선택하여 중요한 부분에 선을 그어보세요.

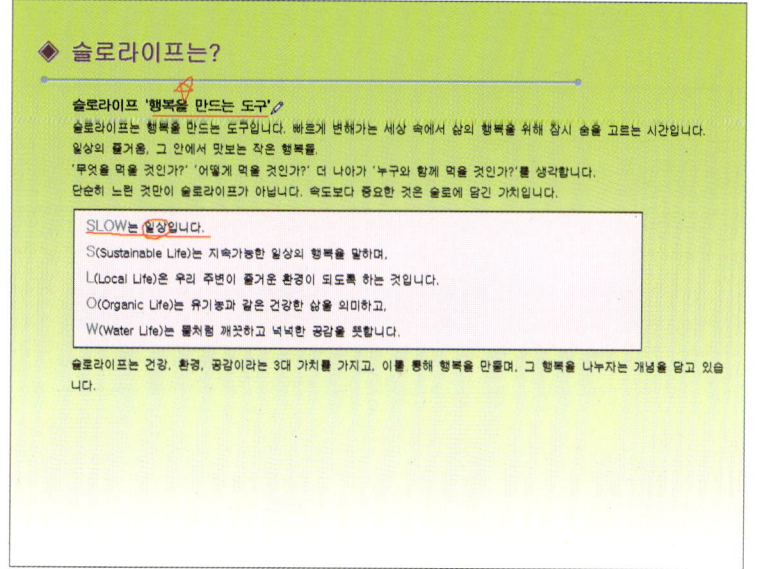